Aschenblüte

Immaculée Ilibagiza

Aschenblüte

Ich wurde gerettet,
damit ich erzählen kann

Aus dem Englischen
von Maria Zybak

Weltbild

Die amerikanische Originalausgabe erschien 2006
unter dem Titel *Left to Tell* bei Hay House, Inc., USA.

Besuchen Sie uns im Internet:
www.weltbild.de

Genehmigte Lizenzausgabe für Verlagsgruppe Weltbild GmbH,
Steinerne Furt, 86167 Augsburg
Copyright der Originalausgabe © 2006 by Immaculée Ilibagiza
Copyright der deutschsprachigen Ausgabe © 2006 by
Ullstein Buchverlage GmbH, Berlin
Übersetzung: Maria Zybak
Umschlaggestaltung: Atelier Seidel – Verlagsgrafik, Teising
Umschlagmotiv: © Mauritius Images, Mittenwald
Gesamtherstellung: CPI Moravia Books s.r.o., Pohorelice
Printed in the EU
ISBN 978-3-86800-404-5

2013   2012   2011   2010
Die letzte Jahreszahl gibt die aktuelle Lizenzausgabe an.

Gewidmet meinen geliebten Eltern, Leonard und Rose, und meinen lieben Brüdern Damascene und Vianney, für all die selbstlose Liebe, die ihr mir geschenkt habt. Ihr lasst die Sterne am Himmel heller strahlen. Ich werde euch immer lieben.

Meinem Bruder Aimable, mit viel Liebe und in der Hoffnung, dass unausgesprochenes Leid heilen möge.

Und meiner neuen Familie – Bryan und unseren beiden Süßen, Nikki und Bryan jr., denen ich mein neues Leben verdanke, für ihre Liebe und Inspiration. Ohne euch wäre mein Leben nicht erfüllt.

Im Gedenken an die Genozid-Opfer in aller Welt.

Wenn wir eine Situation nicht mehr ändern können,
sind wir aufgerufen, uns selbst zu ändern.

VIKTOR E. FRANKL, Psychologe,
Schriftsteller und Holocaust-Überlebender

INHALT

Vorbemerkung 11

Einleitung
Ich heiße Immaculée 13

ERSTER TEIL
Es braut sich etwas zusammen 15

1. Land des ewigen Frühlings 17
2. Erste Lektionen 29
3. Auf dem Weg zum Abitur 43
4. An der Universität 53
5. Rückkehr nach Hause 61
6. Schlaflose Nächte 72
7. Im Haus des Pastors 86
8. Abschied von den Jungs 96

ZWEITER TEIL
Versteckt 103

9. Letzte Zuflucht 105
10. Ohnmächtiger Zorn 118
11. Wie auch wir vergeben unseren Schuldigern 127
12. Wohin soll ich mich wenden? 132
13. Waisen ohne Heimat 141
14. Fremde Zungen 154
15. Fragwürdige Retter 166
16. Auf Gott vertrauen 172

DRITTER TEIL
Auf dem Weg in ein neues Leben 181

17. Schmerzhafte Freiheit 183
18. Ein Brief von Damascene 198
19. Im französischen Camp 204
20. Unterwegs zu den Rebellen 221
21. Weiter nach Kigali 228
22. Gottes Werk 238
23. Die Toten begraben 250
24. Den Lebenden vergeben 260

Nachwort
Neue Liebe, neues Leben 266

Danksagungen 275

Geleitwort
Von Wayne W. Dyer 281

Karte 287

VORBEMERKUNG

Dieses Buch soll weder eine Geschichte Ruandas noch des Völkermords an den Tutsi sein. Es ist meine eigene Geschichte. Über den Genozid von 1994, bei dem nach Schätzungen der ruandischen Regierung in rund hundert Tagen mehr als eine Million Menschen ermordet wurden, sind in letzter Zeit eine ganze Reihe sehr guter, informativer Bücher veröffentlicht worden, die sich mit den politischen Hintergründen und Geschehnissen befassen.

Dies ist meine Geschichte, niedergeschrieben aus der Erinnerung – und ich erinnere mich an alles, als wäre es gestern gewesen. Es ist eine wahre Geschichte, mein Name und die Namen meiner Angehörigen sind authentisch. Die Namen aller anderen Personen habe ich jedoch verändert, um die Identität der Überlebenden zu schützen und dem Teufelskreis aus Hass und Gewalt keine neue Nahrung zu geben.

Ich bin überzeugt, dass unser aller Leben miteinander verbunden sind und dass wir aus den Erfahrungen der anderen Menschen lernen sollen. Ich habe dieses Buch in der Hoffnung geschrieben, dass andere aus meiner Geschichte einen Nutzen ziehen.

Immaculée Ilibagiza, New York

Ich heiße Immaculée

Ich hörte sie meinen Namen brüllen.

Sie waren auf der anderen Seite der Wand, gerade mal zwei Zentimeter Holz und Tünche trennten uns.

»Sie ist hier! Wir wissen, dass sie hier irgendwo ist! Findet sie! Sucht Immaculée!«

Es waren viele Stimmen, viele Killer. Ich sah sie in Gedanken vor mir: meine früheren Freunde und Nachbarn, die mir immer nett und freundlich begegnet waren – jetzt liefen sie mit Speeren und Macheten bewaffnet durchs Haus und suchten nach mir …

»Ich habe 399 Kakerlaken getötet«, sagte einer von ihnen. »Mit Immaculée sind es 400. Eine runde Zahl.«

Ich kauerte in der Ecke des kleinen Toilettenraums, ohne einen Muskel zu bewegen. Wie die sieben anderen Frauen, die hier mit mir um ihr Leben bangten, hielt ich die Luft an, damit die Killer mich nicht atmen hörten.

Ihre Stimmen krallten sich in mich, sie klangen kalt, hart und entschlossen. Ich fühlte mich, als würde ich auf einem Bett aus glühenden Kohlen liegen, als wäre ich angezündet worden. Schmerzen liefen in Wellen durch meinen Körper, tausend unsichtbare Nadeln rissen mir die Haut auf. Ich hätte nie gedacht, dass Angst solche furchtbaren physischen Qualen verursachen kann.

Ich versuchte zu schlucken, aber meine Kehle war wie zugeschnürt. Ich hatte keinen Speichel, mein Mund war trockener als Sand. Ich schloss die Augen und wünschte mir, unsichtbar zu sein. Ihre Stimmen wurden lauter. Ich wusste, sie würden keine Gnade kennen, und ich konnte nur noch eines denken: *Wenn sie mich finden, töten sie mich. Wenn sie mich finden, töten sie mich. Wenn sie mich finden, töten sie mich …*

Die Killer standen direkt vor der Tür, und ich wusste, dass sie mich jeden Moment entdecken würden. Wie es sich wohl anfühlte, wenn die Machete ins Fleisch drang, bis auf die Knochen? Ich dachte an meine Brüder und an meine geliebten Eltern und überlegte, ob sie wohl schon tot waren oder noch am Leben und ob wir bald im Himmel vereint sein würden.

Ich faltete die Hände um den Rosenkranz meines Vaters und begann stumm zu beten: *Lieber Gott, bitte hilf mir. Lass mich nicht auf diese Weise sterben, nicht so. Lass nicht zu, dass sie mich finden. Du sagst uns in der Bibel, dass uns gegeben wird, wenn wir bitten ... Also, lieber Gott, ich bitte dich. Bitte mach, dass sie fortgehen. Bitte lass mich nicht in diesem Toilettenraum sterben. Bitte, Gott, bitte, bitte, bitte – rette mich! Rette mich!*

Die Killer verschwanden und wir in unserem Versteck wagten wieder zu atmen. Sie waren fort, aber sie würden wieder kommen.

Ich bin überzeugt, dass Gott mich hat überleben lassen, aber ich begriff in diesen einundneunzig Tagen, die ich zitternd vor Angst mit sieben anderen Mädchen und Frauen in einem schrankgroßen Toilettenraum verbrachte, dass »überleben« etwas ganz anderes ist als »gerettet werden« – und diese Erkenntnis hat mich grundlegend verändert. Mitten im Massenmord lernte ich diejenigen zu lieben, die mich hassten und jagten – und denen zu vergeben, die meine Familie abschlachteten.

Ich heiße Immaculée Ilibagiza. Dies ist die Geschichte, wie ich während eines der blutigsten Völkermorde in der Geschichte der Menschheit Gott entdeckte.

ERSTER TEIL

Es braut sich etwas zusammen

KAPITEL 1

Land des ewigen Frühlings

Ich kam im Paradies zur Welt. Zumindest in meiner Kindheit empfand ich mein Heimatland als ein solches.

Ruanda ist ein kleines Land, in Zentralafrika hineingesetzt wie ein Edelstein. Es ist so atemberaubend schön mit seinen sanften grünen Hügeln und Tälern, seinen nebelverhangenen Bergen und glitzernden Seen, dass man unweigerlich Gottes Werk darin erkennen muss. Der leichte Wind, der von den Hügeln herunter und durch die Kiefern- und Zedernwälder weht, bringt den süßen Duft von Lilien und Chrysanthemen mit. Und das Klima ist das ganze Jahr hindurch so angenehm, dass die deutschen Siedler, die Ende des 19. Jahrhunderts hierher kamen, es »Land des ewigen Frühlings« tauften.

Von den Mächten der Finsternis, die eines Tages einen Massenmord anzetteln und meine geliebte Heimat in ein Meer von Blut verwandeln sollten, wusste ich als Kind nichts. Als kleines Mädchen kannte ich nicht mehr von der Welt als die liebliche Landschaft um mich herum, die Freundlichkeit meiner Nachbarn und die innige Zuneigung meiner Eltern und Brüder. Rassismus und Vorurteile waren bei uns zu Hause unbekannt. Ich war mir nicht bewusst, dass die Menschen verschiedenen Stämmen oder Rassen angehörten, und selbst die Bezeichnungen *Tutsi* und *Hutu* lernte ich erst in der Schule kennen.

Die Kinder meines Dorfes legten jeden Tag zu Fuß an die dreizehn Kilometer Schulweg zurück, streckenweise durch einsames Gebiet, aber die Eltern machten sich niemals Sorgen, dass ein Kind entführt oder ihm etwas angetan werden könnte. Meine größte Angst als Kind war, im Dunkeln allein zu sein. Ansonsten war ich ein rundum glückliches kleines

Mädchen in einer glücklichen Familie, die in einem – wie ich dachte – glücklichen Dorf wohnte, in dem die Menschen einander Respekt entgegenbrachten und sich einer um den anderen kümmerte.

Ich wurde in der Provinz Kibuye im Westen Ruandas geboren, in dem Dorf Mataba. Unser Haus lag ganz oben auf einem Hügel mit Blick auf den Kivu-See, der sich unendlich weit zu erstrecken schien. An klaren Morgen konnte ich die Berge auf der anderen Seite des Sees im Nachbarland Zaire sehen, das inzwischen in Demokratische Republik Kongo umbenannt wurde. Es zählt zu meinen schönsten Kindheitserinnerungen, wie wir von unserem Haus den gefährlich steilen Hügel zum See hinunterstiegen. Ich ging morgens oft mit meinem Vater und meinen Brüdern schwimmen, wenn die ersten Sonnenstrahlen den letzten Morgennebel vertrieben hatten. Das Wasser war warm, die Luft kühl auf der Haut und der Blick auf unser Haus hoch oben über dem Ufer immer wieder überwältigend. Der Rückweg war jedes Mal ein Abenteuer, denn der Hügel war sehr steil und die Erde unter unseren Füßen ziemlich locker. Ich rutschte oft aus und hatte Angst, den Hügel wieder hinunter und in den See zu purzeln. Mein Vater wusste immer, wann ich Angst bekam, dann nahm er mich hoch und trug mich nach Hause. Er war ein großer, kräftiger Mann und ich fühlte mich in seinen starken Armen sicher und geborgen. Ich fand es immer ganz toll, so liebevoll hochgehoben zu werden, vor allem weil mein Vater auf altmodische Weise sehr zurückhaltend war und selten Gefühle zeigte, geschweige denn meinen Brüdern und mir sagte, dass er uns lieb hatte – aber wir wussten, dass es so war.

Wenn wir vom Schwimmen zurückkamen, stand meine schöne Mutter bereits in der Küche, um Reis mit Bohnen zuzubereiten, ein Gericht, das sie uns jeden Tag zum Frühstück machte, bevor sie uns in die Schule schickte. Woher sie ihre Energie nahm, war mir ein Rätsel: Mama stand immer als Erste auf und ging als Letzte zu Bett, war Stunden vor allen anderen auf den Beinen, um aufzuräumen, unsere Kleider zurechtzulegen, um nachzusehen, ob unsere Schulhefte und Bücher griffbereit waren und die Arbeitsunterlagen meines Vaters parat lagen. Sie nähte die Kleidung für uns Kinder, schnitt uns die Haare und verschönerte das Haus mit selbstgemachten Sachen.

Die Bohnen, die sie uns zum Frühstück kochte, waren von unseren eigenen Feldern, um die sich meine Mutter jeden Morgen kümmerte, während der Rest der Familie noch schlief. Sie schaute nach den Pflanzungen, verteilte dann das Arbeitsgerät an die Tagelöhner und sorgte dafür, dass unsere Kühe und die anderen Tiere Futter und Wasser bekamen. Und dann, wenn sie die ersten Aufgaben des Tages erledigt und uns in die Schule geschickt hatte, machte meine Mutter sich auf den Weg zu ihrem Ganztagsjob als Lehrerin an der örtlichen Grundschule.

Meine Eltern waren beide Lehrer und fest davon überzeugt, dass die einzige Waffe gegen Armut und Hunger eine gute Ausbildung ist. Ruanda ist eines der kleinsten Länder in Afrika – etwa halb so groß wie die Schweiz –, aber auch eines der am dichtesten besiedelten auf diesem Kontinent und eines der ärmsten in der ganzen Welt. Meine Mutter und mein Vater waren die Ersten aus ihren Familien, die eine höhere Schule besucht hatten, und ihre Kinder sollten eine noch bessere Ausbildung bekommen. Mein Vater ging mit gutem Beispiel voran, er arbeitete viel und bildete sich ständig weiter. Er wurde im Laufe seiner beruflichen Karriere mehrfach geehrt und befördert und stieg vom einfachen Grundschullehrer zum Rektor einer Sekundarschule auf. Schließlich wurde er Schulinspektor für alle katholischen Schulen in unserem Bezirk.

In Ruanda hat jedes Familienmitglied einen anderen Nachnamen. Jedes Kind bekommt bei der Geburt einen individuellen Namen, der die Gefühle der Mutter oder des Vaters in dem Moment ausdrückt, wenn sie ihr neues Baby zum ersten Mal sehen. In der Landessprache Kinyaruanda bedeutet mein Name (Ilibagiza) »strahlend und schön an Körper und Seele«. Es war mein Vater, der diesen Namen für mich wählte, was mich immer daran erinnern wird, wie sehr er mich liebte, vom ersten Augenblick meines Lebens an.

Mein Vater hieß Leonard Ukulikiyinkindi und meine Mutter Marie Rose Kankindi, aber Freunde nannten sie Rose. Meine Eltern lernten sich im Sommer 1963 im Haus eines meiner Cousins kennen, als sie zur Hochzeit eines gemeinsamen Freundes unterwegs waren. Als sie einander vorgestellt wurden, musterte meine Mutter meinen Vater kurz und meinte dann, missbilligend mit der Zunge schnalzend: »Mit solchen Haaren willst du auf eine Hochzeit gehen?«

Er habe keinen Friseur gefunden, erwiderte mein Vater achselzuckend. Meine Mutter holte eine Schere, drückte ihn auf einen Stuhl und machte sich auf der Stelle an die Arbeit. Das Ergebnis muss ziemlich gut gewesen sein, denn die beiden wurden unzertrennlich. Innerhalb eines Jahres heirateten sie und mein Vater ließ sich niemals mehr von jemand anderem als meiner Mutter die Haare schneiden.

Meine Eltern konnten etwas Geld zusammensparen, weil sie neben ihrer Arbeit als Lehrer auch das Land bestellten, das sie von meinem Großvater erhalten hatten (sie bauten Bohnen, Bananen und Kaffee an und verkauften die Ernte). Unser Haus, nach westlichen Maßstäben zwar sehr bescheiden, in unserem Dorf aber als ziemlich luxuriös geltend, konstruierte und baute Vater selbst. Wir hatten eine Küche, einen Essbereich, ein Wohnzimmer, mehrere Schlafzimmer, ein Gästezimmer, und mein Vater hatte sogar ein Arbeitszimmer. Über einen Hof mit einem Tor gelangte man zu einem kleinen Anbau für die Tagelöhner. Zum Glück hatten wir einen separaten Stall für die Tiere, so dass die Kühe nicht bei uns im Haus schliefen. Auf dem Dach stellte mein Vater einen Tank für das Regenwasser auf, damit wir nicht Wasser vom Kivu-See hochschleppen mussten, und die Sonnenkollektoren, die er installierte, lieferten uns an sonnigen Tagen für etwa eine Stunde Strom.

Wir besaßen zwei Fahrzeuge – ein unerhörter Luxus in unserem Teil Ruandas: ein gelbes Geländemotorrad, mit dem

Papa zur Schulinspektion in die abgelegenen Bergdörfer fuhr, und ein kleines Auto, das wir am Wochenende für die Fahrt zur Kirche und für Verwandtenbesuche benutzten. Manche Leute im Dorf hielten uns für reich, was wir nicht waren, und sie nannten meinen Vater *Muzungu*, das bedeutet »weißer Mann« oder »reicher Mann«, was für die meisten Ruander dasselbe ist.

Außer uns hatte niemand im Dorf ein Motorrad, und meine Mutter machte sich immer Sorgen, dass mein Vater auf einem einsamen Bergpass von Banditen überfallen werden könnte. Mutter sorgte sich unentwegt um ihre Familie. Das ging so weit, dass sie jeden Abend die Meldungen über Todesfälle im Radio verfolgte, wenn einer von uns länger als eine Nacht von zu Hause fort war.

»Mama, denk doch lieber an all die schönen Dinge, die uns passieren könnten, anstatt dauernd nachzugrübeln, was uns Schlimmes zustoßen könnte«, bat ich sie immer wieder, wenn auch ohne Erfolg.

»Ach, Immaculée, ich könnte es nicht ertragen, würde jemand an die Tür klopfen und mir schlechte Nachrichten über eines meiner Kinder oder deinen Vater bringen. Ich bete nur darum, dass ich sterbe, ehe ich das erleben muss.« Sie betete unaufhörlich für unsere Gesundheit, unsere Sicherheit und unser Wohlergehen.

Meine Eltern waren tiefgläubige Katholiken und gaben ihre Religiosität an uns weiter. Der Kirchgang am Sonntag war Pflicht, ebenso das gemeinsame Abendgebet zu Hause. Beten, in die Kirche gehen und alles andere, was mit Gott zu tun hatte, mochte ich sehr gern. Vor allem liebte ich die Jungfrau Maria, denn für mich war sie meine zweite Mutter, die vom Himmel aus auf mich aufpasste. Ich wusste nicht, warum, aber wenn ich betete, wurde mir innerlich immer ganz warm und ich fühlte mich glücklich. So glücklich, dass ich mich eines Tages – ich war zehn Jahre alt – mit meiner Freundin Jeanette aus der Schule davonstahl, um Père Clément zu besuchen, einen weisen älteren Priester, der ein guter Freund der Familie und wie ein Großvater für mich war.

Jeanette und ich wanderten gut zehn Kilometer durch Felder und Wälder und wateten durch einen Fluss, um zu Père Clément zu gelangen. Er begrüßte uns herzlich, aber mit besorgter Miene, denn als wir bei ihm ankamen, keuchten wir erschöpft, waren klatschnass und ziemlich schmutzig. Er sah aus wie ein Heiliger, wie er da groß vor uns stand, mit seinem fließenden weißen Gewand und einem wunderschönen Rosenkranz um den Hals, und uns mit offenen Armen willkommen hieß. »Was gibt's, Mädchen? Wie kann ich euch helfen?«, fragte er.

»Herr Pfarrer, wir wollen unser Leben Gott weihen«, sagte Jeanette feierlich.

»Ja, so ist es«, bekräftigte ich. »Wir haben darüber nachgedacht und wollen Nonnen werden.«

»Nonnen. Aha«, erwiderte er mit einem ernsten Nicken, aber ich bin sicher, dass er sich ein Grinsen verkneifen musste. Er legte uns segnend die Hände auf den Kopf und sprach: »Gott, segne diese lieben Kinder, bewahre und beschütze sie alle Tage ihres Lebens.« Dann sah er uns an und sagte: »Und jetzt geht nach Hause, ihr beiden. Kommt wieder zu mir, wenn ihr achtzehn geworden seid, und wenn ihr dann immer noch Nonnen werden wollt, unterhalten wir uns darüber.«

Meine Eltern waren zwar tiefgläubige Katholiken, aber auch Christen im weitesten Sinne des Wortes. Ihre Richtschnur war die goldene Regel, dass man andere Leute so behandeln soll, wie man selbst behandelt werden möchte, und sie hielten uns dazu an, unseren Nachbarn mit Freundlichkeit und Respekt zu begegnen. Sie fühlten sich ihrem Dorf sehr verbunden und investierten viel Zeit und Mühe, um eine harmonische, prosperierende Gemeinschaft zu schaffen. Mein Vater opferte viele Wochenenden der ehrenamtlichen Arbeit, zum Beispiel der Errichtung einer nicht konfessionsgebundenen Kapelle, deren Baukosten er zum größten Teil aus eigener Tasche bezahlte. Er richtete auch einen Stipendienfonds für Kinder aus ärmeren Familien ein und gründete zu diesem Zweck eine der wenigen Kaffee-Kooperativen Ruandas. Ein Dutzend Pflanzer durfte pachtfrei auf seinem Land Kaffeesträucher setzen, wenn sie versprachen, von ihrem Gewinn eine kleine Summe für den Fonds zu spenden. Das Programm hatte einen derartigen Erfolg, dass er mit einem Teil des Geldes noch ein Gemeindezentrum, einen Fußballplatz für die Jugendlichen und ein neues Dach für die Schule finanzieren konnte.

Auch Mutter war dafür bekannt, dass sie viel Gutes tat. Sie konnte keinen Menschen abweisen, der Hilfe benötigte, und so wohnte in unserem Haus nicht selten eine weitere Familie, wenn diese in Not geraten war und einen Unterschlupf brauchte, bis sie wieder auf die Füße kam.

Nach der Schule gab meine Mutter den Kindern oft kostenlos Nachhilfestunden, und sie kaufte ständig Stoff, um für die Schulmädchen im Dorf neue Uniformen zu nähen. Einmal bekam ich zufällig ein Gespräch mit, bei dem eine Nachbarin verzweifelt klagte, dass sie ihrer Tochter kein Hochzeitskleid kaufen konnte.

»Was bin ich nur für eine Mutter, Rose, dass ich meine Tochter in alten Kleidern in ihr neues Leben schicke?«, jammerte die Frau. »Wenn wir wenigstens eine Ziege zum Verkaufen hätten, dann könnte ich meine Tochter für ihren Hochzeitstag kleiden, wie es sich gehört.«

Sie solle sich keine Sorgen machen, sagte meine Mutter zu ihr. Wenn sie auf Gott vertraue, werde er ihr helfen. Am nächsten Tag sah ich meine Mutter das Geld abzählen, das sie von ihrem monatlichen Lehrergehalt gespart hatte. Dann ging sie ins Dorf, und als sie zurückkehrte, hatte sie in beiden Armen Stoff in leuchtenden Farben. Sie nähte die ganze Nacht an den Kleidern für die Tochter der Nachbarin und die Brautjungfern.

Meine Mutter und mein Vater gingen mit den Leuten im Dorf um, als gehörten sie zur Familie, und die Dorfbewohner verhielten sich ihnen gegenüber oft, als wären sie ihre zweiten Eltern. Mein Vater zum Beispiel hatte im ganzen Umkreis den Ruf, ein gebildeter, aufgeklärter und gerechter

Mann zu sein. Also kamen die Menschen von weit her, um ihn bei familiären Problemen, Geldschwierigkeiten und geschäftlichen Vorhaben um Rat zu fragen. Häufig rief man ihn ins Dorf, damit er Streitigkeiten schlichtete und aufsässige Kinder zur Räson brachte.

Wenn sich im Dorf eine Situation zuspitzte, klopfte in der Regel bald jemand an die Tür und rief: »Leonard! Kannst du uns helfen? Wir brauchen deinen Rat. Was sollen wir tun, Leonard?«

Mein Vater bat zu jeder Tages- und Nachtzeit Leute ins Haus und besprach ihre Probleme mit ihnen, bis sie eine Lösung fanden. Er war ein guter Diplomat und gab den Menschen zudem immer das Gefühl, sie hätten alles selbst gelöst.

Auch bei meiner Mutter holten sich viele Rat, besonders Frauen, die Schwierigkeiten mit ihren Männern hatten. Im Laufe der Jahre waren so viele Nachbarn bei Mutter in die Schule gegangen, dass die meisten Dorfbewohner sie einfach »Frau Lehrerin« nannten.

Meine Eltern taten zweifellos viel für unser Dorf, aber auch mit uns Kindern verbrachten sie so viel Zeit wie irgend möglich.

Hin und wieder, wenn er länger gearbeitet hatte und danach noch mit seinen Freunden ein Bier trinken gegangen war, kam mein Vater erst nach Hause, wenn wir schon längst im Bett lagen. »Wo sind meine Kleinen? Wo sind meine lieben Kinderchen?«, fragte er dann, ein wenig beschwipst, jedoch voller Zuneigung.

Und Mutter schimpfte: »Sie schlafen, Leonard, was sie um diese Zeit auch sollten. Wenn du sie sehen willst, musst du früher nach Hause kommen.«

»Also, allein kann ich nicht zu Abend essen«, gab er zurück und weckte uns behutsam auf. Dann saßen wir alle im Pyjama am Tisch, während er aß und uns erzählte, was er an diesem Tag erlebt hatte. Wir genossen diese Tischrunden sehr.

Wenn er mit dem Essen fertig war, hieß er uns im Wohnzimmer hinknien und unsere Abendgebete sprechen.

»Sie haben schon gebetet, Leonard. Und sie müssen morgen in die Schule!«

»Nun ja, Rose, und ich muss morgen arbeiten. Außerdem kann man nie zu viel beten. Stimmt's, Immaculée?«

»Ja, Papa«, antwortete ich schüchtern. Ich vergötterte meinen Papa und war unglaublich stolz, dass er mir eine derart wichtige Frage gestellt hatte.

Sie hatten etwas Magisches, diese Momente, wenn seine strenge Fassade für kurze Zeit verschwand und wir alle sehen konnten, wie sehr unser Vater uns liebte.

Wir waren vier Geschwister – ich und meine drei Brüder. Der Älteste war Aimable Ntukanyagwe, der 1965 auf die Welt kam, ein Jahr nach der Heirat meiner Eltern. Schon als Kind war Aimable ernster als alle anderen in der Familie, so still und introvertiert, dass wir ihn zum Spaß immer »unseren Hauspfarrer« nannten. Meine Mutter vergötterte ihn, weil er ihr Erstgeborener war, ihr Liebling. Dem bescheidenen und schüchternen Aimable aber war es peinlich, dass er mehr Beachtung erfuhr als die anderen. Er war ein lieber Kerl und verabscheute Gewalt. Wenn andere Jungen sich prügelten, ging er dazwischen und sorgte dafür, dass sie sich wieder vertrugen.

War mein Vater fort, dann nahm Aimable seine Stelle ein und kümmerte sich darum, dass wir unsere Hausaufgaben erledigten, unsere Abendgebete sprachen und rechtzeitig zu Bett gingen. Er selbst blieb länger auf und sah nach, ob alle Türen für die Nacht sicher verschlossen waren. Zwischen Aimable und mir gab es fünf Jahre Altersunterschied, was es Kindern normalerweise oft schwer macht, sich wirklich kennen zu lernen. Zudem wirkte er viel älter, als er war, aber er war mir stets ein liebevoller Bruder, der mich nie zu fragen vergaß, was ich tagsüber erlebt hatte, wie es in der Schule lief und ob meine Freunde nett zu mir waren. Als mein Bruder aufs Internat ging, war ich erst sieben, und danach sahen wir einander nur in den Ferien und bei besonderen familiären Anlässen. Trotzdem bekam ich an dem Tag, als er uns verließ, schreckliche Bauchschmerzen. Das Internat befand sich zwar in einer nahe gelegenen Stadt, aber für mein Gefühl zog mein Bruder auf den Mond. Es war das erste Mal, dass ich angesichts des Verlustes eines geliebten Menschen körperliche Schmerzen empfand. Als mein Vater uns Geschwister ein paar Tage später Briefe an Aimable schreiben ließ, fielen mir nur zwei Dinge ein, die ich ihm sagen wollte. Ich schrieb in großen, runden Buchstaben:

Lieber Aimable,
ich hab dich lieb, ich vermisse dich, ich hab dich lieb, ich vermisse dich, ich hab dich lieb, ich vermisse dich, ich hab dich lieb, ich vermisse dich, ich hab dich lieb, ich vermisse dich, ich hab dich lieb, ich vermisse dich, ich hab dich lieb, ich vermisse dich, ich hab dich lieb, ich vermisse dich, ich hab dich lieb, ich vermisse dich, ich hab dich lieb, ich vermisse dich, ich hab dich lieb, ich vermisse dich, ich hab dich lieb, ich vermisse dich, ich hab dich lieb, ich hab dich lieb, ich hab dich lieb – und ich vermisse dich!!!!!
Tschüs,
Immaculée
PS: Ich vermisse dich!

Mein Vater lachte, als er den Brief las. »Du erzählst gar nichts von dem Besuch bei Großmutter oder wie es deinen anderen Brüdern geht, Immaculée. Versuch doch einen Brief zu schreiben, in dem ein bisschen mehr Neuigkeiten und weniger ›ich hab dich lieb‹ und ›ich vermisse dich‹ stehen.«

»Aber es ist doch so, Papa!«

Ich konnte nicht verstehen, warum er wollte, dass ich meinen Bruder weniger lieb haben sollte – und mein Vater wurde nie müde, mich mit diesem Brief aufzuziehen.

Zwei Jahre nach Aimable wurde mein anderer großer Bruder geboren. Er bekam die Namen Damascene Jean Muhirwa und war ein Schlingel, intelligent, lustig, großzügig, unglaublich nett und unwiderstehlich liebenswert. Er brachte mich jeden Tag zum Lachen und wusste immer, wie er meine Tränen trocknen konnte. Damascene – noch heute kann ich seinen Namen nicht aussprechen, ohne zu lächeln – oder zu weinen. Er war drei Jahre älter als ich, aber ich sah in ihm geradezu meinen Zwillingsbruder. Er war mein bester Freund, wir waren ein Herz und eine Seele.

Wenn ich traurig war, tauchte garantiert Damascene auf und brachte mich auf andere Gedanken – wie an dem Tag, als ich wütend war auf meine Mutter, weil ich den Hof fegen musste, während die Jungen Fußball spielten. Damascene beschloss, auf das Spiel zu verzichten, ließ seine Freunde stehen und kam, um mir zu helfen – und hatte sich zu diesem Zweck einen Rock angezogen!

»Die Arbeit einer Frau geht nie zu Ende«, sang er laut und mit hoher Stimme, schnappte sich einen Besen und alberte herum, bis mir vor Lachen der Bauch wehtat. Er half mir den ganzen Nachmittag.

Selbst wenn er Unfug machte, was nicht oft vorkam, ging letztendlich irgendwie doch alles gut aus. Als er zwölf war, »lieh« er sich heimlich Papas Wagen, um sich selbst das Autofahren beizubringen. Normalerweise hätte mein Vater ihn für diesen Ungehorsam hart bestraft, aber als er dahinterkam, nahm er Damascene einfach in die Arme. Vater war nämlich beruflich unterwegs gewesen, als meine Mutter einen schweren Asthmaanfall hatte. Sie brach halb bewusstlos zusammen und bekam keine Luft mehr. Damascene hievte sie sich auf die Schulter, trug sie zum Auto, legte sie behutsam auf den Rücksitz und fuhr fünfzehn Kilometer bis zum nächsten Krankenhaus. Auf dem Weg stieß er zwar beinahe mit zwei Kühen, drei Ziegen und mehreren unserer Nachbarn zusammen, aber zum Krankenhaus kam er gerade noch rechtzeitig. Hätte man nicht sofort gehandelt, so meinte der Arzt, dann wäre Mama gestorben.

Fast jeder mochte Damascene auf Anhieb, wenn er ihn kennen lernte, sein gewinnendes Lächeln und seine fröhliche Art waren ansteckend. Er war der Klassenclown, aber auch ein hervorragender Schüler, immer unter den Besten seiner Schule – und später der Jüngste im ganzen Distrikt, der seinen Magister machte. Obwohl er ständig lernte, schaffte er

27

es irgendwie, in Karate den braunen Gürtel zu erwerben, an seinem Gymnasium und später an seiner Universität Kapitän des Basketballteams zu werden und in unserer Kirche als Ministrant zu dienen. Ich weinte eine ganze Woche lang, als er von zu Hause fort aufs Internat ging, und glaubte, nie wieder lachen zu können.

Er war das Licht meines Lebens.

Unser Nesthäkchen war mein kleiner Bruder John Marie Vianney Kazeneza, der drei Jahre nach mir auf die Welt kam. Vianney war ein liebenswertes Kerlchen, das mit großen Augen unschuldig in die Welt schaute, einem aber, wie vermutlich alle kleinen Brüder, den letzten Nerv rauben konnte. Er wuchs zu einem strammen hübschen Burschen heran, der mich ein gutes Stück überragte, in meinen Augen jedoch immer mein kleiner Bruder blieb – ich hatte immer das Gefühl, auf ihn aufpassen zu müssen. Als Kind folgte er mir auf Schritt und Tritt, wie ein kleines Hündchen. Ich gewöhnte mich so sehr daran, ihn ständig im Schlepptau zu haben, dass er mir richtig fehlte, wenn er mich mal nicht drangsalierte, der kleine Schatz.

Ich war das dritte Kind der Familie und das einzige Mädchen, was in einer so männlich dominierten Gesellschaft zusätzlichen Druck für mich bedeutete. Am allerwichtigsten ist in der ruandischen Gesellschaft ein »guter Name«, weshalb meine Eltern sehr aufpassten, dass ihre einzige Tochter sich einen makellosen Ruf bewahrte. Mit mir waren sie strenger als mit meinen Brüdern, ich bekam mehr Arbeiten im Haushalt zugeteilt, musste abends früher zu Hause sein, sie bestimmten, welche Sachen ich anziehen durfte, und achteten strenger darauf, mit wem ich Umgang hatte. Meine Eltern hielten mich dazu an, fleißig zu lernen und mich geistig zu entwickeln, aber trotzdem wurde von mir als junger Frau in einer sehr konservativen Gesellschaft erwartet, dass man mich zwar sah, aber nicht hörte.

Welch Ironie des Schicksals, dass ich als Einzige übrig blieb, um die Geschichte unserer Familie zu erzählen.

KAPITEL 2

Erste Lektionen

»Alle Tutsi aufstehen!«

Ein halbes Dutzend Stühle wurde geräuschvoll zurückgeschoben, als sechs Kinder in meiner vierten Klasse aufsprangen. Ich hatte keine Ahnung, was los war, denn ich war bislang nur bei meiner Mutter in die Schule gegangen. Inzwischen war ich zehn Jahre alt, es war mein erster Tag an der Schule für ältere Kinder, und ich war verwirrt von dem ganzen Aufruhr. Dass ein Lehrer die Schüler zur Anwesenheitskontrolle nach Stammeszugehörigkeit aufrief, hatte ich noch nie erlebt.

»Ich sagte, *alle* Tutsi aufstehen!«, brüllte Buhoro, unser Lehrer. Er hakte die Namen mit einem großen Bleistift auf einer Liste ab, hielt dann inne und sah mich scharf an.

»Immaculée Ilibagiza, du bist nicht aufgestanden, als ich die Hutu aufrief, du bist nicht aufgestanden, als ich die Twa aufrief, und du stehst jetzt nicht auf, wo ich die Tutsi aufrufe. Warum das?«, fragte Buhoro lächelnd, aber seine Stimme klang hart und böse.

»Ich weiß nicht, Herr Lehrer.«

»Zu welchem Stamm gehörst du denn?«

»Ich weiß nicht, Herr Lehrer.«

»Bist du eine Hutu oder eine Tutsi?«

»I-ich weiß nicht.«

»Hinaus mit dir! Raus aus dieser Klasse! Und komm erst wieder, wenn du weißt, wer du bist!«

Ich packte meine Bücher zusammen und ging, den Kopf beschämt gesenkt, hinaus. Noch wusste ich es nicht, aber ich hatte gerade meine erste Lektion über die ethnische Trennung in Ruanda erteilt bekommen, und es war ein unsanftes Erwachen.

Ich lief auf den Schulhof und versteckte mich hinter Büschen, um zu warten, bis mein Bruder Damascene Schulschluss hatte. Zuvor hatte ich meine Tränen noch zurückhalten können, aber nun weinte ich, bis meine blaue Schuluniform durchnässt war. Ich begriff überhaupt nicht, was los war, und fast wäre ich in die Klasse zurückgegangen und hätte meine beste Freundin Jeanette gebeten, es mir zu erklären. Sie war aufgestanden, als der Lehrer den Namen Hutu aufgerufen hatte – vielleicht wusste sie, warum unser Lehrer so böse zu mir war. Aber ich blieb zusammengekauert, immer noch leise weinend, hinter den Büschen hocken, bis mich schließlich Damascene dort fand.

»Wer hat dir etwas getan, Immaculée?«, fragte mich mein großer Bruder mit der ganzen Autorität seiner dreizehn Jahre. Damascene war immer mein größter Beschützer und jederzeit bereit zum Kampf, falls mir jemand ein Härchen krümmen sollte, also berichtete ich ihm, was Buhoro gesagt hatte.

»Buhoro ist kein netter Mensch«, erklärte mein Bruder, »aber mach dir deswegen keine Gedanken. Wenn er das nächste Mal die Namen aufruft, machst du es einfach wie ich: Steh zusammen mit deinen Freunden auf. Steh auf, wenn deine Freundin Jeanette aufsteht.«

»Jeanette ist aufgestanden, als er die Hutu aufgerufen hat.«

»Dann steh auf, wenn er ›Hutu‹ sagt. Wenn unsere Freunde Hutu sind, dann sind wir's bestimmt auch. Wir gehören doch alle zum gleichen Volk, oder?«

Damals konnte ich es nicht wissen, aber Damascene hatte von der Stammesstruktur Ruandas genauso wenig Ahnung wie ich – seltsam, wenn man bedenkt, dass wir zu den gebildetsten Kindern im ganzen Distrikt gehörten. Meine Brüder und ich bekamen jeden Tag nach der Schule nur neunzig Minuten Freizeit zugestanden, ehe wir uns im Wohnzimmer einfinden mussten, um unter Mamas Aufsicht unsere Hausaufgaben zu machen. Eine Stunde vor dem Abendessen übernahm mein Vater ihren Posten und stellte erst einmal mitten im Zimmer eine Tafel von derselben Größe wie in der Schule auf. Dann drückte er jedem ein Stück Kreide in die Hand und prüfte uns in Mathematik, Grammatik und Geographie.

Doch über die ruandische Geschichte brachten unsere Eltern uns nichts bei. Wir wussten nicht, dass die Bevölkerung Ruandas sich aus drei Stämmen zusammensetzte: einer Hutu-Mehrheit, einer Tutsi-Minderheit und einer zahlenmäßig sehr kleinen Gruppe von Twa, einem mit den Pygmäen verwandten Stamm von Waldbewohnern. Wir erfuhren nicht, dass die deutschen Kolonialisten (und die Belgier, die nach ihnen kamen) die bestehende Gesellschaftsstruktur – eine Monarchie mit einem Tutsi-König, unter der in Ruanda jahrhundertelang Frieden und Harmonie geherrscht hatten – in ein auf Diskriminierung und Stammeszugehörigkeit basierendes Klassensystem umwandelten. Die Belgier bevorzugten die »aristokratische« Tutsi-Minderheit und förderten ihre Stellung als herrschende Schicht; die Tutsi bekamen eine bessere Ausbildung, damit sie das Land besser lenken und dadurch größere Profite für die belgischen Kolonialherren erwirtschaften konnten. Die Belgier führten auch eine Identitätskarte ein, auf der die ethnische Zugehörigkeit angegeben war, damit sie die beiden großen Stämme leichter auseinander halten konnten, und vertieften damit die von ihnen geschaffene Kluft zwischen Hutu und Tutsi. Das waren große Fehler, die zu dauerhaften Ressentiments bei den Hutu führten und mit den Grundstein für die späteren Ereignisse legten.

Als die Tutsi mehr Selbstbestimmung forderten, verloren sie das Wohlwollen der Belgier, die 1959 einen blutigen Aufstand der Hutu unterstützten, in dessen Folge der König abgesetzt wurde. In den Jahren darauf fielen über hunderttausend Tutsi Racheakten zum Opfer. Als Belgien sich 1962 aus Ruanda zurückzog, saß eine Hutu-Regierung fest im Sattel und die Tutsi waren zu Bürgern zweiter Klasse geworden, die sich der Gefahr von Verfolgung, gewalttätigen Angriffen und der Ermordung durch Hutu-Extremisten ausgesetzt sahen. In den folgenden Jahrzehnten kamen bei wiederholten Massakern viele Zehntausend Tutsi ums Leben.

Während derartige Gewaltausbrüche periodisch auftraten, war Diskriminierung für die Tutsi eine alltägliche Erfahrung. Die Identitätskarte mit dem Vermerk der Stammeszugehörigkeit, den die Hutu-Regierung aus der Zeit der belgischen Herrschaft übernahm, machte die Diskriminierung noch deutlicher und um einiges einfacher.

Doch derartige Geschichtslektionen sollten meine Brüder und ich nach Ansicht unserer Eltern nicht lernen, zumindest nicht, solange wir klein waren. Sie erzählten uns nie etwas über Diskriminierung, Massaker, ethnische Säuberungen oder Vermerke auf der Identitätskarte – solche Sachen hatten keinen Platz in meiner Kindheit.

Bei uns zu Hause war jeder willkommen, ganz gleich, welcher Rasse, Religion oder welchem Stamm er angehörte. Für meine Eltern hatte der Umstand, dass man Hutu war oder Tutsi, nichts damit zu tun, was für ein Mensch man war. Wer einen guten Charakter hatte und ein netter Mensch war, den empfingen sie mit offenen Armen. Doch meine Eltern hatten selbst Schreckliches durch Hutu-Extremisten erlebt. An einen Vorfall kann ich mich sogar noch dunkel erinnern. Ich war damals erst drei Jahre alt und verstand nicht, was vor sich ging, aber ich entsinne mich, dass Flammen den Nachthimmel erhellten und meine Mutter mit mir auf dem Arm aus dem Haus rannte. Es war während des Staatsstreichs von 1973, als viele Tutsi verfolgt, aus ihrem Zuhause vertrieben und auf den Straßen ermordet wurden. In unserem Distrikt steckten Hutu-Extremisten ein Tutsi-Haus nach dem anderen in Brand. Meine ganze Familie stand draußen und beobachtete mit Entsetzen, wie die Feuer vom Kivu-See weit unten den Hügel herauf und immer näher kamen. Wir flohen zu einem Nachbarn, einem Hutu und guten Freund namens Rutakamize. Er versteckte uns, bis das Morden und Brandschatzen vorüber war. Als wir nach Hause zurückkehrten, fanden wir nur noch eine rauchende Ruine vor.

Meine Eltern bauten unser Haus wieder auf; über das, was

geschehen war, wurde nie gesprochen, zumindest nicht mit uns Kindern. Und obwohl sie bei ähnlichen Ausschreitungen gegen die Tutsi im Jahr 1959 ebenfalls Ziel von Angriffen waren, habe ich meine Eltern niemals ein abschätziges Wort gegen die Hutu sagen hören. Sie waren nicht voreingenommen, sondern vielmehr überzeugt, dass das Böse die Menschen dazu trieb, Böses zu tun, egal welchem Stamm oder welcher Rasse sie angehörten. Meine Eltern ignorierten die soziale und politische Realität, in der sie lebten, und vermittelten uns stattdessen ihre Überzeugung, dass alle Menschen von Geburt an gleich sind. Sie wollten nicht, dass ihre Kinder in Angst vor Verfolgung aufwuchsen oder sich minderwertig fühlten, weil sie als Tutsi geboren waren.

Es ist also leicht nachzuvollziehen, warum ich so verwirrt war, als mein Lehrer Buhoro mich anbrüllte, weil ich meine Stammeszugehörigkeit nicht kannte.

Damascene legte mir beschützend den Arm um die Schulter und brachte mich nach Hause. Wir spürten beide, dass uns etwas Böses berührt hatte, wussten aber nicht, was es war. Abends beim Essen erzählte ich Vater von meinem Erlebnis in der Schule. Er wurde sehr still, und dann fragte er mich, wie lange ich hinter den Büschen gehockt hätte, nachdem ich aus dem Klassenzimmer geschickt worden war.

»Fast den ganzen Tag, Papa.«

Mein Vater legte seine Gabel zur Seite und hörte auf zu essen – ein sicheres Zeichen, dass er zornig war. »Ich werde morgen mit Buhoro sprechen«, sagte er zu mir.

»Aber zu welchem Stamm gehöre ich, Papa?«

»Ach, mach dir darüber jetzt keine Gedanken. Das können wir morgen besprechen, wenn ich mit deinem Lehrer geredet habe.«

Eigentlich wollte ich ihn fragen, warum er mir nicht gleich sagte, zu welchem Stamm ich gehörte, aber derart nachzubohren stand Kindern nicht zu. Er war mein Vater, und wenn er mir eine ausweichende Antwort gab, dann hatte er wohl seine guten Gründe. Aber ich war enttäuscht. Warum regten sich alle bloß so auf, wenn es um Stämme ging? Ich verstand es nicht.

Am nächsten Tag sprach Vater mit meinem Lehrer, aber er erzählte mir nichts von dem Gespräch und sagte mir auch nicht, zu welchem Stamm ich gehörte, wie er es versprochen hatte. Das erfuhr ich erst in der folgenden Woche, als Buhoro seine Schüler wieder nach Stammeszugehörigkeit aufrief. Mein Vater musste ihm ziemlich zugesetzt haben, denn er war wesentlich freundlicher zu mir, als er mich vor dem Namensaufruf nach vorne kommen ließ.

»Immaculée, du stehst auf, wenn ich ›Tutsi‹ sage.«

Aha, dachte ich, *ich bin also eine Tutsi, gut!*, und ging lächelnd an meinen Platz zurück. Ich hatte zwar keine Ahnung, was das bedeutete, war aber trotzdem stolz darauf. Es gab so wenige davon in der Klasse, dass wir etwas Besonderes sein mussten, und außerdem klang das Wort lustig. Aber ich konnte immer noch keinen richtigen Unterschied zwischen Tutsi und Hutu sehen. Die Twa waren Pygmäen und mit ihrer kleineren Statur leicht zu erkennen. Da Twa-Kinder jedoch kaum in die Schule gingen, sah ich nur sehr selten jemand von diesem Stamm.

Wodurch Tutsi und Hutu sich unterschieden, war schwerer zu sagen. Angeblich waren die Tutsi größer, hatten hellere Haut und schmalere Nasen; die Hutu waren kleiner, hatten dunklere Haut und breitere Nasen. Aber das stimmte eigentlich nicht, denn Hutu und Tutsi hatten seit Jahrhunderten untereinander geheiratet, so dass unsere Gene sich gemischt hatten. Hutu und Tutsi sprachen dieselbe Sprache – Kinyaruanda – und hatten dieselbe Geschichte. Wir hatten praktisch dieselbe Kultur: Wir sangen die gleichen Lieder, bearbeiteten dasselbe Land, besuchten dieselben Kirchen und beteten zu demselben Gott. Wir lebten in denselben Dörfern, an denselben Straßen und oft in denselben Häusern.

Mit den Augen eines Kindes gesehen (oder zumindest in *meinen* Augen) schienen wir alle ganz gut miteinander auszukommen. Ich könnte gar nicht sagen, wie oft meine Hutu-

Freundin Jeanette oder ich bei der jeweils anderen Familie mit zu Abend aß. Als kleines Mädchen wurde ich nur daran erinnert, dass es in Ruanda verschiedene Stämme gibt, wenn ich einmal in der Woche aufstehen musste, weil der Lehrer uns nach Stammeszugehörigkeit aufrief. Ich fand es lästig, aber es störte mich nicht allzu sehr, weil mir noch nicht bewusst war, was Diskriminierung wirklich bedeutete.

Ich erfuhr es am eigenen Leib, als mit Beginn der Oberstufe der Wechsel in ein Internat anstand.

Mit fünfzehn Jahren beendete ich das achte Schuljahr als Zweitbeste von sechzig Schülern in meiner Klasse. Ich hatte insgesamt 94 von 100 Punkten erreicht, nur zwei weniger als der beste Schüler, ein Tutsi-Junge, und viel mehr als alle anderen. Für ein Stipendium und einen Platz in einem der besten staatlichen Internate in unserer Region war das mehr als genug. Als ich am letzten Schultag vor den Ferien nach Hause ging, träumte ich bereits von meiner neuen Schuluniform und überlegte, wie es wohl sein würde, von zu Hause fortzugehen und in einem schönen Internat zu wohnen, in dem alle Fächer auf Französisch unterrichtet wurden.

Nach dem Abitur wollte ich studieren und danach – wer weiß? Vielleicht würde ich Pilotin werden, Professorin oder sogar Psychologin (den Plan, Nonne zu werden, hatte ich zu diesem Zeitpunkt schon fast aufgegeben). Meine Eltern hatten mich gelehrt, dass mit harter Arbeit und festem Willen selbst ein Mädchen aus einem kleinen Dorf wie Mataba es zu etwas Großem bringen konnte.

Woher sollte ich wissen, dass meine ehrgeizigen Pläne nur Luftschlösser waren? Ich wusste nicht, dass diese wöchentlichen Aufrufe der Schüler nach Stammeszugehörigkeit einem unheilvollen Zweck dienten – nämlich die Tutsi-Kinder im Zuge eines großangelegten, als »Programm zur ethnischen Ausgewogenheit« bezeichneten Diskriminierungssystems auszugrenzen.

Vorangetrieben wurde dieses Programm von Juvénal Habyarimana, dem Hutu-Präsidenten, der 1973 durch einen Staatsstreich an die Macht gekommen war. Er erklärte, die

Regierung müsse die verfügbaren Schulplätze und guten Posten im öffentlichen Dienst gemäß der ethnischen Zusammensetzung im Land »ausgewogen« vergeben. Da die Bevölkerung Ruandas zu etwa 85 Prozent aus Hutu, 14 Prozent Tutsi und 1 Prozent Twa bestand, gingen die meisten Posten und Schulplätze an Hutu. Faktisch wurden die Tutsi durch dieses Quotensystem von weiterführenden Schulen, der Universität und gutbezahlten Stellen ausgeschlossen und ihr Status als Bürger zweiter Klasse zementiert.

Erst wenige Wochen vor Beginn des neuen Schuljahrs wurde mir klar, was diese ethnische Ausgewogenheit wirklich bedeutete. Wir saßen gerade beim Abendessen, als ein Nachbar vorbeikam und berichtete, dass mein Name nicht auf der Liste der Stipendiaten stand, die man gerade im Gemeindehaus ausgehängt hatte. Ich war trotz meiner hervorragenden Noten übergangen worden, weil ich eine Tutsi war – alle verfügbaren Plätze waren an Hutu mit wesentlich schlechteren Zensuren vergeben worden. Dem Tutsi-Jungen, der die besten Noten hatte, war es genauso wie mir ergangen.

Mein Vater schob seinen Stuhl vom Tisch zurück, schloss die Augen und saß sehr lange so da. Ich wusste, dass meine Eltern es sich nicht leisten konnten, mich auf ein privates Internat zu schicken, das zehnmal mehr kostete als ein staatliches. Meine beiden älteren Brüder studierten bereits und das Geld war knapp. Außerdem waren die privaten Schulen schrecklich im Vergleich zu den finanziell gut ausgestatteten staatlichen Schulen. Die Lehrer waren weniger qualifiziert, der Lehrplan schlechter, die Schulgebäude hässlich und nicht gerade einladend.

»Keine Angst, Immaculée. Wir finden eine andere Möglichkeit, wie du weiterlernen kannst«, brachte mein Vater schließlich hervor. Er entschuldigte sich und ging in sein Zimmer, ohne noch etwas zu essen.

»Gib die Hoffnung nicht auf«, sagte meine Mutter und drückte mich. »Wir werden alle für dich beten. Und jetzt iss.«

Nach dem Abendessen schloss ich mich in Vaters Arbeitszimmer ein und weinte. Ich hatte gelernt wie verrückt und jetzt machte man meine Träume von einem Studium einfach zunichte. Mir graute, wenn ich an meine Zukunft dachte. Ich wusste, wie allein stehende Frauen ohne Ausbildung in meiner Gesellschaft behandelt wurden: Sie hatten praktisch keine Rechte, keine Perspektive, wurden nicht respektiert. Ohne Abitur würde ich keine andere Alternative haben, als zu Hause zu warten, bis irgendein Mann daherkam und mich zur Frau wollte. Die Zukunft sah düster aus für mich und dabei war ich gerade mal fünfzehn!

Am nächsten Morgen fehlte mein Vater am Frühstückstisch.

»Er versucht, ein kleines Wunder zu vollbringen«, erklärte meine Mutter. »Er will sich ein paar private Schulen anschauen und sehen, ob er dich unterbringen kann.«

»Aber die sind doch so teuer, und wir können nicht –«

»Pst, sei still«, unterbrach sie mich. »Ich habe dir doch gesagt, du sollst die Hoffnung nicht aufgeben, oder?«

Es stellte sich heraus, dass mein Vater bereits vor Sonnenaufgang aufgebrochen war, um zwei unserer Kühe zu verkaufen, damit er mich auf ein privates Internat schicken konnte. Kühe sind Statussymbole in der ruandischen Gesellschaft und äußerst wertvoll. Eine Kuh zu verkaufen war schon eine ziemliche Verschwendung, der Verkauf von zweien bedeutete fast den finanziellen Ruin. Aber mein Vater war fest entschlossen, mir den Besuch einer höheren Schule zu ermöglichen. Mit dem Geld, das die zwei Kühe eingebracht hatten, fuhr er fast hundertfünfzig Kilometer nach Süden zu einer neuerrichteten Privatschule und legte das Schulgeld für mein erstes Jahr bar auf den Tisch.

Mein Vater tat sich schwer, Gefühle zu zeigen, aber seine Liebe zu mir zu verbergen, das gelang ihm dennoch nicht.

Wenige Wochen später packte ich meine Sachen und es hieß Abschied nehmen. Jeanette umarmte mich, wir heulten beide und versprachen einander, ganz oft zu schreiben. Meine Mutter küsste mich immer wieder und kämpfte mit den Tränen. Vianney, der nun als letztes Kind zu Hause blieb, rannte in sein Zimmer und weigerte sich, auf Wiedersehen zu sagen. Viele Nachbarn kamen aus ihren Häusern, um zu winken, als mein Vater und ich abfuhren. Es schmerzte mich, Mataba zu verlassen, meine gewohnte Umgebung zu verlieren, aber ich war auch sehr neugierig auf mein neues Leben.

Meine neue Schule ließ einiges zu wünschen übrig. Der Schlafsaal war sehr klein, hatte einen Betonboden und raue Wände aus Schlackenstein, die geradezu nach einem Anstrich in einer freundlichen Farbe schrien. Ich schlief mit zehn anderen Mädchen auf Matratzen, die so eng beieinander lagen, dass überhaupt kein Platz dazwischen war. Es gab kein fließendes Wasser, so dass wir jeden Morgen mit Eimern bis zu einem gut drei Kilometer entfernten Bach liefen, um das zum Waschen und Kochen benötigte Wasser zu holen. Ich vermisste mein Bett und Mamas Reis mit Bohnen zum Frühstück.

Auch wenn dieses primitive Leben hart war, ich wollte die Schule auf keinen Fall sausen lassen und meine Eltern bitten, mich wieder nach Hause zu holen. Und als wir unsere Leistungskurse für das laufende Schuljahr wählen mussten, entschied ich mich für die zwei schwierigsten Fächer: Mathematik und Physik. Ich wollte nicht nur, dass Mama und Papa stolz auf mich waren, ich wollte auch meinen Brüdern etwas beweisen. Als typisch ruandische Männer neckten sie mich immer, dass Frauen doch in die Küche gehörten, nicht ins Klassenzimmer. Na, denen würde ich es zeigen!

Nach zwei Jahren gehörte ich, zu den besten Schülern der Schule. Als die Regierung eine Sonderprüfung für besonders gute Schüler ankündigte, die auf eine staatliche Schule wechseln wollten, beschloss ich, daran teilzunehmen. Tief in meinem Inneren hatte ich zwar das Gefühl, dass auch das beste Prüfungsergebnis im ganzen Land mir nichts nützen würde und man mich trotzdem übergehen würde, weil ich eine Tutsi war. Dennoch lernte ich fleißig und war sicher, ein ausgezeichnetes Examen gemacht zu haben. Aber die Wochen vergingen, ohne dass eine Nachricht eintraf, und so schlug ich mir die Sache aus dem Kopf.

Monate später, ich war gerade in den Sommerferien zu Hause, kam Damascene ins Haus gerannt und brüllte aus vollem Halse: »Immaculée! Immaculée Ilibagiza! Ich habe gerade die Liste gesehen. Du hast die Prüfung bestanden! Du bist im Lycée de Notre Dame d'Afrique aufgenommen worden. Das ist eine der besten Schulen in Ruanda und ganz in der Nähe von meiner!«

Wir saßen gerade im Wohnzimmer und alle waren wie elektrisiert. Ich sprang jubelnd aus meinem Sessel auf, schrie »Gott sei Dank, Gott sei Dank!« und schlug das Kreuzzeichen, ehe ich einen kleinen Freudentanz aufführte. Meine Mutter hatte Tränen in den Augen und mein Vater rief: »Das ist die größte Freude meines Lebens! Zwei Jahre lang habe ich jeden Tag auf Knien dafür gebetet, dass du auf diese Schule kommst. Gott hat meine Gebete erhört!«

»Du musst ganz schön schlau sein, obwohl du ein Mädchen bist«, meinte Aimable lachend. Ich sah, wie sehr er sich für mich freute.

Damascene schenkte mir sein schönes Lächeln und platzte schier vor Stolz auf seine Schwester.

An jenem Abend feierten wir und es war unser schönstes Familienfest seit sehr langer Zeit. Das Lycée war eine ausgezeichnete Mädchenschule, auf die viele Frauen gegangen waren, die inzwischen hochrangige Posten im Staatsdienst innehatten. Ich würde nicht nur die bestmögliche Ausbildung bekommen, die sich jedes junge ruandische Mädchen wünschen konnte, meine Eltern wären auch von der finanziellen Belastung des Schulgelds befreit. Der einzige Nachteil war, dass die Schule sich in der Provinz Gisenyi befand, vier Stunden Fahrt auf schlechten und gefährlichen Straßen von Mataba entfernt. Das bedeutete, dass meine Eltern mich nicht oft würden besuchen können. Außerdem lebten in dieser Gegend überwiegend Hutu, die sich, wie man wusste, den Tutsi gegenüber offen feindselig verhielten.

»Keine Angst, es ist eine Mädchenschule«, sagte Damascene. »Es gibt einen großen Zaun drum herum und eine Menge Wachleute, die euch beschützen. Und meine Schule ist so nah, dass ich dich mindestens einmal im Monat besuchen kann.«

Ich liebte das Lycée von der ersten Minute an. Die Gebäude waren groß, schön und blitzsauber, die Klassenzimmer in hellen Farben getüncht, und überall auf dem Gelände wuchsen Blumen in den verschiedensten Farben. Um den gesamten Komplex lief ein Hochsicherheitszaun, durch den ich mich gut beschützt fühlte. Ich war glücklich und wusste, dass auch mein Vater glücklich sein würde, vor allem, als die Nonnen uns sagten, dass wir vor und nach den Mahlzeiten gemeinsam beten würden.

Eine der ersten Mitschülerinnen, mit der ich Freundschaft schloss, war ein Hutu-Mädchen namens Sarah. Mit der Zeit wurden wir wie Schwestern und sie lud mich zu ihrer Familie in Kigali ein. Für ein einfaches Mädchen vom Dorf wie mich war eine solche Reise in die Hauptstadt natürlich ein großes Erlebnis – besonders aufregend waren die ersten Flugzeuge, die ich aus der Nähe sah. Sarah und ich fuhren abends einmal zum Flughafen, als die Rollbahn wie fluoreszierend leuchtete und die Landefeuer rot, weiß und grün aufblitzten, sobald die riesigen Flugzeuge vom Himmel herabschwebten. Mir blieb vor Staunen der Mund offen stehen, als ich die gigantischen Motoren dröhnen hörte.

»Schau nur, schau!«, rief ich begeistert, und Sarah konnte sich kaum halten vor Lachen. »Ist das nicht toll?«

Es gab noch eine Mitschülerin, mit der ich mich gleich am ersten Tag anfreundete: Clementine, eine hinreißende junge Frau, die mit ihrer samtenen Haut und den wunderschönen Augen wie ein amerikanisches Fotomodell aussah. Sie kam auf mich zumarschiert, als sie mich in der Schar der neuen Schülerinnen entdeckte. Ich war größer als die meisten, aber sie maß mindestens einen Meter achtzig. Wir erkannten einander als Tutsi aufgrund unserer Größe.

»Wie soll ein hübsches Tutsi-Mädchen wie du hier klarkommen, so weit im Norden, mit all den unfreundlichen Hutu-Gesichtern auf der anderen Seite des Zaunes?«, sagte sie lächelnd zu mir. »Wir müssen zusammenhalten und aufeinander aufpassen.« Wir haben uns vom ersten Augenblick an gut verstanden.

Clementine hatte Recht mit den unfreundlichen Gesichtern. Es kostete Überwindung, sich außerhalb des Internatsgeländes aufzuhalten. Jedes Mal, wenn ich mich nach draußen wagte, spürte ich die Blicke der Einheimischen auf mir und hörte sie in drohendem Ton »Tutsi« murmeln. Die Geistlichen und Nonnen, von denen das Lycée geführt wurde, sorgten dafür, dass Schülerinnen und Einheimische niemals dieselbe Messe in der örtlichen Kirche besuchten. Wir hatten strikte Anweisung, das Schulgelände nur in Begleitung eines Mitarbeiters des Wachpersonals zu verlassen. Man konnte schon Angst bekommen da draußen, aber innerhalb der Schulmauern habe ich niemals eine ethnische Diskriminierung erlebt. Die Lehrer riefen uns nie nach Stammeszugehörigkeit auf, und obwohl die meisten Mädchen Hutu waren, hatten wir einander gern wie Schwestern.

Ich verließ das Internatsgelände kaum, lernte fleißig und bemühte mich, kein Heimweh zu bekommen. Ich vermisste meine Eltern und meine Brüder und sehnte mich sogar nach der kleinen Nervensäge Vianney. Ach ja, mein kleiner Bruder, er schrieb mir, einige Monate nachdem ich von zu Hause weggegangen war, einen rührenden und beunruhigenden Brief. Er schrieb, dass er mich schrecklich vermisse, nicht mehr schlafen könne, seit ich fort sei, und dass er nachts manchmal Geister von einem Zimmer ins andere gehen sehe. Dann renne er in Panik aus dem Haus. Dieser Brief zerriss mir das Herz – ja, Vianney und ich hatten uns oft gezankt, aber jetzt wurde mir klar, wie viel ich ihm bedeutete. Ich hatte Schuldgefühle, weil ich ihn allein gelassen hatte, und schwor mir, ihm in Zukunft eine bessere Schwester zu sein.

Damascene hielt Wort und besuchte mich einmal im Monat. Dann setzten wir uns ins Gras und redeten stundenlang. Er wusste immer einen guten Rat für mich, besonders wenn es ums Lernen ging.

»Bete, Immaculée. Bete, bevor du deine Hausaufgaben machst und wenn du dich auf eine Klassenarbeit oder Prüfung vorbereitest. Und dann lerne so fleißig, wie du nur kannst.« Ich folgte seinem Rat, betete besonders viel vor Mathearbeiten und bekam weiterhin sehr gute Noten.

Als Damascene mich einmal besucht hatte, wollten meine Freundinnen wissen, wer denn der hübsche Bursche sei, mit dem ich mich so angeregt unterhalten hatte. »Das war mein großer Bruder Damascene«, antwortete ich stolz.

»Nein, das kann nicht sein. Keine versteht sich so gut mit ihrem Bruder! Es hat ausgesehen, als wärst du wirklich *gern* mit ihm zusammen.«

Es war ein großes Glück, dass ich meinen lieben Damascene zum Bruder hatte.

KAPITEL 3

Auf dem Weg zum Abitur

Mir ging es gut im Lycée, bis in meinem dritten und letzten Jahr der Krieg ausbrach. Es war schön und sonnig an diesem Nachmittag des 1. Oktober 1990. Meine Klassenkameradinnen und ich warteten auf den Beginn der Stunde in Staatsbürgerkunde und wunderten uns, wo unser Lehrer blieb. Monsieur Gahigi war ein gelassener, freundlicher Mann, vielleicht der gelassenste Mensch, dem ich je begegnet bin. Als er endlich erschien und nervös die Hände knetend vor der Klasse auf und ab ging, wussten wir, dass etwas nicht stimmte. Auf die Frage einer Schülerin, was denn los sei, antwortete er nicht, sondern lief weiter hin und her, ohne uns anzusehen.

Ich überlegte, was für eine schlechte Nachricht es sein könnte, die unser Lehrer sich nicht zu sagen traute, und vermutete, die Nonnen hätten unseren Filmabend gestrichen. Aber es war etwas viel Schlimmeres. Wir durften in der Schule keine Nachrichten hören, deshalb war ich dort von den Vorgängen in der Welt draußen ebenso abgeschnitten wie zu Hause.

»Ich habe gerade erfahren, dass es einen Angriff auf unser Land gegeben hat«, informierte er uns mit düsterer Miene. »Die Sache ist leider sehr ernst, sie könnte für uns alle und für lange Zeit Folgen haben.«

Die Klasse verstummte – und dann begannen alle auf einmal zu reden, riefen dem Lehrer Fragen zu und wollten wissen, wer Ruanda angegriffen hatte und warum.

»Eine Gruppe von Tutsi-Rebellen, die in Uganda leben, hat die Grenze überschritten«, antwortete er. »Es sind hauptsächlich Söhne von ruandischen Flüchtlingen, die sich zusammengeschlossen haben und nun für die Rückkehr in unser Land kämpfen. Nördlich von hier gibt es zur Stunde heftige Gefechte zwischen den Rebellen und ruandischen Regierungssoldaten.«

Monsieur Gahigi wurde von allen Seiten mit ängstlichen und empörten Fragen bombardiert: »Was wollen diese Tutsi? Warum greifen sie uns an? Was werden sie mit uns machen, wenn sie bis zu unserer Schule vordringen?«

Ich spürte, wie mein Nacken heiß wurde vor Scham, und hätte mich am liebsten unter meinem Pult verkrochen. Wir waren fünfzig Schülerinnen in der Klasse und siebenundvierzig davon waren Hutu. Ich war so nervös und befangen, dass ich die beiden anderen Tutsi-Mädchen nicht anschauen konnte. Zum ersten Mal war es mir unangenehm, dass ich eine Tutsi war, und zum ersten Mal fühlte ich mich im Lycée ausgegrenzt.

»Die Rebellen sind Soldaten, die für die Ruandische Patriotische Front kämpfen. Das ist eine politische Organisation von Tutsi, die vor Jahren das Land verlassen haben und denen von der Regierung verboten wurde zurückzukehren. Eigentlich sind sie Ausländer, und jetzt beginnen sie einen Krieg, um wieder nach Ruanda zurückkehren und die Regierung übernehmen zu können.«

Ich wusste von der Ruandischen Patriotischen Front, kurz RPF, und ich wusste, dass diese Leute nicht nur kämpften, um die Hutu-Regierung zu stürzen. Sie wollten in einem Land leben, in dem Freiheit und Gleichheit herrschten. Die meisten RPF-Soldaten – die Rebellen – waren Tutsi-Exilanten oder deren Kinder.

Während der Unruhen von 1959 und 1973, ebenso wie zu vielen anderen Zeiten, als Hutu-Extremisten Massaker unter den Tutsi anrichteten, flohen Hunderttausende Tutsi aus Ruanda ins Exil, um ihr eigenes Leben und das ihrer Familien zu retten. Monsieur Gahigi bezeichnete die Rebellen als »Ausländer«, weil die meisten in Nachbarländern wie Uganda und Zaire aufgewachsen waren – aber nur, weil Präsident Habyarimana den Exilanten per Gesetz verboten hatte, jemals nach Ruanda zurückzukehren. Er hatte eine

Tutsi-Diaspora geschaffen, und ganze Generationen ruandischer Tutsi waren groß geworden, ohne jemals den Fuß in ihr Heimatland zu setzen.

Von alledem erzählte Monsieur Gahigi nichts, aber er wusste, was geschah, wenn die Tutsi sich gegen extremistische Hutu zur Wehr setzten. Er machte sich Sorgen um uns und sagte: »Es könnte hart kommen für die Tutsi. Solche Sachen bedeuten oft viele Tote, deshalb lasst uns beten, dass die Regierung und die Rebellen ihre Differenzen friedlich beilegen und es kein Blutvergießen gibt.«

An Unterricht war nicht mehr zu denken. Die Mädchen sprachen von nichts anderem mehr als dem Angriff und was sie tun sollten, wenn in der Schule Tutsi-Soldaten auftauchten. Ich saß stumm mit meinen beiden Tutsi-Mitschülerinnen zusammen und versuchte, möglichst wenig aufzufallen. Bei dem Gedanken, wie unfair die Tutsi behandelt wurden, verwandelte sich meine Scham langsam in Zorn. Insgeheim drückte ich der RPF die Daumen und hoffte, dass die Rebellen die Soldaten der Regierung besiegen und der Diskriminierung ein Ende machen würden. Gegen Abend trat dann Angst an die Stelle meines Zorns, denn ich machte mir Sorgen um mein Dorf und meine Familie. Ich schloss die Augen, sprach ein Gebet und bat Gott, meine Familie zu beschützen, denn ich wusste nicht, wie ich ohne sie weiterleben sollte.

Viele der Schülerinnen hatten Verwandte im Norden, wo die Kämpfe am schlimmsten waren, deshalb durften wir mit Erlaubnis des Rektors Radio hören, um über die aktuellen Ereignisse auf dem Laufenden zu sein. Meistens verbreitete der ruandische Radiosender jedoch wenig mehr als Hasspropaganda. Die Reporter behaupteten, die Rebellen lebten wie Tiere in den Wäldern, äßen Menschenfleisch und kopulierten mit Affen. Die Rebellen hätten sich so sehr mit dem Bösen eingelassen, sagten sie, dass ihnen Hörner aus den Köpfen wüchsen. Die Ruander sollten wachsam sein, hieß es, denn die »Rebellen-Kakerlaken« seien gerissen, könnten jederzeit und überall zuschlagen. Solche Berichte beflügelten die überbordende Phantasie meiner ohnehin schon verängstigten Mitschülerinnen noch mehr. Eine von ihnen war derart verstört, dass ich ihretwegen fast mein Leben verloren hätte.

Danida schlief im selben Raum wie ich und glaubte jede noch so schreckliche Beschreibung der Rebellen. Ich musste sie aufgeweckt haben, als ich eines Nachts aus dem Bett schlüpfte, um zur Außentoilette zu gehen. Ich trug einen übergroßen Pyjama und hatte mir, weil es kalt war, einen Schal um den Kopf gewickelt. Wahrscheinlich habe ich ein bisschen furchteinflößend ausgesehen, denn als ich die Eingangstür öffnen und wieder ins Zimmer schlüpfen wollte, schlug Danida sie mir vor der Nase zu. Und in der nächsten Sekunde hallte das ganze Schulgelände von ihren entsetzten Schreien wider.

»Helft mir! Helft mir! O mein Gott! Hilfe! Da ist ein RPF-Soldat – er will uns umbringen, aufessen … Er hat Hörner auf dem Kopf!«

Ich erkannte Danidas schrille Stimme und erklärte ihr ruhig: »Danida, ich bin's, Immaculée. Ich bin kein Soldat und ich habe keine Hörner. Ich habe einen Schal um den Kopf!«

In diesem Moment hörte ich schwere Schritte auf dem Kies und fuhr herum. Aus dem Dunkel kam der größte Wachmann des Internats auf mich zugestürzt, in der Hand einen Speer, der direkt auf mein Herz zielte. Meine Beine knickten ein und ich sackte zusammen. Wenige Zentimeter vor mir blieb er stehen.

»Jesus Christus, Immaculée! Ich hätte dich fast getötet! Wer um Himmels willen kreischt denn da so?«, fragte er.

Inzwischen kreischten *alle* Mädchen, und ich musste brüllen, damit er mich bei dem Lärm hörte. Mehrere Sicherheitsleute bemühten sich mindestens eine halbe Stunde, die Mädchen davon zu überzeugen, dass sie die Tür ruhig öffnen könnten, aber sie weigerten sich hartnäckig. Der Rektor musste mit einem Generalschlüssel kommen, und als wir alle versammelt waren, hielt er uns einen langen Vortrag, wie gefährlich es sei, wenn man sich allzu sehr von seiner Phantasie beeinflussen ließe.

Doch nicht alle Spannungen in der Schule entsprangen unserer Phantasie. Eines Nachmittags, als wir zu einem Picknick unterwegs waren, kamen wir an einer Gruppe einheimischer Hutu vorbei. Einer der Männer hatte ein großes Messer in der Hand, mit dem er auf mich deutete. »Seht mal, wie groß die ist«, knurrte er. »Dich bringen wir als Erste um. Wir lassen dich bezahlen für das, was deine Rebellenbrüder tun!«

Mein Magen rebellierte, ich dachte, ich müsste mich gleich übergeben. Es war das erste Mal, dass jemand mich auf diese Weise bedrohte, und ich wusste nicht, wie ich reagieren sollte. Ich rannte zum Lycée zurück und schwor mir, niemals wieder an einem Schulausflug teilzunehmen. Ich verwünschte meine Körpergröße und fragte mich, warum es in meinem Land ein solches Verbrechen war, groß zu sein. Was sollte ich denn machen? Ich konnte es nicht ändern, dass ich groß war, und ich konnte es nicht ändern, dass ich eine Tutsi war!

Am nächsten Tag kam Clementine in der Pause auf mich zu und flüsterte mir ins Ohr: »Komm mit, Immaculée. Ich zeige dir, was wir tun, wenn Leute wie dieser Mann mit dem Messer nach uns suchen.«

Sie führte mich in einen Raum im Versorgungstrakt, zu dem nur das Personal Zutritt hatte, und öffnete einen Hochspannungskasten. »Da sind mehr als 1500 Volt drin«, erklärte sie. »Falls Hutu-Extremisten in die Schule eindringen und wir es nicht schaffen zu fliehen, können wir hierher kommen, diesen Hebel umlegen und unsere Hände hineinstecken. Dann sind wir sofort tot. Es ist besser, durch einen Stromschlag zu sterben, als gefoltert, vergewaltigt und ermordet zu werden. Ich habe nicht vor, irgendwelche Wilden mit meinem Körper herumspielen zu lassen, bevor sie mich töten. Guck nicht so überrascht. Ich habe schon zu viele Geschichten von Tutsi-Frauen gehört, die in schlechten Zeiten missbraucht und vergewaltigt wurden, als dass ich mir nicht schon einen Ausweg überlegt hätte.«

Ich nickte zustimmend. Seltsam war es schon, dass wir mit unseren gerade mal neunzehn Jahren darüber redeten, wie wir unser Leben beenden konnten, aber es erschien uns als die bessere Alternative. Clementine und ich schlossen einen Pakt und schworen, niemandem davon zu erzählen.

Wir verfolgten weiterhin die Nachrichten im Radio, aber der Regierungssender war berüchtigt für seine falschen Informationen. Wir hörten, dass die RPF sich bis nach Kigali vorgekämpft und den Präsidentenpalast angegriffen hätte. Der Präsident meldete sich im ruandischen Radio und forderte die Menschen auf, in ihren Häusern zu bleiben, bis die Armee alle Eindringlinge, diese »Kakerlaken«, vernichtet habe. Später erfuhren wir durch die BBC, dass im Umkreis von mehreren Kilometern um die Hauptstadt überhaupt keine RPF-Rebellen gewesen waren. Präsident Habyarimana hatte den Angriff erfunden, damit er eine Ausrede hatte, um Tausende Tutsi verhaften zu können, nur weil sie Verwandte außerhalb des Landes hatten. Der Präsident litt offenbar unter Verfolgungswahn – er schien zu glauben, dass jeder Tutsi, der einen Cousin in Uganda hatte, mit den Rebellen kollaborieren müsse.

Die BBC berichtete, es seien so viele unschuldige Tutsi inhaftiert worden, dass die ruandischen Gefängnisse aus allen Nähten platzten und es keinen Platz mehr gebe für Kriminelle. Es hieß, dass viele der Tutsi-Gefangenen gefoltert würden, man sie hungern lasse und einige bereits getötet worden seien.

Als ich zu Weihnachten nach Hause kam, erfuhr ich, dass auch mein Vater verhaftet worden war. Ich stieg in Mataba gerade aus dem Bus, als mir Madame Sirake begegnete, seit langem Nachbarin meiner Eltern und legendäre Klatschtante. »Komm, mein Kind, lass dich umarmen!«, rief sie. »Wie schön, dich zu sehen! Du bist ja nur noch Haut und Knochen! Geben diese Nonnen dir nichts zu essen?«

»Doch, doch, wir bekommen genug. Aber ich freue mich trotzdem auf ein schönes Abendessen mit meiner Familie.«

»Und vor allem dein Vater wird glücklich sein, dich zu sehen, nach allem, was ihm passiert ist.«

»Was meinen Sie?«

»Hast du es denn nicht gehört, Kind?«

Mein Herz klopfte wie wild. Ich hatte meine Eltern nicht mehr gesehen, seit der Krieg begonnen hatte, und in den letzten Wochen auch nicht viel von zu Hause gehört.

»Ich dachte, du wüsstest es bestimmt«, sagte Madame Sirake. »Dein Vater war im Gefängnis.«

Ich ließ mich betroffen auf einen Baumstamm sinken. Ich konnte mir nicht vorstellen, was mein Vater getan haben könnte, um im Gefängnis zu landen – außer dass er ein Tutsi war. Ich machte mir Sorgen um meine Mutter, denn der Stress mit Vaters Verhaftung konnte leicht einen erneuten schweren Asthmaanfall ausgelöst haben. In Rekordzeit legte ich den halbstündigen Fußweg nach Hause zurück, wo meine Mutter mich bereits am Tor erwartete.

»Wie geht es dir, mein Herzblatt?«, fragte sie, während sie mich fest an sich drückte. Die Verhaftung meines Vaters erwähnte sie mit keinem Wort. Unangenehme Dinge hielt sie immer von uns fern, und ich wusste, dass sie sich nie ändern würde.

»Du hast gewiss Hunger, Immaculée. Warum duschst du nicht schnell und ich mache dir inzwischen etwas zu essen? Damascene und Vianney sind zusammen irgendwo unterwegs und Aimable ist noch nicht von der Universität zurück. Dein Vater ist bei der Arbeit, aber ich weiß, dass er gar nicht erwarten kann, dich wieder einmal zu sehen.«

»Geht es allen gut? Ist irgendjemandem etwas passiert?«

»Allen geht es gut.«

»Meine Güte, Mama! Ich habe schon erfahren, dass Papa im Gefängnis war, also hör auf, mir etwas vorzumachen, und erzähl mir, was geschehen ist.«

Meine Mutter war so erleichtert, dass nicht sie mir die schlechte Nachricht beibringen musste, dass sie sich hinsetzte und mir auf der Stelle die ganze Geschichte erzählte.

Kurz nachdem der Krieg begonnen hatte, waren vier Regierungssoldaten an Vaters Arbeitsplatz aufgetaucht, hatten ihm die Arme auf dem Rücken zusammengebunden und ihn ins Stadtgefängnis von Kibuye verfrachtet, wo sie ihn mit einem halben Dutzend seiner Tutsi-Freunde einsperrten. Die Wächter hatten Anweisung, ihnen mehrere Tage lang weder Essen noch Wasser zu geben. Schließlich gelang es meinem Vater, den Hutu-Wächter zu bestechen, damit er meiner Tante Cecile, die in der Nähe wohnte, eine Nachricht übergab. Cecile brachte Essen zum Gefängnis und bezahlte den Wächter dafür, dass er es zu meinem Vater und seinen Freunden schmuggelte.

Zwei Wochen später fand mein Vater heraus, dass sein alter Freund Kabayi seine Verhaftung angeordnet hatte, ein Hutu, der Präfekt geworden war und damit in der Politik großen Einfluss hatte. Kabayi und mein Vater waren zusammen zur Schule gegangen und als Kinder eng befreundet gewesen. Erst als Präsident Habyarimana dem internationalen Druck nachgab und sich bereit erklärte, Tausende zu Unrecht inhaftierte Tutsi freizulassen, ging Kabayi ins Gefängnis und ordnete an, meinen Vater und seine Freunde zu entlassen. Kabayi hatte die Wächter angewiesen, meinem Vater kein Essen zu bringen, deshalb war er geschockt, dass er noch am Leben war. Aber er tat so, als sei er höchst empört, entschuldigte sich vielmals und behauptete, es sei alles ein schreckliches Missverständnis gewesen.

Als wir an jenem Abend nach dem Essen noch eine Weile sitzen blieben, sprach ich vorsichtig die Sache mit dem Gefängnis an, und mein Vater meinte: »Da hat wohl jemand etwas durcheinander gebracht. Kabayi hat nur Anweisungen ausgeführt, es war überhaupt nichts Persönliches. Das sind politische Dinge, und es ist am besten, wenn ihr Kinder da nicht hineingezogen werdet. Lasst uns die ganze Geschichte vergessen.«

Meine Brüder konnten gar nicht glauben, dass unser Vater so versöhnlich war. Sie kannten Kabayi ihr ganzes Leben und waren voller Empörung darüber, wie er mit unserem Vater umgesprungen war.

»Kabayi war dein Freund, Papa. Stell dir vor, was hätte geschehen können, wenn er dein Feind wäre? Warum nimmst du ihn in Schutz? Diese Leute, die du verteidigst, wollen dich umbringen! Wir sollten das Land verlassen, bis der Krieg vorbei ist. Zumindest Mama und Immaculée sollten wir wegbringen, ich mache mir Sorgen um sie«, erklärte Aimable.

»Aber nein, du übertreibst, niemand ist in Gefahr. Es ist alles viel besser als früher, das ist bloß Politik. Macht euch keine Sorgen, Kinder. Alles wird gut, ihr werdet sehen«, versicherte mein Vater mit Nachdruck.

Meine Mutter flehte meine Brüder an, sich nicht wie so viele andere junge Tutsi-Männer davonzumachen und den RPF-Rebellen anzuschließen: »Wenn einer von euch Jungs zu den Rebellen gehen will, dann soll er wissen, dass mich das umbringen wird – *es wird mich umbringen!* Wenn es euch nichts ausmacht, eure Mutter zu töten, dann geht, geht zu den Rebellen. Aber wenn ihr eure Mutter liebt, dann versprecht mir jetzt auf der Stelle, jeder einzeln, dass ihr nicht fortgeht und mich hier Höllenqualen leiden lasst. Los, versprecht es mir!«

Mama hatte sich in eine derartige Erregung hineingesteigert, dass meine Brüder ihr immer wieder versprachen, sich nicht den Rebellen anzuschließen.

Ich kehrte ins Lycée zurück, absolvierte meine letzten paar Monate Schulzeit und machte dann die Aufnahmeprüfung für die Universität. Wieder einmal hatte ich ausgezeichnete Noten, auch bei der Aufnahmeprüfung, aber ich hatte wenig Hoffnung, zugelassen zu werden. Der ethnischen Quotenregelung ein Ende zu machen war eines der Ziele, für die die RPF kämpfte, doch im Moment sah es so aus, als würde sie meine akademische Karriere beenden, ehe sie begonnen hatte.

Ich verabschiedete mich von meinen wunderbaren Freundinnen am Lycée und fuhr nach Hause, um dort die Sommerferien zu verbringen und abzuwarten, was das Schicksal für mich bereithielt. Es kam verstärkt zu Gefechten, die

Rebellen entschieden immer mehr Kämpfe zu ihren Guns-
ten und setzten die Regierung unter Druck, exilierten Ruan-
dern die Rückkehr zu gestatten und sie an der Macht teilha-
ben zu lassen.

Meine Mutter wurde durch die Ereignisse derart traumatisiert, dass sie anfing, Hellseher zu konsultieren. Ich erinnere mich, wie einmal eine Wahrsagerin zu uns ins Haus
kam und sich mit Mama in die Küche setzte. Meine Mutter
fragte sie, ob der Krieg zu Ende gehen würde und wir wieder Frieden bekämen.

»Ich sehe Gewitter um uns herum, aber es sind nur kleine
Gewitter«, sagte die Wahrsagerin zu ihr. »Der ganz große
Sturm steht noch bevor. Wenn er kommt, werden seine Blitze
das Land versengen, sein Donner uns taub machen und
seine Wolkenbrüche uns alle ertränken. Der Sturm wird drei
Monate dauern und viele werden sterben. Die Fliehenden
werden niemanden finden, den sie um Hilfe bitten könnten,
es wird kein einziges freundliches Gesicht mehr geben.«

KAPITEL 4

An der Universität

Im Spätsommer 1991 geschah, was ich nicht für möglich gehalten hätte: Ich erhielt ein Stipendium für die Nationale Universität in Butare. Mein ganzes Leben hatte ich davon geträumt, einmal zu studieren, und plötzlich war es Realität, trotz aller Hindernisse, die man mir in den Weg gelegt hatte.

Als meine Eltern es erfuhren, waren sie so aufgeregt, dass sie nicht mehr stillsitzen konnten. Sie rannten hin und her, um Essen und Getränke vorzubereiten, damit wir das Ereignis so richtig auf ruandische Art feiern konnten – mit einem Festessen!

»Du bist das erste Mädchen in der Familie, das auf die Universität geht, und alle sollen es wissen, auf der Stelle!«, rief Papa mit stolzgeschwellter Brust. Gleich am nächsten Tag sollte ich mich auf den Weg in die umliegenden Dörfer machen, um meiner Großmutter, meinen Tanten und Onkeln und allen Cousins, die in unserer Nähe lebten, die Neuigkeit zu überbringen.

Bis in die Nacht hinein aßen und lachten wir und redeten über all die positiven Dinge, die mich erwarteten. Meine Eltern kamen mir sehr jung vor an diesem Abend, als wäre ihnen eine Last von den Schultern genommen worden. Meine Mutter strahlte über das ganze Gesicht. »Du wirst eine glänzende Zukunft haben, Immaculée«, sagte sie. »Du wirst jetzt immer deinen eigenen Weg gehen können, mit erhobenem Kopf, und niemals davon abhängig sein, dass ein anderer dir das Essen auf den Tisch stellt.«

Papa brachte einen Trinkspruch auf mich aus, verbunden mit väterlichen Ratschlägen: »Es sind überwiegend Männer, die studieren, und sie werden nicht damit rechnen, dass du genauso klug bist wie sie. Aber ich weiß, dass du deine Sache genauso gut machst wie ein Mann oder noch besser. Denn du bist eine Tutsi. Es war ein Kampf, an die Universität zu kommen, aber das Schlimmste ist geschafft. Jetzt liegt es an dir. Lerne fleißig und bete und bleibe die disziplinierte, freundliche, schöne Tochter, die wir mit großer Freude aufwachsen sehen durften.«

Seine liebevollen Worte rührten mich sehr. »Keine Sorge, Papa«, sagte ich. »Ich werde dich und Mama nicht enttäuschen. Ihr werdet stolz auf mich sein können!«

Ich wollte eigentlich Psychologie und Philosophie studieren, um etwas über die Funktionsweise des menschlichen Geistes und der Seele zu lernen, aber die Stipendien waren auf freie Plätze in bestimmten Fächern beschränkt und ich durfte mein Studienfach nicht frei wählen. Die zuständige Behörde teilte mich den angewandten Naturwissenschaften zu, was für mich ganz in Ordnung war. Ich hatte mich am Lycée in Mathematik und Physik hineingekniet, um es meinen Brüdern zu zeigen, und das würde sich jetzt auszahlen. Ich packte also meine Siebensachen und war bald unterwegs nach Butare, vier Stunden südöstlich von meinem Dorf und ein ganzes neues Leben entfernt.

Als ich auf dem Universitätsgelände ankam, stellte ich fest, dass sechs meiner Freundinnen aus dem Lycée, darunter Clementine, ebenfalls Stipendien bekommen hatten. Meine Freundin Sarah studierte bereits seit einem Jahr hier und hatte auf mich gewartet, damit wir uns ein Zimmer teilen konnten. Es war herrlich, nach all den Jahren in vollbelegten Schlafsälen nur zu zweit in einem Zimmer zu wohnen. Clementine kam oft zu Besuch, und dann witzelten wir, was für Glückspilze wir seien, dass wir unseren Plan mit dem Hochspannungskasten aus den ersten Kriegstagen doch nicht in die Tat umgesetzt hatten, denn dann hätten wir das aufregende Studentenleben nicht kennen gelernt.

Meine Studienfächer gefielen mir, und ich lernte fleißig, aber ich genoss auch die Freiheiten und Vergnügungen des

Studentendaseins. Ich erhielt monatlich ein Stipendium von umgerechnet dreißig US-Dollar – ein Vermögen für mich. Zum ersten Mal in meinem Leben fühlte ich mich unabhängig, wie eine Erwachsene. Ich musste keine Schuluniform mehr tragen und konnte es mir leisten, mit meinen Freundinnen in die Stadt zu gehen und hübsche Kleider zu kaufen. Es war wunderbar!

Ich unternahm auch viel in meiner Freizeit, traf mich mit Kommilitonen im Café, ging am Wochenende ins Kino und jeden zweiten Samstagabend zum Tanzen in die Studentendisco. Ich schloss mich der Theatergruppe an und sang und tanzte bei allen Aufführungen, zu denen oft auch der Bürgermeister von Butare kam. Am liebsten spielte ich religiöse Rollen und einmal durfte ich sogar meine Lieblingsheilige darstellen, die Jungfrau Maria.

Und ich nahm mir stets Zeit zum Beten. Ich spürte immer deutlicher, dass stilles Gebet und Meditation meinem inneren Gleichgewicht und meiner Konzentrationsfähigkeit gut taten. Ich ging mehrmals in der Woche zur Messe und bildete mit meinen Freundinnen einen Gebetskreis.

Ich war viel zu beschäftigt, als dass ich Heimweh hätte haben können, aber die Briefe meines Vaters machten mir bewusst, dass ich öfter nach Hause fahren sollte; aus ihnen sprach Einsamkeit. Inzwischen war auch Vianney im Internat, und es fiel meinen Eltern schwer, sich an die neue Situation zu gewöhnen. »Es ist einfach nicht mehr wie früher, wenn keines meiner Kinder mehr da ist«, schrieb Papa. »Das Haus ist so leer. Manchmal schauen deine Mutter und ich uns an und fragen uns verwundert: ›Wo ist all das Lachen geblieben?‹ Wenn du einmal selbst Kinder hast, Immaculée, genieße jede Minute mit ihnen, denn sie sind viel zu schnell fort …«

Dann lernte ich einen Kommilitonen namens John kennen, der einige meiner Freunde in Mataba kannte. Er war drei Jahre älter als ich und lief mir seltsamerweise jeden Tag »zufällig« über den Weg. Er fing an, mir meine Bücher zu tragen, zeigte mir dies und das auf dem Universitätsgelände

und stellte mich seinen Freunden vor. Er war ein gut aussehender junger Mann, sehr höflich und aufmerksam. Wir
machten zusammen lange Waldspaziergänge und sprachen
über das, was für uns wichtig war: Gott, die Familie und
eine gute Ausbildung. Wir begannen, uns regelmäßig zu
verabreden, und mit der Zeit entwickelte sich eine ernste
Beziehung. John war Hutu, aber das war nie ein Problem.
Schon eher machte meinem Vater Sorgen, dass John protes-
tantisch war, und noch dazu der Sohn eines Pfarrers.

»Vergiss nicht, dass du katholisch bist«, mahnte mich Papa.
»John scheint ein guter Kerl zu sein und du kannst gerne mit
ihm ausgehen – solange er dich nicht zu bekehren versucht.« Papa war ein sehr toleranter Mensch, aber eben durch
und durch katholisch.

Meine ersten beiden Jahre als Studentin vergingen wie im
Flug, alles lief bestens. Ich bekam gute Noten, meine Familie war gesund, das Leben war aufregend und machte Spaß.
Es machte so sehr Spaß, dass man manchmal sogar vergaß,
dass Bürgerkrieg herrschte. Doch man wurde auch immer
wieder daran erinnert.

Trotz mehrfach abgebrochener und wieder aufgenomme-
ner Friedensverhandlungen und zeitweiliger Waffenruhe
gingen die erbitterten Kämpfe zwischen den Tutsi-Rebellen
und den Regierungstruppen im Norden weiter. In den größeren Städten schossen radikale politische Gruppierungen
aus dem Boden, die einander spinnefeind waren. Arbeits-
lose junge Männer traten scharenweise in die Jugendorga-
nisationen der verschiedenen Parteien ein, weil sie nichts
Besseres zu tun hatten. Oft waren es Mitglieder von Straßen-
banden, die sich diesen Gruppierungen nur anschlossen,
weil sie dort umsonst Drogen und Alkohol bekamen.

Präsident Habyarimanas Partei rief eine Jugendbewegung
namens Interahamwe ins Leben, was so viel heißt wie »die
gemeinsam angreifen«. Die Interahamwe zog Tausende von
Straßenkindern an, der Zulauf war ungeheuer. Aus der Interahamwe wurden die extremistischen Hutu-Milizen, die
von Soldaten der Regierungsarmee zum Kämpfen und Tö-

ten ausgebildet wurden. Sie trugen eine uniformartige Kluft – übergroße, in den Farben Hellrot, Gelb und Grün (den Farben ihrer politischen Partei) bedruckte T-Shirts – und zogen in Horden durchs Land. Aber ganz gleich, wie organisiert sie auftraten: In meinen Augen waren sie nichts anderes als Straßendiebe, die kein Gesetz kannten.

Zum ersten Mal fielen mir die Interahamwe in den Osterferien 1993 auf. John und ich waren in Kigali unterwegs zu einem Besuch bei Sarah und ihren Eltern, als unser Bus im Verkehrsgewühl stecken blieb. Während wir darauf warteten, dass es weiterging, sah ich bei einem Blick aus dem Fenster eine Gruppe junger Männer eine Tutsi-Frau mittleren Alters einkreisen, die offensichtlich auf dem Heimweg vom Einkaufen war. Einer schnappte sich ganz beiläufig die Handtasche der armen Frau, ein anderer riss ihr den Schmuck herunter, ein dritter griff sich ihre Pakete. Dann schlugen die Kerle sie nieder, zogen ihr die Schuhe aus und zerrten ihr das Kleid vom Leib. Das Ganze passierte am helllichten Tag auf einer sehr belebten Straße, aber kein Mensch traute sich, ihr zu helfen. Alle schauten weg.

Ich sprang von meinem Sitz auf und schrie aus dem Fenster, sie sollten aufhören, aber John zog mich sofort zurück. »Sei still!«, herrschte er mich an. »Du hast keine Ahnung, was in dieser Stadt los ist, Immaculée. Du willst dich doch bestimmt nicht mit diesen Kerlen anlegen – sie würden dich umbringen.«

»John, wir müssen etwas tun! Wenigstens die Polizei holen!«

»Die Polizei hält sich da raus. Die Interahamwe gehören zur Regierung. Sprich nicht mit ihnen, sieh sie nicht einmal an – gerade weil du eine Tutsi bist.«

Ich war empört und angewidert, fühlte mich aber hilflos. Die Kerle schlenderten davon, und ich beobachtete, wie die arme Frau sich mühsam hochrappelte und hinkend weiterging, ihr Umschlagtuch fest umklammernd, nichts am Leib als ihre Unterwäsche.

Wenn wir Teufel wie diese unsere Straßen beherrschen

lassen, sitzen wir ganz schön in der Patsche, dachte ich, während ich der Frau nachsah.

Wenige Monate später hatte ich ein noch beängstigenderes Erlebnis. Damascene und ich fuhren von Mataba nach Kigali zu einer Hochzeit. Es war eine lange Busfahrt, heiß und staubig, und wir hatten unser Reiseziel fast erreicht, als der Bus plötzlich anhielt.

Auf der Straße standen mindestens dreihundert Interahamwe und blockierten den Weg. Sie wirkten lächerlich in ihrer clownesken Aufmachung, aber auch sehr bedrohlich mit ihren wilden Blicken. Viele waren offenbar betrunken oder auf Drogen, sie tanzten grölend im Kreis herum und beschimpften Passanten. Unser Fahrer traute sich vor Angst nicht weiterzufahren und teilte uns mit, er werde an Ort und Stelle wenden. Die Fahrgäste könnten bei ihm im Bus bleiben, wenn sie einen Umweg von zwei Stunden in Kauf nahmen, oder aussteigen und zu Fuß weitergehen.

»Bleiben wir lieber im Bus«, schlug Damascene vor. »Diese Kerle sehen aus, als wären sie ziemlich durchgedreht.« Ich war aus mehreren Gründen dagegen, im Bus sitzen zu bleiben, vor allem weil ich mich nicht von einer Horde Rowdys einschüchtern lassen wollte.

»Wir müssen aussteigen, sonst verpassen wir die Hochzeit«, widersprach ich. »Zu Fuß sind wir ganz schnell bei der Kirche.« Wir stiegen aus und mit uns etwa die Hälfte der Fahrgäste. Erst draußen bemerkten wir, dass viele Interahamwe Macheten in der Hand hatten, als sie die Identitätskarten der Personen kontrollierten, die an ihnen vorbeiwollten. Zorn stieg in mir auf, und ich zischte zwischen den Zähnen: »Woher nehmen sie das Recht dazu?«

Damascene machte ein besorgtes Gesicht. »Ich glaube, wir sollten umkehren, Immaculée. Ich habe schlimme Sachen über diese Kerle gehört. Lass uns nach Hause gehen.«

»Nach Hause *gehen*? Der Bus hat vier Stunden gebraucht bis hierher und wir würden zu Fuß drei Tage brauchen. Außerdem können sich diese Leute nicht einfach wie Polizisten aufführen und uns schikanieren, weil wir Tutsi sind.«

Noch beunruhigender als die Interahamwe fand ich, dass Damascene die Angst ins Gesicht geschrieben stand. Er sah fast immer fröhlich in die Welt und war vermutlich der tapferste Mensch, den ich kannte. Doch jetzt hatte er wirklich Angst, das sah ich. Normalerweise hätte ich *ihn* gefragt, was wir tun sollten, aber irgendetwas drängte mich zum Weitergehen.

»Wir gehen einfach mittendurch«, sagte ich. »Es wird uns nichts geschehen.«

»Woher willst du das wissen? Vielleicht bringen sie uns um! Die Regierung lässt sie machen, was sie wollen. Die Polizei rührt sie nicht an.«

»Lass uns tun, was du immer vorschlägst, wenn wir ein Problem haben, Damascene. Lass uns beten und darauf vertrauen, dass Gott uns beschützt.«

Wir stellten uns an den Straßenrand und beteten, vielleicht zehn Meter von der bedrohlichen Horde entfernt. Ich bat Gott um Verzeihung, dass wir ihn mir nichts, dir nichts um Hilfe baten, aber wir brauchten seinen Schutz, um sicher in die Kirche zu gelangen. Dann ging ich auf den Mob zu. Ein paar junge Männer sahen mich kommen und schlugen sich mit der Machete demonstrativ auf den Oberschenkel.

»O nein, Immaculée ... Willst du wirklich?«

»Ja klar, verhalte dich einfach ganz normal – und hol lieber deinen Rosenkranz aus der Hosentasche.«

Ich selbst hielt meinen Rosenkranz fest umschlossen, als wir auf die Interahamwe zugingen. Ungefähr ein Dutzend umringten uns, musterten mich von Kopf bis Fuß und verlangten unsere Identitätskarten. Ich schaute ihnen direkt in die Augen, lächelte und reichte sie einem von ihnen. Es verwirrte sie sichtlich, dass ich so mutig war – sie konnten nicht verstehen, warum eine Tutsi-Frau vor ihnen und ihren Macheten keine Angst hatte. Sie gaben uns unsere Ausweise zurück und ließen uns weitergehen, aber ich werde niemals Damascenes angstvollen Blick vergessen. Es war das erste Mal, dass ich ihn den Mut verlieren sah, und ich spürte, dass etwas Böses nach Ruanda gekommen war.

Einen Monat nach diesem Erlebnis reiste Präsident Habyarimana nach Tansania und unterzeichnete einen Friedensvertrag mit den Tutsi-Rebellen. Das Abkommen sollte dem Bürgerkrieg ein Ende setzen, die Tutsi sollten an der Regierung des Landes beteiligt werden. Es klang wunderbar; ich dachte, Ruanda würde endlich Frieden finden und Tutsi und Hutu könnten als gleichberechtigte Volksgruppen einträchtig miteinander leben.

Doch das Friedensabkommen löste weitere Proteste aus, noch schlimmere Gewaltexzesse als bisher wurden angedroht. In derselben Minute, als das Abkommen unterzeichnet wurde, stürmte einer von Ruandas einflussreichsten Militärs, ein furchteinflößend aussehender Oberst mit Namen Theoneste Bagosora – er war auch der Anführer der Interahamwe –, aus dem Raum. Bagosora empörte sich darüber, dass Präsident Habyarimana dem RPF-Führer Paul Kagame, den er eine »Tutsi-Schlange« nannte, die Hand schüttelte. Er schwor, mit den Tutsi niemals Frieden zu schließen und nach Ruanda zurückzukehren, um »eine Apokalypse vorzubereiten«.

Und genau das tat er.

KAPITEL 5

Rückkehr nach Hause

Morgens weckten mich immer häufiger hasserfüllte Stimmen. Ich schlief tief und fest, bis die widerwärtige Propaganda des Radiosenders RTLM durch das Fenster in mein Zimmer im Studentenheim und in meine Träume drang. In meinem dritten Jahr an der Universität wurde der neue und äußerst populäre Sender nämlich zum Sprachrohr extremistischer Hutu. Eigentlich war er nichts anderes als eine radikale Hassmaschine, die Gift gegen die Tutsi versprühte.

Immer wieder forderte eine gesichtslose, feindselige Stimme »Macht für die Hutu«. Mit dieser Parole rief sie die Hutu dazu auf, sich gegen ihre Tutsi-Freunde und -Nachbarn zu erheben. »Diese Tutsi-Kakerlaken wollen uns umbringen. Vertraut ihnen nicht. Wir Hutu müssen ihnen zuvorkommen! Sie wollen die Regierung übernehmen und uns verfolgen. Wenn unserem Präsidenten etwas passiert, müssen wir alle Tutsi sofort vernichten! Alle Hutu müssen sich zusammentun, um Ruanda von diesen Tutsi-Kakerlaken zu befreien! Macht für die Hutu! Macht für die Hutu!«

Es war schrecklich, von solchen Parolen geweckt zu werden, aber sie waren auch so absurd, dass man fast lachen musste. Dass jemand diese infantilen Beleidigungen und haarsträubenden Drohungen ernst nehmen könnte, war schwer vorstellbar. Beunruhigend war es trotzdem, dass die Regierung zuließ, dass im Rundfunk solche unverhohlenen Drohungen gegen Tutsi verbreitet wurden. Noch mehr beunruhigten mich damals jedoch Gerüchte, dass in verschiedenen Regionen des Landes Tutsi von Extremisten ermordet wurden.

Ebenso wie meine Freunde an der Universität versuchte auch ich, mir nicht allzu viele Gedanken über die Berichte in den Medien zu machen. Ostern stand vor der Tür und das war immer eine ganz besondere Zeit für meine Familie. Wir verbrachten diesen Festtag immer zu Hause, hatten Nachbarn zu Gast und gingen Freunde und Verwandte besuchen. Ich hatte bislang noch bei keinem Ostertreffen gefehlt, aber dieses Mal wollte ich in Butare bleiben, um mich auf die bevorstehenden Prüfungen vorzubereiten. Ich wollte unbedingt gute Noten haben.

Da meine Eltern kein Telefon hatten, schrieb ich Papa einen Brief, in dem ich ihm erklärte, warum ich nicht nach Hause kommen würde. Meine Eltern hatten uns immer dazu angehalten, fleißig zu lernen, damit wir vorwärts kamen, deshalb war ich sicher, dass sie nichts dagegen hatten.

Ich sollte mich gründlich täuschen.

In seiner Antwort bat mein Vater mich inständig, nach Hause zu kommen. Er wollte sogar, dass ich sofort kam und nicht erst bei Ferienbeginn. Er wolle, dass ich bei ihm sei, schrieb er, und versprach, dass ich zu Hause ungestört lernen könne. Mir kamen die Tränen, als ich seinen Brief las:

Meine geliebte Tochter,
es kommt mir vor, als hätte die Universität dich uns fortgenommen. Deine Mama und ich warten voller Ungeduld darauf, dass endlich deine Ferien beginnen, denn das bedeutet, dass wir dich wieder zu Hause haben und wie eine Familie werden leben können. Wir wollen dich um uns haben; wir sind deine Eltern, und wir lieben und vermissen dich schrecklich – vergiss das niemals! Du musst uns besuchen kommen, selbst wenn es nur für zwei Tage ist. Opfere die Zeit nicht für irgendetwas anderes. Wir brauchen dich hier bei uns …

Noch bevor ich den Brief zu Ende gelesen hatte, stand mein Entschluss fest: Ich fahre nach Hause. Ich hatte vor, sechs Tage bei meinen Eltern zu bleiben und am Wochenende wegen der Prüfungen wieder in Butare zu sein. Während ich meine Reisevorbereitungen traf, fragte mich Sarahs jüngerer Bruder Augustin, ob er mit mir kommen und Ostern bei meiner Familie verbringen könne. Augustin war ein guter Freund meines Bruders Vianney. Seit das Schuljahr an seinem Gymnasium in Kigali zu Ende war, übernachtete er in unserem Zimmer im Studentenheim. Er war ein hochgewachsener, hübscher, sehr lieber achtzehnjähriger Bursche und allen Leuten gegenüber – außer Vianney – sehr schüchtern. Wir würden uns sehr freuen, ihn als Gast bei uns zu haben, sagte ich ihm.

Augustin und ich kamen am Samstagnachmittag in Mataba an, und meine Eltern waren überglücklich, mich in die Arme schließen zu können. Die ganze Familie war versammelt, nur Aimable fehlte. Er hatte ein internationales Stipendium für eine Stelle als wissenschaftlicher Assistent bekommen und lebte jetzt im Senegal, an die fünftausend Kilometer entfernt. Damascene war aus Kigali angereist, wo er, seit er seinen Magister in Geschichte hatte, an einem Gymnasium unterrichtete, und Vianney, der im Internat war, hatte ebenfalls Ferien.

Den ersten Tag verbrachte ich damit, mir von Damascene den neuesten Dorfklatsch erzählen zu lassen, Freunde zu besuchen und Vianney zu necken. Am nächsten Tag, dem Ostersonntag, hatten wir ein wunderbares gemeinsames Essen. Wir dankten Gott für alle seine Gaben und beteten für das Wohlergehen aller in unserer Familie und in unserem Dorf. Für Aimable, den Einzigen aus der Familie, der nicht anwesend war, sprachen wir ein Extragebet. Trotz der politischen Spannungen, die in der Luft lagen, hatten wir einen herrlichen Tag. Ich fühlte mich bei meinen Eltern sicher und geborgen, denn ich wusste, dass, was immer auch geschehen mochte, meine Mutter da sein würde, um uns zu trösten, und mein Vater, um uns zu beschützen. Das dachte ich zumindest.

Es war ein so typischer Abend, dass niemand auf den Gedanken kam, dass unsere Welt schon bald eine andere sein würde – für immer. Wir saßen im Wohnzimmer und unterhielten uns über Studium und Arbeit und die jüngsten Ereignisse im Dorf. Mama berichtete, wie es um die Pflanzungen stand, und Papa erzählte von den Kindern, deren Ausbildung seine Kaffee-Kooperative mit Stipendien unterstützte. Augustin und Vianney alberten herum und zogen sich gegenseitig auf, und ich genoss alles ganz entspannt und freute mich einfach, zu Hause zu sein.

Nur Damascene schien sich nicht wohl zu fühlen. Er, der sonst so fröhlich war, hatte bereits den ganzen Abend bedrückt und angespannt gewirkt.

»Damascene, was ist denn heute los mit dir?«, fragte ich.

Mein Bruder hob den Kopf und sah mich an, und als unsere Blicke sich begegneten, konnte er sich nicht mehr zurückhalten. Er war so aufgewühlt, dass es regelrecht aus ihm heraussprudelte: »Immaculée, ich habe sie gesehen, die Killer, ich habe sie gesehen! Ich war auf dem Weg zu Bonns Haus und da sahen wir sie von weitem. Sie waren in den Farben der Interahamwe gekleidet und mit Handgranaten bewaffnet. Sie hatten Granaten, Immaculée!« Seine Stimme klang heiser.

Im Zimmer war es plötzlich ganz still, denn alle hatten gehört, was er gesagt hatte. Meine Eltern wechselten einen Blick, dann schauten sie Damascene an.

»Vielleicht geht deine Phantasie mit dir durch«, meinte mein Vater, darum bemüht, seinen Sohn zu beruhigen. »Es gehen jede Menge gefährliche Gerüchte um, und die Leute sehen Gefahren, wo keine sind.«

»Nein, ich bilde es mir nicht ein.« Damascene stand erregt auf und fuhr mit großem Nachdruck fort: »Und ich habe noch mehr gesehen. Sie haben eine Liste mit den Namen aller Tutsi-Familien in der Gegend, und unsere Namen sind auch darauf! Es ist eine Todesliste! Heute Nacht wollen sie anfangen, nacheinander alle zu töten, die auf der Liste stehen!«

Damascene ging unruhig im Zimmer auf und ab. »Papa, wir müssen gehen, bitte!«, begann er auf meinen Vater einzureden. »Wir müssen hier fort, solange es noch möglich ist. Wir brauchen nur den Hügel hinunterzugehen, dann suchen wir uns ein Boot und überqueren den Kivu-See. Um Mitternacht können wir schon sicher in Zaire sein. Aber wir müssen aufbrechen, ehe es zu spät ist.«

Damascenes Ausbruch kam so plötzlich und widersprach so sehr seinem Charakter, dass wir alle erschraken. Ich kannte meinen Bruder. Bestimmt hatte er den ganzen Abend darüber nachgedacht, was er nachmittags gesehen hatte, aber nichts sagen wollen, ehe er nicht einen Fluchtplan im Kopf hatte.

»Moment mal, Damascene, immer mit der Ruhe«, warf mein Vater ein. »Du machst deiner Mutter Angst und deiner Schwester auch. Lass uns doch erst einmal genau analysieren, was du meinst, heute gesehen und gehört zu haben. Wenn du aus der Panik heraus Entscheidungen triffst, machst du Fehler. Gehen wir doch alles noch einmal genau durch. Hast du diese Liste wirklich gesehen?«

Es traf Damascene sehr, dass mein Vater ihm nicht glaubte, aber er musste zugeben, dass er die Liste nicht mit eigenen Augen gesehen hatte – Freunde hatten ihm davon erzählt. Aber er war sich sicher, dass die Leute, die er gesehen hatte, zu den Interahamwe-Milizen gehörten.

»Siehst du, es ist, wie ich vermutet habe«, sagte mein Vater. »Alle sind nervös, auch du, und deshalb erscheinen dir die Dinge schlimmer, als sie sind. Ich habe diese Situation schon einmal erlebt. Du hörst Gerüchte über Todesschwadronen und Geschichten von Todeslisten, aber nach ein paar Tagen stellst du fest, dass alles maßlos übertrieben war. Wegen irgendwelcher Gerüchte werde ich meine Familie jedenfalls nicht zusammenpacken und weglaufen. Wir werden nicht unser Haus aufgeben und alles, wofür wir gearbeitet haben, nur weil nervöse Leute eine zu lebhafte Phantasie haben.«

»Aber Papa«, mischte ich mich ein, »Damascene ist doch kein nervöser Typ. Er ist klug, er lässt sich nicht so leicht etwas vormachen. Vielleicht sollten wir wirklich auf ihn hören.«

Ich wurde langsam unruhig. Wenn es stimmte, dass die

Interahamwe eine Todesliste hatten und in dieser Nacht Leute ermorden wollten, dann konnten sie jede Minute vor unserer Tür stehen.

»Vielleicht sollten wir tun, was Damascene sagt«, drängte ich meinen Vater. »Denk an all die Sachen, die wir im Radio gehört haben. Ich habe es nicht ernst genommen, aber das war womöglich ein Fehler. Sie sagen, alle Tutsi sollen getötet werden. Vielleicht hat Damascene Recht, vielleicht sollten wir wirklich gehen, jetzt sofort!«

»Nein, Immaculée, wir sollten nicht gehen. Es wird sich alles einrenken mit der Regierung und bald wird es Frieden geben. Die Leute im Radio sind verrückt, kein Mensch nimmt sie ernst! Mach dir keine Sorgen. Lasst uns Ruhe bewahren und diese Tage genießen. Es gibt keine Todesliste, und niemand kommt, um uns zu töten. Ich bin älter und weiß es besser«, erwiderte mein Vater mit einem schwachen Lächeln. »Und jetzt, in Gottes Namen, lasst uns endlich zu Abend essen.«

Die zuversichtlichen Worte meines Vaters überzeugten mich zunächst, dass alles gut werden würde, und wir gingen ins Esszimmer. Aber ich spürte, dass seine Argumente Damascene nicht überzeugten, obwohl er eine tapfere Miene zur Schau stellte und sich wie sonst auch verhielt – er trällerte alberne Liedchen, machte Witze über Leute im Dorf und zog Vianney mit seinen Freundinnen auf. Doch je mehr er uns zum Lachen brachte, umso sicherer war ich mir, dass er nur schauspielerte. Hinter dem schönen, offenen Lächeln meines Bruders verbarg sich tiefste Besorgnis.

Hätte ich doch nur gewusst, dass es das letzte Mal sein würde, dass wir gemeinsam als Familie zu Abend aßen. Ich wäre aufgestanden und hätte Gott für sie alle gedankt. Ich hätte jedem am Tisch gesagt, wie sehr ich ihn liebe, und ihm für seine Liebe zu mir gedankt. Aber ich wusste es nicht.

Bevor wir zu Bett gingen, sprachen wir gemeinsam unsere Abendgebete, wie wir es immer taten. Meine Mutter gab uns einen Gutenachtkuss, mein Vater versprach, dass nichts

Schlimmes passieren würde, und wünschte uns einen ruhigen Schlaf.

Sobald wir hörten, dass sich die Tür zum Elternschlafzimmer schloss, versammelten wir vier – Damascene, Vianney, Augustin und ich – uns im Esszimmer. Wir diskutierten mindestens eine Stunde über die Gerüchte, die Damascene gehört, und die Dinge, die er an diesem Tag gesehen hatte. Dass mein Vater Damascenes Befürchtungen nicht ganz ernst nehmen wollte, bereitete uns Sorgen.

»Ich will es eurem Vater gegenüber nicht an Respekt fehlen lassen«, flüsterte Augustin, »und ich weiß, dass ich älteren Menschen nicht widersprechen soll. Aber ich bin überzeugt, euer Vater täuscht sich. Ich bin derselben Ansicht wie Damascene – ich glaube, es ist gefährlich, hier zu bleiben. Wenn eure Familie tatsächlich auf der Todesliste steht, werden sie kommen, und wir sind ihnen hilflos ausgeliefert! Und ich glaube nicht, dass euer Vater seine Meinung ändern wird, deshalb sollten wir vielleicht ohne eure Eltern gehen, jetzt gleich.«

Niemand sagte ein Wort. Ich bin sicher, dass wir alle am liebsten zum Kivu-See gelaufen und in ein Ruderboot gesprungen wären, aber meine Brüder und ich konnten unsere Eltern nicht einfach verlassen, ohne uns von ihnen zu verabschieden. Wir waren es gewohnt, dass unser Vater die Entscheidungen in der Familie traf, und somit richteten wir uns ganz selbstverständlich danach, was er sagte. Außerdem schliefen Augustin und Vianney angesichts der späten Stunde bereits auf ihren Stühlen ein. Also beschlossen Damascene und ich, bis zum nächsten Morgen zu warten und dann noch einmal mit Papa zu sprechen. Dann gingen wir alle zu Bett.

Mein Zimmer war wie meine eigene kleine Kapelle. Auf dem Nachttisch standen Figuren von Jesus und der Jungfrau Maria, daneben lag meine Bibel. Hier trat ich in Kontakt mit Gott. Ich kniete mich neben mein Bett, blickte auf die Figuren und betete zu ihm, er möge meine Familie beschützen.

Ebenfalls vor mir lag die Geburtstagskarte, die ich für Damascene gekauft hatte, denn er wurde bald siebenundzwanzig. Seit Tagen schon bemühte ich mich, ein Gedicht zustande zu bringen, um ihm zu sagen, wie sehr ich ihn liebte und bewunderte. Unsere Eltern hatten uns nicht dazu angehalten, Gefühle gegenseitiger Zuneigung offen zu zeigen, doch das wollte ich ändern. Und bei wem hätte ich damit beginnen sollen, wenn nicht bei Damascene, den ich von Herzen gern hatte und der mir mehr Rückhalt gab als sonst jemand auf der Welt?

Als wir klein waren, schimpfte Damascene mit mir, wenn ich etwas anstellte oder mich wie ein verwöhntes Prinzesschen benahm. Seine Zurechtweisungen trafen und ärgerten mich, aber wenn ich später über das nachdachte, was er gesagt hatte, erkannte ich, dass er Recht hatte. Bereits als Kind zeigte er pädagogisches Talent und war geistig weiter entwickelt als seine Altersgenossen. Als Teenager betete ich zu Gott, er möge mich ihm, der eine so schöne Seele und ein so großes Herz hatte, ähnlicher machen. Ich bekam mit, dass er armen Leuten seine Kleidung schenkte und stundenlang tröstend bei Menschen saß, die wegen ihrer Armut, einer körperlichen oder geistigen Krankheit wie Ausgestoßene lebten.

Damascene war eine Art Superstar in unserem Dorf. Und als ich mich in jener Nacht schlafen legte, dachte ich daran, wie viel mir mein Bruder doch bedeutete. Ich griff zu meinem Kugelschreiber und fügte dem Gedicht auf seiner Geburtstagskarte ein paar Zeilen hinzu. Bei dem Gedanken, wie verlegen und glücklich er sein würde, wenn er diese Worte las, musste ich lächeln. Ich löschte das Licht und versuchte zu schlafen.

Ich dachte, ich hätte die Augen gerade ein paar Minuten zugehabt, als plötzlich die Tür aufsprang. Erschrocken setzte ich mich auf und bemerkte, dass es bereits dämmerte. Im grauen Zwielicht meines Zimmers erkannte ich Damascene, Angst und Panik im Blick. Ich befürchtete sofort das Schlimmste.

»Was ist los, Damascene? Sind die Killer da?«, fragte ich flüsternd. Ich konnte meine angsterfüllte Stimme kaum hören.

Mein Bruder blieb stumm. Ich hörte, wie er nach Atem rang, dort in der Tür. Als er schließlich zu sprechen begann, klang seine Stimme, als käme sie aus einem tiefen Brunnen: »Steh auf, Immaculée, um Himmels willen, steh auf! Der Präsident ist tot!«

»Was? Was heißt, der Präsident ist tot?«, rief ich. Ich konnte nicht glauben, was ich da hörte. Der Präsident hatte versprochen, in Ruanda wieder für Frieden und Gleichheit zu sorgen. Wie konnte er tot sein?

»Das heißt, dass Präsident Habyarimana tot ist! Er ist gestern Abend ermordet worden. Sein Flugzeug wurde abgeschossen.«

Ich musste daran denken, was ich ein paar Tage zuvor im Radio gehört hatte: »Wenn unserem Präsidenten etwas zustößt, müssen alle Tutsi vernichtet werden!«

Ich sprang aus dem Bett und suchte hastig nach etwas zum Anziehen. Schließlich zog ich einfach Jeans unter mein langes grünes Nachthemd und war so durcheinander, dass ich mich tatsächlich vor meinem Bruder ankleidete, was ich noch nie im Leben getan hatte.

»Der Präsident ist ermordet worden, jemand hat den Präsidenten ermordet«, flüsterte ich schlaftrunken und fassungslos vor mich hin. Dann öffnete ich den Vorhang vor meinem Fenster und blickte hinaus. Ich weiß nicht, ob es ein Produkt meiner Phantasie war, aber ich sah, wie sich ein Schleier von kränklich gelbem Dunst auf das Dorf legte.

»Sogar der Himmel verändert sich«, murmelte ich, ließ mich auf mein Bett sinken und schlug die Hände vors Gesicht. »Ach, Damascene, wir werden alle sterben! Jetzt werden sie bestimmt kommen und uns umbringen!«

Mein Bruder setzte sich neben mich und legte mir den Arm um die Schulter. »Hör zu, Immaculée, wir werden nicht sterben«, erklärte er mit fester Stimme. »Wir haben nichts damit zu tun. Der Präsident war auf dem Rückflug von Friedensgesprächen in Tansania, der Präsident von Burundi war ebenfalls an Bord. Das Flugzeug wurde abgeschossen, als es in Kigali zur Landung ansetzte – *in Kigali*! Uns hier unten wird niemand eine Schuld geben.«

Damascene versuchte um meinetwillen, keine Angst zu zeigen, er war jedoch ein schlechter Schauspieler. Ich weiß, dass er sich selbst ebenso Mut zusprechen wollte wie mir.

»Vielleicht wird jetzt, nach seinem Tod, alles besser für uns«, fuhr er fort. »So viele Leute waren gegen diese Friedensverhandlungen und Präsident Habyarimanas Pläne für eine gemäßigte Regierung, dass die Spannungen sich durch seinen Tod vielleicht sogar verringern. Hab keine Angst, Immaculée. Komm mit hinaus, alle haben sich um das Radio versammelt.«

Er nahm mich bei der Hand, und wir gingen nach draußen in den Hof, wo meine Eltern, Vianney und Augustin um das Radio saßen. Der Reporter berichtete, dass wenige Minuten nach dem Absturz des Flugzeugs mit dem Präsidenten überall in der Hauptstadt Straßensperren und Kontrollpunkte des Militärs errichtet worden waren. Und dass in der Nacht in Kigali mindestens zwanzig Tutsi-Familien getötet worden seien.

Von einem »Bericht« zu sprechen ist eigentlich nicht zutreffend, denn der Mann im Radio hörte sich eher an wie ein Cheerleader der Killer, nicht wie ein Journalist. Als er verkündete, dass Soldaten der Präsidentengarde aus freien Stücken Tutsi umgebracht hätten, um den Tod des Präsidenten zu rächen, klang es, als seien die Morde gerechtfertigt gewesen, als würden vollkommen zu Recht ganze Familien aus ihren Häusern auf die Straße gezerrt und umgebracht.

Dann verlas er die Namen einiger Leute, die bisher von Soldaten in Kigali getötet worden waren. Der fünfte Name war der meines Onkels Twaza.

»Sie haben Twaza umgebracht?«, schrie meine Mutter auf, schlug die Hände vors Gesicht und schüttelte ungläubig den Kopf. »Warum sollten sie Twaza umbringen? Er hat nie jemandem etwas Böses getan!«

Stummes Entsetzen machte sich breit, als uns klar wurde,

dass wir unsere Chance zur Flucht in der vergangenen Nacht vertan hatten. Wieder bemühte sich mein Vater, unsere Befürchtungen zu zerstreuen. »In der Hauptstadt kochen jetzt die Gefühle hoch. Es gab dort Morde, weil dort die meisten Soldaten stationiert sind«, erklärte er sachlich. »In ein oder zwei Tagen hat sich alles beruhigt, ihr werdet sehen.«

»Ich glaube, ich fahre jetzt lieber nach Hause«, sagte Augustin, dessen Familie in Kigali lebte. Wir sahen ihn schweigend an, denn wir wussten, dass es viel zu gefährlich war, irgendwohin zu gehen. Wenige Minuten später wurden unsere Ahnungen durch Verlautbarungen im Radio bestätigt: »Bleiben Sie zu Hause. Es ist verboten zu reisen. Nur Angehörige des Militärs dürfen sich auf den Straßen aufhalten. Gehen Sie nicht nach draußen. Der öffentliche Verkehr ist eingestellt. Verlassen Sie nicht Ihr Haus!«

»Wir sollen bleiben, wo wir sind, damit sie wissen, wo sie uns finden können. Damit wir eine leichte Beute für sie sind!«, rief Damascene mit angstgeweiteten Augen. »Wenn unsere Namen auf der Todesliste stehen, wissen sie, wo wir wohnen, und sie wissen, dass wir hier sein werden.«

Es war der Morgen des 7. April 1994. Wir wussten es noch nicht, aber der Völkermord hatte begonnnen.

KAPITEL 6

Schlaflose Nächte

Meine Eltern, Damascene, Vianney, Augustin und ich verbrachten den ganzen Tag, aneinander gekauert, im Hof vor dem Radio. Sender aus Nachbarländern berichteten, dass sich Hutu, ganz normale Bürger, den Regierungssoldaten und Interahamwe-Milizen anschlossen und unschuldige Tutsi töteten. Zur gleichen Zeit ermutigten ruandische Sender die Hutu-Bevölkerung, ihre Macheten zu nehmen und ihre Tutsi-Nachbarn anzugreifen.

Ich fühlte mich wie ein hilfloses kleines Mädchen und wartete darauf, dass meine Eltern mir Anweisungen gaben. Sie hatten seit 1959 so viele politische Umwälzungen und Massaker an den Tutsi erlebt, sie mussten doch wissen, was zu tun war, dachte ich.

Der ruandische Rundfunk forderte die Menschen immer wieder auf, in ihren Häusern zu bleiben, und wir gehorchten – wie brave Kinder. Wir hatten viel zu viel Angst, unser Tor zu öffnen, um nachzusehen, was jenseits des Zauns vor sich ging. Wir stellten uns selbst unter Hausarrest, aus Angst, dass ein Schritt über unsere Grundstücksgrenze hinaus sich als tödlich erweisen könnte.

Wir hatten kein Telefon, und es hätte uns auch nicht viel genützt, denn die Telefonleitungen im Land waren größtenteils lahm gelegt. Bis auf das, was wir aus dem Radio erfuhren, waren wir vollkommen abgeschnitten. Wir lauschten stundenlang den entsetzlichen Berichten, bis ich dachte, ich würde verrückt. Am späten Nachmittag holte ich meine Bücher und begann, für meine Prüfungen zu lernen.

»Wie schaffst du das nur?«, fragte mich Damascene. »Woher nimmst du die Kraft, jetzt zu lernen? Wieso glaubst du überhaupt, dass du an die Universität zurückkannst?«

Wenige Stunden zuvor hatte mein Bruder mir noch geholfen, meinen ersten Schock zu überwinden, doch jetzt hatte auch ihn die Hoffnungslosigkeit eingeholt. Nun war es an mir, Stärke zu zeigen. »Mach dir nicht so viel Sorgen«, sagte ich. »Wir stehen das durch. Wenn es ganz schlimm kommt, verschwinden wir über die Grenze. Mama und Papa haben das auch schon durchgemacht. Hab Vertrauen!«

Um ehrlich zu sein: Ich war selbst nicht besonders zuversichtlich – und ich lernte nicht, um mich auf die Prüfungen vorzubereiten, sondern um nicht dauernd über das meiner Familie drohende Unheil nachzudenken.

Die einzige ermutigende Nachricht an diesem Tag war eine Botschaft von Paul Kagame, dem Anführer der in Uganda stationierten Tutsi-Rebellen von der RPF. Wenn die Morde an den Tutsi nicht aufhörten, würden die Rebellen in Ruanda einmarschieren und bis zum letzten Blutstropfen kämpfen, um ihre Stammesbrüder zu beschützen, versprach er. Das von Kagame zu hören war zwar tröstlich, aber es machte mich traurig, dass die einzige »gute« Nachricht ein bevorstehender Bürgerkrieg war.

In dieser Nacht schlief kaum jemand von uns.

Am nächsten Tag hörten wir ein Telefoninterview der BBC mit der ruandischen Premierministerin Agathe Uwilingiyimana, einer gemäßigten Hutu, die in Kigali lebte. Obwohl sie unter dem Schutz der UN-Friedenstruppe stand, wurde ihr Haus beschossen. Ihr Mann, sie und ihre fünf Kinder lägen auf dem Boden, berichtete sie, und sie hätten keine Möglichkeit zur Flucht. Während des Interviews brach die Telefonverbindung ab. Später erfuhren wir, dass Soldaten in ihr Haus eingedrungen waren und sie und ihren Mann erschossen hatten. Ihre Kinder konnten zum Glück gerettet werden.

Diese letzten Worte der Premierministerin gingen uns sehr zu Herzen, und jetzt konnten wir nicht länger so tun, als würde sich alles zum Guten wenden. Wenn die Killer schon sie umbrachten, eine Hutu, was sollte sie dann davon abhalten, auch uns umzubringen?

Die ständige Anspannung in diesen vierundzwanzig

Stunden forderte ihren Tribut von meiner Familie. Meine Mutter ging wie in Trance von einem Zimmer ins andere und begann, was immer ihr in die Finger kam, in alle Koffer zu packen, die wir besaßen. »Ich überlasse die Dinge, für die ich hart gearbeitet habe, nicht irgendwelchen Dieben«, erklärte sie uns. »Ich werde sie verstecken. Eines Tages werden wir sie uns wieder holen.«

Ich hatte keine Ahnung, wohin sie gehen wollte, denn gerade hatten wir im Radio gehört, dass Interahamwe-Milizen unseren einzig möglichen Fluchtweg – über den Kivu-See – abgeriegelt hatten. Sie brachten jeden Tutsi oder gemäßigten Hutu um, der auch nur in die Nähe des Sees kam.

Mein Vater verharrte in verwirrter Verleugnung. »Wenn das Morden weitergeht«, argumentierte er, »wird die RPF einschreiten und dem ein Ende machen. In wenigen Tagen schon könnten Kagames Leute in Mataba sein und uns beschützen.«

»Papa, wie stellst du dir das vor?«, fragte ich verwundert. »Die RPF-Soldaten sind oben im Norden, nahe der Grenze zu Uganda. Sie haben keine Fahrzeuge, sind zu Fuß und müssen ständig gegen die Armee und die Interahamwe-Milizen kämpfen. Es wird Wochen dauern, bis sie hier sind – falls sie überhaupt kommen!«

Die paar Male, die ich meinem Vater widersprochen hatte, könnte ich an einer Hand abzählen, aber nun begann sich alles zu ändern. Meine Eltern konnten nicht mehr klar denken, und Augustin und Vianney waren zu jung und hatten zu viel Angst, als dass ich mich auf sie hätte verlassen können. Mein Leben lang hatte ich mich an meinem Vorbild Damascene orientiert, doch er hatte sich in sein Zimmer zurückgezogen und starrte nur noch an die Wand.

»Glaubst du wirklich, dass wir mit heiler Haut davonkommen?«, fragte er, als ich zu ihm ging. »Ich versuche mir vorzustellen, was ich nächstes Jahr tun werde, aber es gelingt mir nicht. Ich glaube, da werde ich nicht mehr am Leben sein. Ich habe keine Zukunft.«

»Damascene, du musst dich zusammenreißen!«, rief ich.

»Du kannst doch nicht aufgeben, ehe wir angefangen haben zu kämpfen! Wenn du nicht weißt, was du nächstes Jahr tun wirst – ich weiß es! Du wirst bei mir in Butare sein, wenn ich mein Studium beende. Du wirst in der ersten Reihe sitzen und begeistert applaudieren, wenn ich mein Diplom überreicht bekomme. Also steh bitte auf und hilf Mama und Papa!«

»Hätte ich doch bloß dein Gottvertrauen und deinen Mut«, murmelte er und starrte weiter die Wand an.

Ich war nicht mutig, aber irgendjemand musste die Familie zusammenhalten. Ich versuchte, stark zu sein und mich wenigstens mutig zu verhalten, damit nicht die ganze Familie in Verzweiflung versank.

Bei Einbruch der Nacht hörten wir, dass die zehn belgischen UN-Soldaten, die die Premierministerin beschützt hatten, von Regierungssoldaten ermordet worden waren und das Leben aller Belgier in Ruanda in Gefahr war. Wenn die Belgier und andere Ausländer das Land verließen, würde niemand mehr verhindern können, dass wahllos Menschen abgeschlachtet wurden, das wussten wir. Es folgte die zweite Nacht, in der wir keinen Schlaf fanden.

In der Morgendämmerung vernahmen wir Rufe, Schreie, Gebrüll. Zwei Dutzend Interahamwe griffen unser Dorf an, warfen Handgranaten in die Häuser. Wenn die Bewohner zu fliehen versuchten, wurden sie mit der Machete in Stücke gehackt.

Als wir die Schreie hörten, öffneten wir das Tor und liefen auf die Straße. Von unserem Haus oben auf dem Hügel konnten wir ziemlich weit sehen. Wir versuchten herauszufinden, woher der Lärm kam. Weiter unten, auf der gegenüberliegenden Seite eines nahen Flusses, entdeckten wir einen unserer Nachbarn, den eine Gruppe von Interahamwe bedrängte. Sie kreisten ihn, die Macheten über dem Kopf schwingend, wie ein Rudel Schakale langsam ein, und wir mussten aus der Ferne hilflos mit ansehen, wie sie ihn gnadenlos zerstückelten.

Voller Entsetzen über diesen Mord wollten wir gerade wieder ins Haus gehen, als von der anderen Seite des Hügels bereits Dutzende Tutsi-Familien auf uns zukamen. Die Männer hatten sich mit Stöcken und Steinen bewaffnet, um ihre Familien zu beschützen, die Frauen trugen ihre Babys auf dem Arm und trieben die älteren Kinder gellend zur Eile an.

»Leonard! Leonard!«, riefen sie, als sie meinen Vater erblickten. »Bitte hilf uns. Sie bringen uns um! Was sollen wir tun? Wohin sollen wir gehen?«

Da mein Vater zu den angesehensten Männern im Dorf zählte, kampierten innerhalb weniger Stunden an die zweitausend Männer, Frauen und Kinder vor unserem Haus, und alle vertrauten auf seine Führung. Ich konnte nicht fassen, wie viele Menschen aus ihrem Heim vertrieben worden waren. Die Erwachsenen scharten sich um zahllose Feuer, auf denen gekocht wurde, und diskutierten, was man nun tun solle, während die Kinder irgendwelche Spiele machten oder auf den Feldern Fangen spielten. Wären nicht hin und wieder in der Ferne Schüsse und explodierende Granaten zu hören gewesen, man hätte meinen können, die Leute hätten sich zu einem Picknick versammelt.

Die vielen Menschen, die meinen Vater um Rat und Hilfe gebeten hatten, schienen ihn auf den Boden der Realität zu holen. Er fand wieder zu sich und wurde aktiv. »Bewahrt Ruhe«, sagte er. »Wir werden einen Weg finden, das gemeinsam durchzustehen.«

Am Abend sagte mein Vater, dass er sich Sorgen mache um meine Gesundheit. »Du hast überhaupt nicht geschlafen, Immaculée. Ich möchte, dass du in dein Zimmer gehst und zu schlafen versuchst. Der Rest der Familie bleibt draußen bei den anderen.«

»Aber Papa, ich …« Dass ich allein im Haus bleiben sollte, gefiel mir gar nicht. Ich hatte Angst, dass wir in der Nacht angegriffen werden würden.

Er bemerkte, dass ich zögerte, und lächelte. »Keine Angst,

mein Herzblatt. Ich bin hier und ich werde dich beschützen. Es ist kalt draußen und du musst dich ein bisschen ausruhen. Geh ins Haus und leg dich hin.«

Mir war klar, dass er mich vor den Interahamwe nicht schützen konnte, aber da ich seinen Stolz nicht verletzen wollte, tat ich, was er sagte. Meine Mutter versprach, vor dem Haus zu wachen, damit ich mich wirklich sicher fühlte.

Trotz der liebevollen Fürsorge meiner Eltern konnte ich auch in dieser Nacht kein Auge zumachen. Ich lag mit einem kleinen Radio auf dem Bett und drehte bis zum Morgengrauen daran herum, immer auf der Suche nach neuen Berichten über die Ereignisse. Im Laufe der Nacht wurden die Nachrichten ständig schlimmer: In allen Ecken von Ruanda wurden unzählige Tutsi ermordet, die Friedensgespräche zwischen der Regierung und den Tutsi-Rebellen waren abgebrochen worden, und die RPF schwor, dass man sich in die Hauptstadt vorkämpfen und dem Gemetzel ein Ende setzen würde.

Als ich mitten in der Nacht nach draußen ging, fand ich meine Mutter schlafend im Hof. Sie war wohl eingenickt, während sie vor unserer Vordertür wachte. Als ich näher kam, um sie aufzuwecken, stockte mir vor Schreck der Atem. Sie war in ein weißes Bettlaken gehüllt und sah im kalten Mondlicht aus wie ein Leichnam. Der Anblick erschütterte mich so sehr, dass ich in mein Zimmer zurücklief, mich auf mein Bett fallen ließ und zum ersten Mal, seit dieser Alptraum begonnen hatte, in Tränen ausbrach.

»Warum das alles?«, schluchzte ich in mein Kissen. »Was haben wir denn getan? Warum ist es so falsch, ein Tutsi zu sein? Warum lässt du das an uns geschehen, Gott?«

Dann kam es mir egoistisch vor, dass ich weinte, und ich trocknete meine Tränen. *Du dummes Mädchen,* dachte ich, *weine später. Die Tragödie hat erst begonnen, du hast noch viel Zeit für Tränen.*

Über dem Kivu-See ging gerade die Sonne auf, als ich wieder nach draußen lief und mich neben meine schlafende Mutter hockte. Ich streichelte sacht ihre Füße und löste behutsam die Knoten in ihrem Haar. Mutter war immer so schön und so stolz auf ihr Aussehen – es wäre ihr furchtbar peinlich gewesen, in einem solchen Zustand gesehen zu werden. Ich gab ihr einen Kuss auf die Wange und rüttelte sie sanft an der Schulter. »Mama, wach auf«, sagte ich leise. »Es ist kalt hier draußen. Geh ins Bett.«

Als sie die Augen öffnete, spiegelten sich darin Angst und Verwirrung. »Wo ist Damascene? Wo ist Vianney? Immaculée, du solltest doch im Haus sein und dich ausruhen. Was machst du hier draußen allein im Dunkeln?«, fragte sie, während sie sich mühte, auf die Beine zu kommen.

»Was machst *du* hier draußen, Mama?«

»Ich wollte dich nicht allein im Haus lassen, aber ich wollte auch nicht zu weit weg von deinem Vater oder meinen Jungs sein. Ich muss dafür sorgen, dass es allen gut geht.«

»Es *geht* allen gut, Mama. Die Jungs und Papa sind draußen bei den anderen Leuten. Vielleicht wird sich die Situation heute entspannen«, sagte ich, und mir tat das Herz weh, als ich in ihr schmerzerfülltes Gesicht blickte. Sie hatte ihr Leben lang gearbeitet, sich für uns aufgeopfert und sich unzählige Stunden um unser Wohlergehen gesorgt. Nun konnte sie uns nicht mehr beschützen, das wusste sie, und es brachte sie fast um. Sie schien in den letzten Tagen um Jahre gealtert.

Wir machten uns auf die Suche nach meinem Vater und meinen Brüdern, die bei den Geflüchteten geblieben waren. Auf den Anblick, der sich uns bot, als wir vor das Haus traten, waren wir nicht vorbereitet. Mindestens zehntausend Tutsi lagerten dort. Mein Vater lief durch die unüberschaubare Menge, begrüßte die Leute und sprach ihnen Mut zu. Er war die ganze Nacht auf gewesen und hatte nicht ins Haus gehen wollen, um sich hinzulegen. Am Morgen wusch er sich, zog frische Kleider an und ging gleich wieder hinaus. Dutzende drängten heran, um mit ihm zu sprechen, riefen laut seinen Namen, aber es waren so viele, dass er unmöglich mit allen reden konnte.

Schließlich stieg er auf einen großen Felsblock am Fuß

eines steilen Hanges und wandte sich an die verängstigte Menge. »Freunde, Freunde!«, rief er mit dröhnender Stimme, um sich Gehör zu verschaffen. »Ich weiß, ihr habt Angst. Fürchtet euch nicht! Diese Leute – diese Killer – sind wenige und wir sind viele. Sie sind nicht stärker als wir, nicht, wenn wir Gottes Liebe im Herzen tragen. Wenn sie Böses im Sinn haben, wenn sie uns nur Böses tun wollen, weil sie uns hassen, werden wir ihrer Herr werden. Liebe siegt immer über den Hass. Vertraut auf euch selbst, vertraut einander und vertraut auf Gott!«

Es erfüllte mich mit Stolz, meinen Vater so zu sehen. Ich konnte es kaum glauben. Noch vor wenigen Stunden hatte er ganz verwirrt und unvernünftig gewirkt und jetzt gab er so vielen verängstigten und verzweifelten Menschen wieder seine Kraft und Stärke.

»Wir werden uns gegen sie zur Wehr setzen!«, fuhr mein Vater fort. Die von seinen Worten bewegte Menge begann, im Chor seinen Namen zu rufen und ihn anzufeuern, doch er hob die Hand zum Zeichen, dass sie still sein sollten.

»Wie ich bereits sagte: Wenn nur Hass diese Killer antreibt, werden wir sie zwingen, wieder zu verschwinden. Wenn aber die Regierung sie schickt, wenn diese Überfälle Teil eines Plans sind, die Tutsi systematisch zu vernichten, dann sind wir ernsthaft in Schwierigkeiten. Die Regierung hat Gewehre und Granaten, eine Armee und Milizen – und wir haben überhaupt keine Waffen. Wenn die Regierung vorhat, uns zu töten, können wir nicht mehr tun als beten. Lasst uns die Zeit, die wir haben, nutzen, um zu bereuen. Lasst uns Gott um Vergebung unserer Sünden bitten. Wenn wir schon sterben müssen, dann lasst uns mit reiner Seele sterben.«

Die anfeuernden Rufe verebbten, die Menge verstummte. Zuerst dachte ich, die Menschen hätten sich von den Worten meines Vaters entmutigen lassen, doch dann sah ich, dass Tausende sich seinen Rat zu Herzen genommen hatten und leise beteten.

»Es ist nicht wichtig, ob wir leben oder sterben. Wichtig

ist, dass wir gegen dieses Böse kämpfen, das in unser Heim eindringt!«, rief mein Vater laut.

Tausende schauten unverwandt auf ihn, als er die rechte Hand in die Höhe hob, in der er seinen Rosenkranz mit den roten und weißen Perlen hielt.

»Wir werden Gott bitten, uns gegen das Böse zu verteidigen!«, rief er und schwenkte den Rosenkranz hin und her. Dann bückte er sich und nahm einen langen Speer mit einer metallenen Spitze in die linke Hand. Den Speer ebenfalls über dem Kopf schwingend, fuhr er fort: »Wir werden Gott um Hilfe bitten, aber wir werden uns auch selbst verteidigen. Holt euch Speere, bewaffnet euch, aber tötet niemanden! Wir wollen uns nicht mit ihnen auf dieselbe Stufe stellen – wir werden nicht töten –, aber wir werden auch nicht herumsitzen und uns wie Schafe abschlachten lassen. Lasst uns stark sein – und lasst uns beten.«

Wenige Stunden nach der Rede meines Vaters griffen fünfzig mit Messern und Macheten bewaffnete Interahamwe die Tutsi vor unserem Haus an. Mein Vater rief eilig mehr als hundert Tutsi-Männer zusammen, um ihnen entgegenzutreten. Sobald sie in Wurfdistanz waren, schleuderten sie Steine nach ihnen, und schließlich gelang es, sie zu verjagen. Doch es war nur ein kleiner Sieg. Im Radio wurde laufend von Tötungsaktionen im ganzen Land berichtet, und der Strom flüchtender Tutsi, die sich vor unserem Haus einfanden, riss nicht ab. Jeder Neuankömmling hatte eine neue Horrorgeschichte zu erzählen, und ihre Schilderungen ließen nur einen einzigen Schluss zu: Die Interahamwe hatten uns vollständig eingekreist.

Nach dem Angriff ging ich in mein Zimmer, um mein Skapulier zu holen, eine Art Überwurf aus Tuch, wie ihn katholische Ordensleute über dem Hauptgewand tragen. Dieses Skapulier ist mir sehr wertvoll, denn mit ihm ist das Versprechen der Jungfrau Maria verbunden, dass »wer dies trägt und stirbt, nicht das ewige Feuer erleiden wird. Es soll ein Zeichen des Heils sein, ein Schutz vor Gefahr und ein

Unterpfand des Friedens«. Ich hatte es gekauft, als ich zum Studium nach Butare ging, denn ich glaubte fest daran, dass ich mit meinem Skapulier schneller in den Himmel kommen würde, falls mir etwas passierte.

Ich ging ins Arbeitszimmer meines Vaters. Dorthin hatte er sich zurückgezogen, nachdem sie die Interahamwe vertrieben hatten. Er suchte auf seinem Schreibtisch herum und steckte sich Familienfotos in die Taschen.

»Papa, ich habe etwas für dich«, sagte ich und hielt ihm das Skapulier hin.

Er wusste, was es war und wofür es war. »Warum lassen wir es nicht im Haus?«, sagte er. »Dann wird es niemand niederbrennen.«

Meine Augen füllten sich mit Tränen. »Nein, Papa, *du* musst es tragen. Wer in dieser Familie bringt sich denn in Gefahr? Wer wird in diesem Wahnsinn am ehesten getötet, Papa? Hör auf, dich um das Haus zu sorgen. Es ist deine Seele, die jetzt zählt, nicht materielle Dinge.«

»In Ordnung, Immaculée, ich verstehe«, erwiderte er, nahm das Skapulier und legte es sich um den Hals. »Und was habe ich für dich? Was kann ich meiner einzigen Tochter geben?«, überlegte er laut und begann wieder auf dem Schreibtisch herumzusuchen. »Ach, natürlich! Ich weiß genau, was ich dir gebe.«

Er griff in die Brusttasche seines Hemdes und zog den Rosenkranz mit den roten und weißen Perlen hervor, den er der Menschenmenge vor dem Haus gezeigt hatte. Er drückte mir den Rosenkranz fest in die Hand und legte dann seine darauf. »Trage ihn immer bei dir, Immaculée.«

»Ich verspreche es.«

Wir hatten gerade unsere Geschenke ausgetauscht, als die Vordertür aufgerissen wurde und eine Frau aus der Nachbarschaft verzweifelt nach meinem Vater rief. »Leonard! Leonard! Bitte komm schnell! Sie sind wieder da! Die Killer sind wieder da! Aber jetzt sind es viel, viel mehr!«

Mein Vater eilte ins Schlafzimmer, packte einen Speer, den er unter seinem Bett versteckt hatte, und stürzte zur Tür hinaus. Ich folgte ihm, so schnell ich konnte, aber meine Beine waren wie Gummi. Ich dachte, jetzt müssten wir alle sterben – vor allem, als ich die Killer vielleicht vierhundert Meter von unserem Haus entfernt stehen sah.

»Lasst uns gegen diese bösen Menschen kämpfen! Lasst uns dieses sinnlose Morden beenden! Vielleicht werden sie uns töten, aber wir werden reinen Herzens sterben!«, rief mein Vater mit lauter Stimme, damit ihm möglichst viele Tutsi-Männer folgten. Kein Einziger schloss sich ihm an.

Mein Vater schwitzte, seine Augen waren weit aufgerissen und hatten einen wilden Blick. Er begann, den Speer hoch über dem Kopf haltend, auf die Killer zuzulaufen. Meine Mutter rannte ihm nach, ihr langes blaues Gewand flatterte hinter ihr her. Sie bekam sein Hemd zu fassen und versuchte ihn zu stoppen. Doch er lief weiter, Mutter hinter sich herziehend, die schrie und bettelte: »Bleib stehen, Leonard! Bleib stehen! Du kannst nicht allein gegen sie kämpfen. Bitte, *bitte*, lass jemand anderen gehen. Es gibt so viele junge Männer hier. Lass *sie* kämpfen!«

Alle starrten sie an, aber sie kümmerte sich nicht darum. Sie sah, wie ihr Mann, mit dem sie seit achtundzwanzig Jahren verheiratet war und den sie mehr liebte als alles auf der Welt, in den sicheren Tod rannte, und war entschlossen, alles in ihrer Macht Stehende zu tun, um ihn aufzuhalten.

Meinem Vater ging die Luft aus und er konnte Mutter nicht länger hinter sich herziehen. Er blieb stehen, um zu verschnaufen, während seine Frau sich an seinem Hemd festklammerte. »Was ist los mit euch?«, brüllte sie die jüngeren Tutsi in der Menge an. »Wie könnt ihr nur die Älteren eure Kämpfe für euch kämpfen lassen? Wie könnt ihr zulassen, dass mein Mann für euch getötet wird? Seid Männer – steht auf und kämpft!«

Die Leute starrten sie an, aber niemand machte Anstalten, sich meinem Vater anzuschließen. Sie waren alle ganz starr vor Angst. Meine Mutter wandte sich meinem Vater zu, schlang die Arme um ihn und bat: »Geh nicht, Leonard, bitte!«

»Hör zu, Rose.« Papa packte sie bei den Schultern. »Es ist meine Pflicht, jetzt für diese Menschen da zu sein. Wenn es bedeutet, dass ich kämpfen muss, dann werde ich kämpfen. Ich muss tun, was ich für richtig halte. Jetzt beruhige dich und hilf den jungen Müttern mit ihren Kindern. Ich komme wieder.«

Als meine Eltern ihre Meinungsverschiedenheit geklärt hatten, hatten die Killer sich zurückgezogen. Vermutlich war ihnen vorher nicht klar gewesen, wie viele Tutsi tatsächlich vor unserem Haus versammelt waren. Selbst mit Gewehren und Granaten konnten hundert gegen zehntausend nicht viel ausrichten. Doch das Glück sollte nicht mehr lange auf unserer Seite sein.

Nach dem kleinen Wortgefecht meiner Eltern vor dem Haus kam Damascene zu mir. Seine Augen waren blutunterlaufen, die Stimme heiser. »Dieses Mal haben die Killer noch den Schwanz eingezogen, Immaculée, aber sie werden wiederkommen. Und dann werden es so viele sein, dass wir sie nicht mehr mit Stöcken und Steinen verjagen können. Wenn sie dich erwischen, werden sie dich zuerst vergewaltigen und dann umbringen. Du musst fort. Geh zu Pastor Murinzi … Ich bin sicher, er wird dich verstecken, bis alles vorbei ist.«

»Nein, Damascene, ich gehe nicht allein. Ich gehe nur, wenn wir alle zusammenbleiben. Ich könnte nicht damit leben, dass ihr vielleicht getötet werdet, während ich mich irgendwo verstecke.«

Mit Tränen in den Augen sah Damascene mich an. Dann ging er und kam mit meinem Vater zurück, der mir ins Gewissen redete. »Dein Bruder hat Recht, Immaculée«, sagte mein Vater. »Du bist eine junge Frau, für dich ist es hier zu gefährlich. Geh zu Pastor Murinzi. In ein paar Tagen, wenn der Aufruhr vorbei ist, komme ich dich abholen.«

Ich glaubte nicht, dass er kommen würde, um mich zu holen, denn tief in meinem Herzen war ich nicht überzeugt, dass er überleben würde. Deshalb erwiderte ich: »Aber ich würde lieber hier bei euch bleiben.«

»Nein, du versteckst dich, und damit Schluss«, erklärte mein Vater kategorisch.

»Und was wird mit Mama? Sie sollte mit mir kommen.«

»Ich habe sie bereits gefragt, aber sie will deine Brüder nicht allein lassen. Nimm lieber Augustin mit – ich weiß nicht, was ich seinen Eltern sagen soll, wenn ihm bei uns etwas passiert.«

Innerhalb einer Stunde waren Augustin und ich auf dem Weg zu Pastor Murinzi. Ich hatte nicht mehr bei mir als die Kleidung, die ich auf dem Leib trug, den Rosenkranz, den mein Vater mir geschenkt hatte, und meinen Ausweis, auf dem stand, dass ich eine Tutsi bin.

Mein Vater begleitete uns noch ein Stückchen. Als er umkehrte, rief er mir über die Schulter zu: »Vergiss nicht, Immaculée, ich komme dich abholen!«

Es war das Letzte, was er in seinem Leben zu mir sagte.

Bis zum Haus des Pastors waren es ungefähr acht Kilometer auf einer schmalen, unbefestigten Straße, und wir gingen ziemlich schnell. Augustin war Hutu, sah aber wie ein Tutsi aus, und wir hatten Angst, unterwegs den Killern in die Arme zu laufen. Etwa zwei Kilometer vor dem Haus des Pastors geschah es dann. Ein Mob von mindestens hundert Hutu, mit Speeren, Messern und Macheten bewaffnet, kam uns entgegen.

»Wäre ich doch bloß ein Vogel, dann könnte ich mich jetzt in die Luft schwingen und nach Hause fliegen, nach Kigali«, flüsterte Augustin, als sie näher kamen. Mein Herz hämmerte schmerzhaft gegen die Rippen.

Einige Männer schlugen ihre Macheten aneinander, was ein Klirren verursachte, das einem durch Mark und Bein ging. Andere fuhren mit der Schneide den Boden entlang, und jedes Mal, wenn Metall auf Stein traf, sprühten orangegelbe Funken. Ich hielt den Blick starr auf den Boden gerichtet, doch aus den Augenwinkeln nahm ich die Schatten ihrer Waffen wahr.

Ob mir einer von ihnen seinen Speer in den Rücken jagen

wird?, überlegte ich. Und was für ein Loch wird der Speer reißen? Ich schloss die Augen und wartete auf den Schmerz, doch Gott hielt seine schützende Hand über uns.

»Immaculée, was machst du denn hier draußen?«

Als ich die Augen öffnete, stand Kageyo vor mir, ein Hutu, aber auch ein guter Freund meines Vaters. Er hielt einen sehr großen Speer in der Hand, aber seine Augen blickten freundlich.

Die Hutu hatten uns bereits umringt, Kageyo jedoch schrie sie an: »Lasst diese Kinder in Ruhe! Sie sind Freunde von mir, also Hände weg!«

Die Männer machten ein finsteres Gesicht, setzten dann aber ihren Weg fort.

»Keine Sorge, Kinder, wir bringen den Frieden zurück«, sagte Kageyo und zog mit ihnen weiter.

Augustin und ich liefen, so schnell uns die Füße trugen, bis wir das Haus des Pastors erreichten.

»Jetzt sind wir in Sicherheit«, sagte ich.

Leider sollte ich mich täuschen.

KAPITEL 7

Im Haus des Pastors

Nach Atem ringend, kamen Augustin und ich bei Pastor Murinzi an. Ich war erschöpft nach diesen schrecklichen Tagen voller Angst und Unsicherheit, und wir waren so schnell gerannt, um den Killern zu entkommen, dass mir ganz schwindlig war. Nun, vor dem Pastor stehend, konnte ich kaum sprechen. »Da waren Männer ... mit Speeren ... sie wollten ...«, stieß ich keuchend hervor.

Eingerahmt von der imposanten Eingangstür, stand Pastor Murinzi unter dem Vordach seines stattlichen Backsteinhauses. Mir war sein europäisch anmutendes Haus in diesem Dorf mit seinen Hütten aus Holz und Wellblech immer deplatziert erschienen – es hatte etliche Schlafzimmer, ein großes Wohnzimmer, ein Esszimmer und drei Toiletten mit richtigen Spülklosetts. Und der Vorgarten quoll über vor Blumen, die ein mächtiger Baum vor der Sommersonne schützte.

Der Pastor begrüßte uns freundlich. Noch immer ein wenig außer Atem, schüttelte ich ihm die Hand.

»Wie schön, dich wieder mal zu sehen, Immaculée«, sagte er lächelnd. »Es ist schon eine ganze Weile her, dass du bei uns warst.«

Ich war von Kindheit an mit der jüngsten Tochter des Pastors – er hatte zehn Kinder – befreundet und oft in seinem Haus zu Gast gewesen. Er hatte auch öfter etwas mit meinem Vater zu besprechen gehabt, deshalb hatte ich ihn auch bei uns zu Hause gesehen. Außerdem war er ein Onkel meines Freundes John, also beileibe kein Fremder. Doch plötzlich fiel mir ein, dass meine Tante mir einmal erzählt hatte, der Pastor, ein Protestant, ärgere sich über die guten Werke meines Vaters und sein hohes Ansehen in der Gemeinde.

Mir gegenüber aber war er immer freundlich gewesen und ich war ihm stets höflich und mit Respekt begegnet; nur daran wollte ich jetzt denken.

»Mein Vater hat gesagt, ich soll hierher gehen, Pastor Murinzi«, brachte ich schließlich hervor, während ich noch immer seine Hand hielt. »Er meinte, er kommt mich abholen, sobald die Lage sich beruhigt. Er hat versprochen, dass er selbst kommt.«

Der Pastor schwieg, aber sein Blick sprach Bände: *Dein Vater wird dich niemals abholen kommen. Du wirst ihn nie wiedersehen.*

Ich verbannte diese Vorstellung sofort aus meinem Kopf, denn wenn ich jetzt darüber nachzudenken begann, was meiner Familie alles zustoßen konnte, würde ich vollends zusammenbrechen. Ich stellte dem Pastor Augustin vor, und dann führte er uns ins Wohnzimmer, wo mehrere Gäste sich miteinander unterhielten. Vielleicht bildete ich es mir ein, aber ich hatte den Eindruck, dass die Unterhaltung kurz stockte, als wir ins Zimmer traten.

Der Erste, den ich sah, war Buhoro, mein ehemaliger Lehrer an der Grundschule. Er hatte mich damals zwar gedemütigt, als er uns zur Anwesenheitskontrolle nach ethnischer Zugehörigkeit aufrief, ich trug es ihm jedoch nicht nach. Ich war so glücklich und erleichtert, ein bekanntes Gesicht zu erblicken, dass ich gleich zu ihm hinging und ihm mit einem breiten Lächeln die Hand entgegenstreckte.

Er schaute auf meine Hand, in meine Augen, gab dann mit einem klickenden Zungenlaut seinem Abscheu Ausdruck und kehrte mir den Rücken zu. Ich stand da wie vom Blitz getroffen. Kein Mensch hatte mich je derart unhöflich und mit solch feindseliger Missachtung behandelt – und das bei einem Lehrer, den ich seit der Grundschule kannte! Alle Anwesenden bekamen mit, was vor sich ging. Seine Körpersprache war unmissverständlich, schrie geradezu: *Fass mich nicht an, du Stück Tutsi-Dreck!*

Ich blickte von einem zum anderen, in der Erwartung, dass jemand mir zu Hilfe kommen und Buhoro wegen seines Verhaltens tadeln würde. Doch niemand nahm Notiz davon – nicht einmal der Pastor, der direkt daneben stand. Augustin war der Einzige, der etwas tat: Er ging zu Buhoro hin, weigerte sich jedoch, *ihm* die Hand zu geben, und stellte sich stattdessen demonstrativ neben mich.

Dass Buhoro ein Hutu war, wusste ich bereits, aber erst jetzt wurde mir klar, dass er zu den Extremisten gehörte, die die Tutsi schon immer gehasst hatten. Und ich hasste alles, was mit Extremismus zu tun hatte! Wieder einmal hatte Buhoro es geschafft, dass ich mich dafür schämte, von Gott als Tutsi erschaffen worden zu sein. Ich fühlte mich derart gedemütigt, dass ich mich regelrecht zwingen musste, zuerst noch die anderen Gäste zu begrüßen, ehe ich mich beschämt zurückzog.

Als ich im Esszimmer Jeanette sitzen sah, meine beste Freundin seit der Grundschule, die sich mit einem anderen Mädchen unterhielt, war ich schrecklich erleichtert. Ich lief zu ihr hin und rief: »Jeanette! Wie schön, dass wir uns treffen! Die letzten Tage waren furchtbar für mich, alle sind verrückt geworden. Im ganzen Dorf werden Leute umgebracht, wir werden wie Hunde behandelt … Gott sei Dank, dass du da bist! Es tut so gut, ein freundliches Gesicht zu sehen.«

Ich umarmte sie stürmisch, doch ihr Körper versteifte sich. Als ich sie losließ und ihr ins Gesicht sah, war es überhaupt nicht freundlich – im Gegenteil, ihre Blicke wichen den meinen aus.

Sie steht unter Schock, dachte ich, plötzlich besorgt um meine Freundin. *Was ist los mit mir? Ich habe mich gar nicht erkundigt, wie es ihr geht!*

»Geht es dir nicht gut, Jeanette? Ich habe auch nicht geschlafen, aber jetzt haben wir uns ja gefunden. Mein Vater hat gesagt, ich soll bei Pastor Murinzi bleiben, aber ich fühle mich nicht wohl hier. Was für ein Glück, dass du gerade zu Besuch bist! Ich komme mit dir, dann können wir einander Gesellschaft leisten, bis sich die Lage wieder normalisiert hat.«

Jeanette bückte sich und griff nach ihrer Handtasche. »Ich

weiß nicht, wie du auf diese Idee kommst, Immaculée«, sagte sie und sah mich immer noch nicht an. »Ich werde dich bestimmt nicht verstecken und mein Vater genauso wenig. Wir verstecken keine Tutsi bei uns.«

»Aber … Jeanette?«

Zu dem anderen Mädchen gewandt, meinte sie: »Ich muss jetzt gehen«, und verließ das Haus, ohne mich noch eines Blickes zu würdigen.

Ich folgte ihr taumelnd und lehnte mich draußen in der Diele an die Wand. Wie konnte meine beste Freundin mich plötzlich wie ihre Feindin behandeln? Wir waren doch wie Schwestern gewesen, wie konnte sie jetzt so herzlos sein? Wie konnte ein Mensch so schnell hartherzig werden?

Da kam Augustin mit Lechim auf mich zu, Pastor Murinzis jüngstem Sohn und dem liebsten Freund, den ich je gehabt hatte. Wir kannten uns seit der Grundschule, und als guter Kumpel von Damascene hatte er ständig bei uns zu Hause herumgehangen. Jahrelang war er bei Ausflügen und Picknicks unserer Clique dabei gewesen, und irgendwann hatten wir begonnen, füreinander zu schwärmen. Von ihm hatte ich sogar kurz vor meinem zwanzigsten Geburtstag meinen ersten Kuss bekommen, ein Kuss, der gleichzeitig Anfang und Ende unserer Romanze war, denn wir fanden beide, dass wir unsere wunderbare Freundschaft nicht aufs Spiel setzen sollten. Und jetzt befand ich mich dank dieser Freundschaft in diesem großen Haus und spürte die Hand eines Freundes auf meiner Schulter, anstatt von Killern mit Macheten über die Felder gejagt zu werden.

»Komm, Immaculée, reg dich nicht auf. Heute spielen alle verrückt«, sagte Lechim und klopfte mir liebevoll auf den Rücken. »Komm, ich bring dich ins Zimmer meiner Schwester, Augustin kann im Zimmer der Jungen schlafen. Die Mädels werden nett zu dir sein, Immaculée.«

Ich war so froh, dass Lechim da war, und seine Schwester Dusenge kannte ich sehr gut. Sie war ein lieber Mensch, eine gute Seele, genau wie er. Vielleicht verstanden wir uns so gut, weil ihre einige Jahre zuvor verstorbene Mutter Elena eine Tutsi gewesen war. Lechim und Dusenge wurden als Hutu angesehen, weil ihr Vater einer war, aber wegen ihrer Mutter wussten sie, was es bedeutete, eine Tutsi in Ruanda zu sein.

Auf dem Weg zu den Zimmern begann Augustin zu weinen. »Ich möchte nach Hause. Ich möchte meine Mutter sehen, meinen Vater und meine Schwester. Ich möchte fort von hier und nach Kigali fahren.«

»Komm schon«, sagte ich und nahm seine Hand. »Lass den Kopf nicht hängen. Sei stark. Du kannst jetzt nirgendwohin fahren, es ist viel zu gefährlich draußen. Seien wir dankbar dafür, dass wir in Sicherheit sind. Außerdem, du siehst zwar wie ein Tutsi aus, bist aber ein Hutu, und dein Ausweis beweist es. Niemand wird dir etwas tun.«

»Nein, Immaculée, du täuschst dich. Ich habe die Leute im Wohnzimmer flüstern hören, dass ich einer von den Tutsi-Rebellen sei. Sie glauben, ich will sie für die RPF ausspionieren! Mein Ausweis nützt mir nichts, sie werden behaupten, dass er gefälscht ist. Niemand kennt mich hier. Sie werden mich umbringen. Ich weiß, sie werden mich umbringen!« Mein junger Freund war so verstört, dass seine Hände zitterten und ihm Tränen über die Wangen liefen.

»Keine Angst, Augustin. Solange wir zusammen sind, können wir aufeinander aufpassen, und es wird uns nichts geschehen.«

Ich weiß nicht, woher ich die Kraft nahm, solche Sachen zu sagen, denn ich hatte fürchterliche Angst und war keineswegs überzeugt, dass wir überleben würden. Aber ich musste darauf vertrauen, dass Gott uns helfen würde. Warum sonst sollten wir all das Leid und all die Angst ertragen, während sogar unsere Freunde uns im Stich ließen?

Dusenge war nicht in ihrem Zimmer, also legte ich mich erst einmal hin und schloss die Augen. Doch ich konnte nicht einschlafen, obwohl ich seit Tagen nur hin und wieder ein wenig gedöst hatte. In Gedanken ließ ich noch einmal die Ereignisse an mir vorbeiziehen, die mich ins Haus des Pastors geführt hatten. Ich sah meine Familie um das Radio sitzen, ratlos, was man nun tun sollte. Ich blickte in das asch-graue Gesicht meiner Mutter, die zu meinem Schutz drau-ßen auf dem Hof schlief. Ich dachte daran, wie mein Vater vor Tausenden verängstigter Menschen gestanden und ver-sucht hatte, ihnen Mut zu machen. Und ich dachte an die Macheten in den Händen der Killer, denen wir auf dem Weg zum Haus des Pastors begegnet waren.

Während ich meinen Gedanken nachhing, vernahm ich Damascenes aufgeregte Stimme und schreckte hoch. Ich dachte, ich hätte geträumt, aber dem war nicht so. Ich hörte tatsächlich meinen Bruder direkt vor der Tür mit jemandem reden. Sekunden später war er bei mir im Zimmer.

»Damascene, was ist passiert? Wo sind Mama und Papa?«

»Ich weiß es nicht, Immaculée. Wir sind getrennt worden, sie mussten fortlaufen.«

»Warum? Was ist geschehen?«

»Sie haben es niedergebrannt.«

»Was? Wer hat was niedergebrannt?«

»Die Killer, sie haben unser Haus niedergebrannt. Nichts ist mehr übrig.«

Ich sank auf das Bett zurück. Mein Vater war gerade mit unserem Haus fertig geworden, er hatte es mit seinen eige-nen Händen für meine Mutter gebaut. Es hatte ihr Alterssitz sein sollen; es zerstört zu sehen würde ihm das Herz bre-chen.

»Weiß Papa davon?«

»Natürlich, sie haben es vor seinen Augen niederge-brannt«, erwiderte Damascene. Und dann berichtete er mir, was sich in den wenigen Stunden, seit ich fortgegangen war, zu Hause ereignet hatte. Offenbar wollte unser Vater nicht glauben, dass die Regierung hinter den Tötungsaktionen stand, also fuhr er zu Monsieur Kabayi, dem Präfekten, um ihn um Schutz zu bitten.

»Aber Kabayi wollte Papa doch im Gefängnis verhungern lassen!«, unterbrach ich ihn. »Was hat er sich nur dabei ge-dacht?«

»Er sagte, er habe keine andere Wahl«, fuhr Damascene

fort. »Die Killer hatten unser Grundstück umzingelt und es kamen immer mehr. Vater fühlte sich verantwortlich für die Leute, die bei ihm Hilfe suchten, deshalb ging er zu Kabayi, um ihn um Schutz zu bitten. Er erzählte ihm, dass Tausende Tutsi vor unserem Haus lagerten, und bat ihn, so viele Soldaten wie möglich zu schicken.«

Monsieur Kabayi sagte zu meinem Vater, er solle sich keine Sorgen machen, berichtete Damascene, und gab ihm als Geleitschutz für den Nachhauseweg zwei Soldaten mit. Doch als sie bei uns ankamen, wurde es erst richtig schlimm.

»Die Soldaten begannen sich über Papa lustig zu machen. ›Was bist du bloß für ein Idiot?‹, meinten sie. ›Wie kannst du nur so dumm sein zu glauben, dass der Präfekt uns mitschickt, damit wir dich und die anderen Kakerlaken beschützen? Ihr Kakerlaken müsst vernichtet werden!‹«

In diesem Moment kam Vianney ins Zimmer. Sie waren traumatisiert, meine beiden Brüder: Damascene war bleich, und Vianneys Gesicht wirkte eingefallen, sein Blick gehetzt. Damascene versagte fast die Stimme, als er weitererzählte.

»Die Soldaten feuerten in die Luft, ein Signal für die Killer, und sie kamen gelaufen, brüllend wie die Tiere, und fuchtelten mit ihren Macheten herum. Die Tutsi vor unserem Haus begannen zu schreien, dass es sich anhörte wie ein riesiger Schwarm krächzender Krähen. Sie flüchteten in alle Richtungen, Tausende, in totaler Panik.

Papa, Mama und Vianney zogen sich ein Stück zurück, ich folgte ihnen und passte auf, dass keiner uns nachsetzte. Die Soldaten schrien den Killern zu: ›Dieses Haus ist voller Kakerlaken. Räuchert sie aus! Worauf wartet ihr noch? Es gibt Arbeit für euch! Höchste Zeit, diese Kakerlaken zu vernichten!‹

Dann legten die Killer los. Sie drangen ins Haus ein, schlugen in blinder Wut alles kurz und klein, steckten das Auto in Brand. Was sie nicht zertrümmerten, schleppten sie fort, und dann zündeten sie das Haus an. In wenigen Minuten brannte es lichterloh. Papa brach zusammen, er verlor einfach das Bewusstsein, er konnte nicht glauben, was er sah.

Er hatte den anderen Leuten gesagt, dass alles wieder gut werden würde, und jetzt erkannte er, dass er sich getäuscht hatte, dass man nichts mehr tun konnte. Sein ganzes Leben ging vor seinen Augen in Flammen auf.

Wir halfen ihm die Straße hinunter zu der Stelle, wo er sein Motorrad versteckt hatte, und er stieg auf, Mama setzte sich auf den Rücksitz. Wir hatten nicht einmal mehr Zeit, etwas zu sagen, zu denken oder uns zu verabschieden. Papa rief nur noch: ›Lauft! Lauft zu Pastor Murinzi, zu eurer Schwester. Ich muss Mama hier wegbringen. Versteckt euch, wir werden uns später wieder finden!‹

Mama presste weinend das Gesicht an seinen Rücken. Sie schaute uns an und sagte: ›Meine Jungen … Was wird aus meinen Jungen?‹ Das ist alles, was ich sie sagen hörte bei dem Lärm, den das Motorrad machte. Dann waren sie fort.«

»Aber wohin sind sie gefahren?«, fragte ich erschüttert.

»Ich weiß nicht, vielleicht zu Tante Cecile oder zu einer Kirche, um dort Schutz zu suchen. Es war so ein Durcheinander, alle waren in Panik. Tausende Tutsi liefen um ihr Leben, rannten in alle Richtungen – in die Berge, in den Wald, in den Sumpf und zum Stadion. Aber ich glaube, es ist egal, wohin sie laufen, Immaculée, überall werden sie Killern begegnen. Sie sind überall, und wir haben nicht einmal mehr unser Haus, um uns dort zu verstecken.«

Ich war fassungslos, hatte aber das Gefühl, den beiden irgendeine positive Perspektive geben zu müssen. »Wir haben zwar unser Haus verloren, aber wo immer wir zusammen sind, wird unser Heim sein«, sagte ich mit so viel Zuversicht, wie ich aufbringen konnte. »Wir gehen in die Stadt, nach Kigali, und fangen neu an.«

Meine Brüder sahen mich an, als hätte ich den Verstand verloren. »Immaculée, wie stellst du dir das vor?«, sagte Damascene in einem Ton, als habe er genug von meinem Optimismus. »Überall um uns herum wird gemordet. Wir haben auf dem Weg hierher Leichen gesehen, und meistens waren es Leute, die wir kennen! Wir sitzen in der Falle!«

Er schaute mich an, und auf seinem Gesicht lag ein Aus-

93

druck, den ich noch nie gesehen hatte. Ich wusste nicht, was es war – Anklage, Enttäuschung, Zorn? Und seine nächsten Worte trafen mich wie ein Schlag: »Warum hast du dauernd gesagt, alles würde gut werden?«

Schuldgefühle überfielen mich. Hatte mein Optimismus meine Brüder und meine Eltern in den Alptraum getrieben, den wir jetzt durchlebten? War ich für ihr Schicksal verantwortlich? Was hätten wir sonst tun können, da Papa sich weigerte fortzugehen und die Ereignisse sich überstürzten? Hätte ich alle Hoffnung aufgeben, in Depression versinken oder hysterisch werden sollen angesichts unserer Situation? Das hätte alles nur noch schlimmer gemacht. Der Mensch braucht Hoffnung, um weiterleben zu können.

Ich weigerte mich zu glauben, dass Gott uns Tutsi nur geschaffen hatte, um uns abschlachten zu lassen. Doch vor mir stand Damascene, den ich von Herzen gern hatte, und sah mich zornig und verzweifelt an. »Es tut mir Leid«, stieß ich unter Tränen hervor. »Aber uns ist nichts geblieben als Hoffnung, also lasst uns an ihr festhalten. Wir dürfen noch nicht aufgeben. Du hast versprochen, nächstes Jahr zu meiner Abschlussfeier zu kommen, vergiss das nicht. Wir werden das durchstehen.«

»Glaubst du wirklich?«, fragte mein Bruder und lächelte mich wieder an, auch wenn er nicht ganz überzeugt schien.

Ich wusste nicht einmal, ob wir die kommende Nacht überleben würden, versicherte jedoch mit aller Überzeugungskraft, die ich aufbringen konnte: »Bestimmt, Damascene, wir schaffen es.«

»Na gut, wenn du meinst«, sagte er und wandte sich Vianney zu. »Du solltest bei Augustin bleiben, er hat schreckliche Angst. Und was immer auch geschieht, verlass *nicht* dieses Haus – und lass auch Immaculée nicht hinausgehen. Da draußen laufen lauter Mörder und Vergewaltiger herum. Versprich es mir!«

»Ich verspreche es«, sagte unser kleiner Bruder.

Dann erklärte Damascene: »Ich werde nicht hier bleiben. Der Pastor mag Papa nicht, das weiß ich, und mich genauso wenig. Außerdem haben mich zu viele Leute herkommen sehen, und das könnte sie auf die Idee bringen, dass du hier bist, Immaculée.«

Ich flehte ihn an, bei uns zu bleiben, aber er ließ sich nicht umstimmen. Er wollte zu seinem guten Freund Bonn, der in der Nähe wohnte. Bonn war Hutu, würde meinen Bruder also für eine Weile verstecken können.

Ich begleitete Damascene bis zur Haustür, war aber zu erschüttert, um etwas zu sagen. Wir waren nie ohne ein »Bis bald« oder »In ein paar Wochen sehen wir uns wieder« auseinander gegangen. Jetzt brachte ich es nicht über mich, auf Wiedersehen zu sagen, denn ich wusste, es konnte das letzte Mal sein, dass ich in sein liebes Gesicht blickte.

Mein Bruder, mein Seelenverwandter, legte seine Hände in die meinen, und sie fühlten sich zart und federleicht an. Ich konnte sie noch so fest drücken, ich spürte sie kaum – es war, als würde ich die Hände eines sich in nichts auflösenden Menschen halten. Mein Herz hämmerte, als wollte es zerspringen.

Wir standen schweigend da und schauten uns an, bis Damascene mit einem traurigen Lächeln seine Hände behutsam aus den meinen löste und fortging.

KAPITEL 8

Abschied von den Jungs

Nicht lange nachdem Damascene fortgegangen war, klopfte es an der Eingangstür, und ich vernahm die Stimme von Nzima, einem von Vianneys Lehrern am Gymnasium, der nach Pastor Murinzi fragte. Es folgte ein gedämpfter Wortwechsel, dann wurde die Tür geschlossen. Als ich nach draußen ging, fand ich Nzima allein im tiefen Schatten des mächtigen Baumes sitzen. Sogar im Dämmerlicht war seinem Gesicht anzusehen, welche Qualen er litt.

Er klang wie ein verängstigtes Kind, als er mich fragte: »Was werden sie tun? Glaubst du, dass sie uns umbringen werden?«

Als ich ihn an der Tür hörte, hatte ich egoistischerweise gehofft, er könne mir ein wenig Trost spenden, mir Kraft geben, dabei war er es, der beides dringend benötigte.

Seine Frau sei mit den Kindern in einem weit entfernten Dorf bei seiner Schwiegermutter zu Besuch, erzählte Nzima. Er hatte keine Möglichkeit zu erfahren, ob sie in Sicherheit waren, und diese Ungewissheit quälte ihn entsetzlich. »In meinem Kopf laufen immer dieselben Bilder ab«, sagte er. »Ich sehe, wie meine Frau und meine Kinder abgeschlachtet werden, in Stücke gehackt, vor meinen Augen. Und ich kann ihnen nicht helfen. Wahrscheinlich liegen sie schon irgendwo tot auf der Straße.«

Ich versuchte ihn zu trösten, so gut es mir möglich war, aber was konnte ich schon sagen? Wie oft konnte ich anderen noch versichern, dass alles gut werden würde, wenn ich selbst nicht wusste, wie es weiterging?

Er seufzte tief auf. »Wo soll ich hingehen? Alle da draußen haben Macheten, ich habe sogar welche mit Gewehren gesehen.«

»Bleiben Sie hier, bis das Morden aufhört, und dann suchen Sie Ihre Familie«, sagte ich, in der Hoffnung, ihn ein bisschen aufzumuntern.

Er schüttelte den Kopf und stand auf. »Ich bleibe nicht hier, und woanders kann ich auch nicht hin, mein Kind.«

»Ich werde für Sie beten.«

»Danke, Immaculée.«

Er verabschiedete sich und lief in Richtung Gartentor, wo Pastor Murinzi wartete. Er musste Nzima gesagt haben, dass er nicht in seinem Haus bleiben könne, denn als er auf das Tor zeigte, ging Nzima hinaus, ohne ein Wort zu sagen. Später hörte ich, dass der arme Mann auf der Straße, nur ein paar hundert Meter vom Haus des Pastors entfernt, in Stücke gehackt worden war.

Einige Stunden später, ich war allein in einem kleinen Schlafzimmer, führte Pastor Murinzi leise fünf weitere Tutsi-Frauen herein. Ich kannte sie alle vom Sehen, aber keine näher.

Der Pastor war sehr aufgeregt, als er sie hereinbrachte. »Los, los! Macht schnell! Und seid leise!« Er stieß die Worte flüsternd und so hastig aus, dass man ihn kaum verstand.

»Wartet hier und seid leise!«, sagte er, ehe er ging und die Tür hinter sich zuzog.

Und da standen wir nun, sechs Tutsi-Frauen, die einander praktisch fremd waren und nur zwei Dinge gemeinsam hatten: Wir wurden gejagt und wir hatten keine andere Zuflucht. Wir sahen uns an und wagten vor lauter Angst nicht zu sprechen, ja nicht einmal, uns gegenseitig bekannt zu machen. Was draußen vor sich ging, wussten wir nicht, aber der Nervosität des Pastors nach zu urteilen musste es schlimm sein.

Plötzlich hörten wir Schreie vor dem Haus – Schreie, die uns das Blut in den Adern gefrieren ließen.

Dann diese schrecklichen Stimmen, die wütend brüllten: »Tötet sie! Tötet sie! Tötet sie alle!«

Und noch mehr Schreie und Hilferufe, danach wieder: »Tötet ihn! Tötet ihn! Tötet ihn!«

Wir bekamen Panik. Zwei, drei Frauen warfen sich zu Boden und krochen unter das Bett. Ich zitterte so sehr, dass ich dachte, die Erde würde beben. Meine Augen suchten den Raum nach einem Versteck ab und blieben an einem kleinen Loch in der Zimmerdecke hängen, durch das man in den Hohlraum darüber kriechen konnte.

»Dort oben können wir uns verstecken«, flüsterte ich, stellte einen Stuhl darunter und hangelte mich hoch. Dann holte ich die nächste Frau nach und mit vereinten Kräften zogen wir die anderen hinauf. Dort warteten wir auf die Rückkehr des Pastors. Wir hockten, aneinander gedrängt, in diesem engen, stickigen Versteck, bis unsere Kleider nass waren vor Schweiß und wir kaum noch Luft bekamen. Zwei Stunden später kam Pastor Murinzi zurück. Er trat ins Zimmer, blieb wie vom Donner gerührt stehen und kratzte sich am Kopf.

»Wo sind sie? Mein Gott, ich habe sie doch hierher gebracht!«, murmelte er fassunglos.

Es wäre zum Lachen gewesen, hätte ich nicht so viel Angst gehabt. »Wir sind hier oben!«, rief ich leise und streckte den Kopf aus dem Loch.

Wir sollten sofort herunterkommen, forderte der Pastor uns kopfschüttelnd auf, er müsse mit uns reden. Er wirkte immer noch sehr beunruhigt. »Ich weiß, dass ihr alle Angst habt, und zu Recht«, erklärte er. »Da draußen ist die Hölle los. Die Killer gehen in *alle* Häuser. Meines haben sie heute nicht heimgesucht, aber sie können jederzeit kommen. Ich weiß ehrlich gesagt nicht, was ich mit euch machen soll … Ich muss darüber nachdenken.«

Er musste die Panik in unseren Augen gesehen haben, denn er hatte sehr schnell eine Lösung. »Keine Sorge, ich werfe euch nicht hinaus«, beruhigte er uns. »Aber ihr müsst mir gut zuhören. Morgen früh, bevor irgendjemand wach ist, bringe ich euch in einen anderen Raum, und dort bleibt ihr, bis das Morden vorbei ist. Ich werde allen im Haus sagen, dass ich euch fortgeschickt habe. Nur ich werde wissen, dass ihr noch hier seid. Ein unbedachtes Wort könnte unser aller Tod bedeuten. Ich habe solche Massaker bereits früher erlebt. Sobald Blutgier in der Luft liegt, kann man niemandem mehr vertrauen, nicht einmal den eigenen Kindern. Wenn auch nur ein Mensch euch entdeckt, ist es aus mit euch! Und, bei Gott, ich möchte nicht euer Blut in meinem Haus oder an meinen Händen haben.«

Dann wandte sich der Pastor an mich, und was er sagte, brach mir schier das Herz: »Dein Bruder und sein Freund können nicht hier bleiben. Sie müssen fort und sich allein durchschlagen. Es ist zu gefährlich für mich, Männer zu verstecken. Schon ihr Frauen seid eigentlich zu viele.«

Er konnte mir nicht in die Augen schauen – wir wussten beide, dass es für Vianney und Augustin fast den sicheren Tod bedeutete, wenn sie fortgeschickt wurden.

»Nein, Pastor Murinzi, bitte! Sie dürfen sie nicht –«

Er legte den Finger an die Lippen, um mir zu zeigen, dass ich schweigen solle. »Die beiden müssen gehen, Immaculée. Wenn ich euch in ein paar Stunden holen komme, wirst du sie zur Tür bringen und hinauslassen. Aber pass auf, dass euch niemand sieht.«

Als der Pastor hinausging, schickte ich ihm ein paar leise gemurmelte Verwünschungen hinterher. Wie konnte er uns so großherzig Zuflucht geben und im nächsten Moment meinen Bruder und Augustin in die Arme der Killer treiben?

Ich wollte dem Mann, der unser Leben rettete, keine bösen Absichten unterstellen, aber ich konnte mir nicht helfen – mir kam ein schlimmer Verdacht. Es hatte bereits während ähnlicher Massaker Hutu-Männer gegeben, die Tutsi-Frauen versteckt und Tutsi-Männer weggeschickt hatten. Es hieß, sie hätten die Tutsi-Frauen wegen ihrer Schönheit bei sich aufgenommen und wollten sie hinterher, wenn ihre Männer ermordet waren, für sich selbst haben. Eine andere Variante, den Tutsi, insbesondere Tutsi-Frauen, Gewalt anzutun. Ich wurde den Verdacht nicht los, dass der Pastor uns sechs Frauen nicht nur aus edlen Motiven bei sich versteckte.

Wir versuchten zu schlafen in jener Nacht, aber die Angst davor, wie es weitergehen würde, machte es fast unmöglich. Jedes Mal, wenn ich die Augen schloss, sah ich Vianney und Augustin vor mir, wie sie das schützende Haus verließen und von blutrünstigen Männern mit Macheten erwartet wurden. Die beiden waren noch so jung – gerade mal zwanzig beziehungsweise achtzehn Jahre alt. Wie konnte ich sie da allein losschicken? Sie mussten sich von mir verraten und verkauft fühlen.

Ich beschloss, mit ihnen zu gehen, entschied mich dann wieder anders – so überlegte ich hin und her. Wie konnte ich sie beschützen, wenn wir angegriffen wurden? Vielleicht wäre ich sogar eine Belastung für sie. Mit einer Frau im Schlepptau würden sie noch mehr Aufmerksamkeit auf sich ziehen und es würde uns das Leben kosten.

Mir klangen noch Damascenes Abschiedsworte im Ohr: »Verlass dieses Haus nicht, unter keinen Umständen.«

Ich unterdrückte ein leises Stöhnen, doch die anderen hörten mich trotzdem.

»Mach dir keine Sorgen, dein Bruder ist ein erwachsener Mann, kein kleiner Junge«, meinte Therese, eine der anderen Frauen, die beobachtet hatte, dass ich mich seit einer Stunde unruhig hin und her warf. »Die beiden sind starke junge Männer, sie können selbst auf sich aufpassen. Wenn du mit ihnen gehst, machst du nur Vergewaltiger auf dich aufmerksam. Lass sie gehen, das ist das Beste. Glaub mir, ich bin auch Mutter. Es ist besser, wenn du bei uns bleibst.«

Wahrscheinlich hatte sie Recht, aber das machte die Sache auch nicht einfacher. Ich hatte Angst, dass ich überhaupt niemanden aus meiner Familie wiedersehen würde, wenn auch noch Vianney fortging.

Zwei Stunden vor Sonnenaufgang kam der Pastor ins Zimmer geschlüpft und weckte uns mit einem unerbittlichen Flüstern: »Steht auf, los! Kommt, kommt, schnell!« Zu mir gewandt sagte er: »Verabschiede dich von deinem Bruder und dann komm gleich zurück.«

In das Zimmer der Jungs zu gehen und Vianney und Augustin aufzuwecken war das Schlimmste, was ich je hatte tun müssen. Tränen liefen mir über die Wangen. Meine Beschämung, meine Sorge und die Angst in meinen Augen wurden zum Glück von der Dunkelheit verborgen.

Ich rüttelte Vianney sacht an der Schulter und flüsterte, die Tränen mit Mühe zurückhaltend: »Wach auf ... Es wird bald hell. Der Pastor sagt, wir können nicht alle bleiben ... Die Männer ... Ihr müsst gehen ... Keine Angst ... Du wirst Papa finden ... Er wird dir sagen, was du tun sollst.«

Ich fühlte mich elend, es drückte mir das Herz ab.

Vianney und Augustin sprangen aus dem Bett. »Was? Wohin sollen wir denn, Immaculée? Ohne Damascene können wir nirgendwohin gehen. Was wird mit ihm geschehen, wenn wir ohne ihn gehen?«, fragte mein kleiner Bruder und rieb sich den Schlaf aus den Augen.

Seine Worte schnitten mir ins Herz. Er dachte an die Sicherheit seines Bruders, während ich ihn hinausschickte zu den Killern. Ich kam mir vor wie eine Mutter, die ihr Baby einem Rudel Wölfe vorwirft. »Damascene kommt schon durch«, sagte ich und fast versagte mir die Stimme. »Er hat sich irgendwo in Sicherheit gebracht. Kommt, wir müssen gehen.«

Ich schob die Jungs hastig durch die dunkle Diele zur Haustür. Dort umarmte ich Vianney, so fest ich konnte, und drückte ihm noch schnell ein paar Küsse auf die Wangen. »Sei stark, Vianney. Wir werden bald wieder zusammen sein.«

Sie gingen zur Tür hinaus und dann verschluckte sie die Dunkelheit.

ZWEITER TEIL

Versteckt

KAPITEL 9

Letzte Zuflucht

Ich schloss die Tür hinter Vianney und Augustin und begab mich wieder zu den anderen Tutsi-Frauen.

Mit einer Taschenlampe in der Hand führte uns Pastor Murinzi den dunklen Flur entlang in sein Schlafzimmer. Unsere Augen folgten dem Lichtstrahl die Wände entlang, bis dieser auf einer Tür innehielt, die zum Hof ging, wie ich annahm.

»Hier werdet ihr bleiben«, sagte der Pastor und stieß die Tür zu unserem neuen Zuhause auf – ein Toilettenraum, nur einen guten Meter lang, nicht einmal einen Meter breit. Die bis auf halbe Höhe weiß gefliesten Wände warfen schimmernd das Licht zurück. An einem Ende gab es eine Dusche, gegenüber auf der anderen Seite eine Toilette; für ein Waschbecken war kein Platz mehr. Knapp unterhalb der Decke befand sich eine Öffnung zur Belüftung, eine Art Fenster, das mit einem Stück rotem Stoff verhängt war, wodurch der Raum irgenwie noch kleiner wirkte.

Ich konnte mir beim besten Willen nicht vorstellen, wie wir alle sechs in diesem winzigen Raum Platz haben sollten, aber der Pastor schob und presste uns nacheinander hinein. »Ihr müsst absolut leise sein, solange ihr hier drin seid, das heißt *unhörbar*«, flüsterte er. »Wenn ihr irgendein Geräusch macht, werdet ihr sterben. Wenn sie euch hören, werden sie euch finden, und dann werden sie euch töten. Niemand darf wissen, dass ihr hier drin seid, nicht einmal meine Kinder. Habt ihr verstanden?«

»Ja, Pastor«, murmelten wir im Chor.

»Und benutzt weder die Toilettenspülung noch die Dusche.« Er richtete den Strahl seiner Taschenlampe auf die Wand über der Toilette. »Auf der anderen Seite der Wand ist ebenfalls eine Toilette. Wenn ihr unbedingt spülen müsst, wartet, bis ihr jemand die andere Toilette benutzen hört, und spült dann zur *exakt* gleichen Zeit. Habt ihr mich verstanden?«

»Ja, Pastor.«

Er knipste die Taschenlampe aus, seine letzten Worte kamen aus dem Dunkel. »Ich denke, das Morden wird noch eine Woche lang gehen, vielleicht weniger. Wenn ihr vorsichtig seid, überlebt ihr. Es würde mir sehr Leid tun, wenn die Killer euch erwischen würden ... Ich weiß, was sie dann mit euch machen.«

Er schloss die Tür, und wir standen nun, aneinander gepresst, in dem stockdunklen Raum. Der moschusartige Geruch nach verbrauchter Atemluft, Schweiß und erhitzten Körpern ließ uns fast ohnmächtig werden.

Wir versuchten uns zu setzen, aber es gab zu wenig Platz, als dass alle gleichzeitig ihre Stellung verändern konnten. Die vier Größten, darunter ich, mussten sich mit dem Rücken an der Wand entlang zu Boden gleiten lassen und dann die kleineren Mädchen auf den Schoß nehmen. Es war erst drei Uhr morgens, und wir waren alle hellwach, doch wir trauten uns nicht zu reden. Wir verharrten in möglichst bequemer Stellung, lauschten den Grillen draußen und unseren eigenen schweren Atemzügen.

Ich betete stumm zu Gott, er möge Vianney und Augustin beschützen, seine Hand über meine Eltern und Damascene halten. Ich dankte ihm dafür, dass er uns in diesen Raum gebracht hatte, denn ich war wirklich überzeugt, dass Gott Pastor Murinzi den Weg gewiesen hatte, und zum ersten Mal seit Tagen fühlte ich mich sicher. Wenn *ich* diesen kleinen Raum nicht bemerkt hatte, obwohl ich so oft in diesem Haus zu Besuch gewesen war, dann würde er auch niemand anderem auffallen.

Ich bat Gott um seinen Segen für Pastor Murinzi, der sich selbst in Gefahr brachte, um uns zu helfen – doch dann spürte ich meine Wangen heiß werden vor Zorn, als ich daran dachte, dass er meinen Bruder und unseren Freund in die Nacht hinausgeschickt hatte. Und ich schloss mein Gebet mit der Bitte, Gott möge mir helfen, dem Pastor zu verzeihen.

Hinter einer Wolke kam der Mond hervor, und der dünne Strahl bleichen Lichts, der durch einen Riss in dem roten Vorhang drang, reichte gerade aus, die Gesichter meiner Leidensgefährtinnen zu erkennen. Neben mir saß Athanasia, ein hübsches vierzehnjähriges Mädchen mit dunkler Haut und großen, schönen Augen, in denen sich jetzt das Mondlicht fing. Auf ihrem Schoß saß die zwölfjährige Beata, noch immer in Schuluniform, die sehr verloren und verängstigt aussah. Ich nahm sie auf meinen Schoß und drückte sie liebevoll an mich, bis ihr die Augen zufielen.

Mir gegenüber saß Therese, mit ihren fünfundfünfzig Jahren die Älteste unserer Gruppe, in ein traditionelles farbenfrohes Wickelkleid gehüllt, wie es verheiratete Frauen in Ruanda tragen. Sie sah sehr besorgt aus, mehr als wir alle, wahrscheinlich weil sie nur zwei ihrer sechs Kinder – Claire und Sanda – bei sich hatte. Claire hatte eine sehr helle Haut, war nervös und verschlossen und mied jeden Augenkontakt, obwohl sie in meinem Alter war. Ihre kleine Schwester Sanda war erst sieben, die Jüngste von uns, ein niedliches kleines Mädchen und erstaunlich ruhig. Sie weinte kein einziges Mal und schien sich nicht zu fürchten, selbst wenn wir anderen vor Angst zitterten; sie muss die ganze Zeit, die wir in diesem Versteck verbrachten, unter Schock gestanden haben.

Die Warnungen des Pastors hatten sich in uns eingebrannt. Wir saßen unbequem, praktisch auf einem Haufen, wagten aber nicht, unsere Stellung zu verändern, ja nicht einmal tief Luft zu holen. Als es dämmerte und graues Licht den Raum erhellte, standen wir abwechselnd für zwei oder drei Minuten geräuschlos auf, um die Glieder zu strecken, ehe wir wieder unsere unbequeme Stellung auf dem Boden einnahmen.

Als der Morgen anbrach, begannen in dem mächtigen Baum im Garten des Pastors die Vögel zu zwitschern. Voller

Neid dachte ich: *Was habt ihr für ein Glück, als Vögel geboren zu sein, frei zu sein. Seht doch nur, was wir Menschen uns gegenseitig antun.*

Es war so heiß in diesem winzigen Raum, in dem wir erschöpft und hungrig zusammengepfercht waren, dass wir unseren ersten Tag in einer Art Dämmerzustand verbrachten. Schlafen war unmöglich – kaum döste ich ein, wurde ich sofort von einem Krampf in den Beinen wieder wach oder jemand stieß mir den Ellenbogen in die Rippen.

Am frühen Abend hörten wir Pastor Murinzi an der Haustür mit jemandem sprechen. »Nein, nein«, sagte er. »Ich weiß nicht, wovon du redest. Ich bin ein guter Hutu, ich würde niemals Tutsi verstecken. Hier sind keine Tutsi. Sie sind gestern Abend gegangen.«

Wir sahen einander an, die Augen angstvoll aufgerissen.

»Ich möchte keine Schwierigkeiten mit der Regierung«, fuhr der Pastor fort. »Ihr kennt mich doch, ihr solltet dieses Haus schützen! Die Tutsi-Rebellen könnten mich überfallen, weil ich so ein guter Hutu bin.«

Mit wem auch immer der Pastor gesprochen hatte, die Person ging offensichtlich weg, und wir entspannten uns wieder. Pastor Murinzi hatte gerade gelogen, um unser Leben zu retten – ich war überzeugt, er würde uns nicht den Killern ausliefern. Es blieb ihm jetzt auch kaum mehr eine andere Wahl, denn wenn er uns verriet, würden sie wissen, dass er uns zunächst versteckt hatte. Sie würden ihn einen Freund der Tutsi schimpfen, einen Verräter seines Stammes, und ihn mit Sicherheit ebenso umbringen wie uns.

Ich atmete erleichtert auf und drückte die kleine Beata an mich, die quer über meinem Schoß lag. Ich musste daran denken, wie meine Mutter mich als Kind manchmal auf den Schoß genommen hatte, wenn ich mich fürchtete. Der Gedanke an Mama machte mich traurig. Zum ersten Mal in meinem Leben wusste ich nicht, wo meine Eltern und meine Brüder sich aufhielten, wie es ihnen ging. Ich versank in eine Art Halbschlaf und träumte, Vianney, Augustin und Damascene klopften an die Tür des Pastors, und hinter ihnen stand unser Haus in Flammen. Ich sah meine Eltern auf Papas Motorrad sitzen, und meine Mutter fragte mich: »Was wird mit meinen Jungen geschehen?«

Während ich vor mich hin träumte, öffnete Pastor Murinzi die Tür und schob wortlos einen Teller mit kalten Kartoffeln und Bohnen herein. Es war schon spät, vielleicht elf Uhr nachts, und wir alle hatten fast zwei Tage lang nichts gegessen oder getrunken.

Wir fielen über den Teller her, griffen mit unseren schmutzigen Fingern nach dem Essen und stopften es uns in den Mund.

Als der Pastor fünf Minuten später mit Gabeln wiederkam, hatten wir alles restlos vertilgt. Er starrte verblüfft auf den Teller und sah uns dann mitleidig an. Gleich darauf warf er eine sehr dünne Matratze in den Raum. »Ihr seid einen langen Weg gegangen. Ruht euch ein wenig aus«, sagte er und schloss die Tür.

Als wir am nächsten Tag aufwachten, versuchten wir der Reihe nach unsere schmerzenden Glieder zu strecken. Selbst die kleinste Bewegung erforderte großen Aufwand, denn wir durften ja nicht miteinander reden. Wir entwickelten sehr schnell eine Zeichensprache, die wir wie eine Art stumme Kurzschrift benutzten, solange wir uns versteckt halten mussten.

Ich werde nach dem Krieg einiges zu erzählen haben, dachte ich, als mich ein Beinkrampf wieder einmal das Gesicht vor Schmerzen verziehen ließ. »Hört mal, was ich alles aushalten musste«, würde ich gegenüber meinen Freunden prahlen. »Einen ganzen Tag und eine ganze Nacht war ich mit fünf fremden Frauen in einem winzigen Raum eingepfercht. Was bin ich doch für eine Heldin!«

Kaum hatte ich mir diese Szene zusammenfantasiert, holten mich andere Bilder unsanft auf den Boden der Realität zurück: wie meine Eltern aus unserem brennenden Haus flohen, wie Damascene bedrückt davonschlich, wie Vianney und Augustin irgendwo draußen umherstreiften und nicht wussten, wo sie sich verstecken sollten. Gott sei Dank war Aimable in einem anderen Land in Sicherheit, weit weg von Ruanda! Aber was war mit den Tausenden geflüchteter Tutsi, die bei unserem Haus Zuflucht gesucht hatten? Was war aus ihnen geworden? Hatten sie Schutz gefunden oder lagen sie irgendwo und verbluteten? Es kam mir auf einmal dumm und egoistisch vor, mich in Selbstmitleid zu suhlen, während Tausende Menschen viel Schlimmeres erleiden mussten.

Gerade war ich als Nächste aufgestanden, um meine Glieder zu strecken, als von draußen ein Tumult zu hören war. Dutzende, vielleicht Hunderte Stimmen, brüllend, Parolen skandierend. Wir wussten sofort: Die Killer waren gekommen.

»Wir jagen sie in den Wäldern, auf Seen und Hügeln! Wir finden sie in der Kirche! Wir fegen sie vom Angesicht der Erde!«

Ich stellte mich auf die Zehenspitzen, um durch ein kleines Loch im Vorhang hinauszuspähen. Die anderen Frauen packten mich und versuchten, mich zu Boden zu ziehen. Athanasia schüttelte heftig den Kopf und beschwor mich mit unhörbaren Worten: »Runter! Sie suchen nach uns! Runter mit dir, bevor sie dich sehen!«

Ich ignorierte sie, schob ihre Hände fort und guckte durch das Loch. Ich bereute meine Neugier sofort, denn was ich sah, ließ mich vor Angst erstarren.

Hunderte von Männern umstanden das Haus, viele als Dämonen verkleidet, mit Röcken aus Baumrinde und Hemden aus getrockneten Bananenblättern, manche hatten sich sogar Ziegenhörner auf den Kopf gebunden. Ihre Gesichter waren trotz der gruseligen Kostümierung leicht zu erkennen und es stand Mordlust in ihren Augen.

Sie johlten und brüllten. Wild mit ihren Speeren, Macheten und Messern fuchtelnd, vollführten sie eine Art Todestanz und sangen dabei das schaurige Lied des Völkermords: »Tötet sie, tötet sie, tötet sie alle. Tötet die Großen und die

Kleinen! Tötet die Alten und die Jungen! Auch eine kleine Schlange ist eine Schlange, töte auch sie, lass sie nicht entkommen! Tötet sie, tötet sie, tötet sie alle!«

Es waren keine Soldaten, die dieses schreckliche Lied sangen, es waren nicht die ausgebildeten Milizionäre, die uns tagelang schikaniert hatten. Nein, es waren meine Nachbarn, Menschen, mit denen ich aufgewachsen und zur Schule gegangen war – einige von ihnen waren sogar bei uns zum Abendessen gewesen.

In der Menge entdeckte ich Kananga, einen jungen Mann, den ich seit der Kindheit kannte, einen Schulabbrecher, den mein Vater wieder auf die richtige Bahn zu bringen versucht hatte. Ich sah Philip, einen jungen Kerl, der so schüchtern gewesen war, dass er niemandem in die Augen sehen konnte, der sich jetzt unter diesen Killern jedoch sehr wohl zu fühlen schien. In der vordersten Reihe des Mobs erkannte ich zwei Dorfschullehrer, Freunde von Damascene. Ich erkannte Dutzende von Matabas bekanntesten Einwohnern, die alle im Blutrausch waren, wüste Beschimpfungen ausstießen und nach Tutsi-Blut schrien. Die Anführer voran, drangen die Killer in das Haus des Pastors ein, und plötzlich war der schreckliche Refrain von allen Seiten zu hören.

»Sucht sie, sucht sie, tötet sie alle!«

Mir wurde schwindelig, ich kippte nach hinten auf meine Leidensgenossinnen, bekam kaum noch Luft. »Lieber Gott, rette uns …«, begann ich flüsternd, konnte mich aber an kein einziges Gebet mehr erinnern. Verzweiflung und Angst überfluteten mich.

Und da meldete sich zum ersten Mal der Teufel zu Wort und raunte mir ins Ohr: *Wozu bittest du Gott um Hilfe? Schau dir diese Männer da draußen an. Es sind Hunderte, sie suchen nach dir. Sie sind Legion, du bist allein. Du kannst unmöglich überleben, du wirst nicht überleben. Sie sind im Haus, sie durchsuchen alle Räume. Sie sind ganz nah, fast schon vor dieser Tür … Sie werden dich finden, vergewaltigen, zerstückeln, töten!*

Mein Herz hämmerte. Woher kam diese Stimme? Ich presste die Augen so fest zu, wie ich konnte, um diesen negativen Gedanken zu widerstehen, griff nach dem Rosenkranz mit den weißen und roten Perlen, den mein Vater mir geschenkt hatte, und begann voller Inbrunst zu beten: *Lieber Gott, du sagst in der Bibel, dass für dich alles möglich ist. Also, ich brauche jetzt deine Hilfe. Bitte, Gott, mach die Killer blind, wenn sie zum Zimmer des Pastors kommen, lass sie die Tür zu diesem Raum nicht finden und uns nicht entdecken! Du hast Daniel in der Löwengrube gerettet, Gott, du hast den Löwen den Rachen verschlossen, damit sie ihn nicht in Stücke rissen … Lass nicht zu, dass diese Killer uns in Stücke reißen, Gott! Rette uns, wie du Daniel gerettet hast!*

Noch nie hatte ich so inbrünstig gebetet, doch die negative Energie quälte mich weiter. Wieder hatte ich die Stimme des Zweifels im Ohr, so deutlich, als säße der Satan persönlich auf meiner Schulter. Ich spürte buchstäblich, wie die Angst glühend heiß durch meine Adern floss. *Du wirst sterben, Immaculée!*, zischte die Stimme höhnisch. *Du vergleichst dich mit Daniel? Wie eingebildet du bist … Daniel war reinen Herzens, und Gott liebte ihn, er war ein Prophet, ein Heiliger! Und was bist du? Du bist nichts … Du verdienst Leid und Schmerz … Du verdienst zu sterben!*

Ich umklammerte meinen Rosenkranz, als wäre er meine Rettungsleine zu Gott, und flehte ihn aus tiefster Seele um Hilfe an: *Ja, ich bin nichts, doch du bist barmherzig. Ich bin ein Mensch und ich bin schwach, aber bitte, Gott, sei mir gnädig. Vergib mir meine Schuld – und schick bitte diese Killer fort, bevor sie uns finden!*

Meine Schläfen pochten. Die böse Stimme in meinem Kopf ließ schreckliche, unsagbar schreckliche Bilder vor meinem inneren Auge erscheinen. *Überall liegen Leichen. Mütter haben erleben müssen, wie ihre Babys entzweigehackt wurden, wie ihnen das ungeborene Kind aus dem schwangeren Leib gerissen wurde – und du meinst, du solltest verschont werden? Die Mütter haben darum gebetet, dass ihre Babys verschont werden mögen, und Gott hat sie nicht erhört. Warum sollte er dich retten, wenn unschuldige Babys ermordet werden? Du bist egoistisch und du hast kein Schamgefühl. Hör doch, Immaculée …*

Hörst du sie? Die Killer stehen schon vor der Tür, sie kommen dich holen.

Mir dröhnte der Kopf, aber ich hörte dennoch die Killer in der Diele, wie sie brüllten: »Tötet sie! Tötet sie alle!«

Nein! Gott ist Liebe, widersprach ich der Stimme. *Er liebt mich und würde mir keine Angst einflößen. Er wird mich nicht im Stich lassen. Er wird mich nicht, auf dem Boden einer Toilette kauernd, sterben lassen. Er wird mich nicht so sterben lassen!*

Ich bemühte mich mit aller Kraft, ein Bild von Gott in meinem Kopf zu schaffen, und stellte mir zwei Säulen aus strahlend weißem Licht vor, die hell vor mir leuchteten wie die Beine eines Riesen. Ich schlang meine Arme um die Beine, wie ein verängstigtes Kind sich an seine Mutter klammert. Ich bat Gott, mich mit seinem Licht und seiner Stärke zu erfüllen, die dunkle Energie aus meiner Seele zu verbannen: *Ich halte mich an deinen Beinen fest, lieber Gott, und ich zweifle nicht, dass du mich retten kannst. Ich werde dich nicht loslassen, ehe du die Killer nicht fortgeschickt hast.*

In meiner Seele kämpften meine Gebete und die bösen Einflüsterungen, die ganz sicher vom Teufel kamen, ihren Kampf. Ich hörte nicht auf zu beten – aber auch die böse Stimme verstummte nicht.

Als der Pastor abends die Tür öffnete, fand er uns in einer Art Trancezustand vor. Schweißgebadet und erschöpft, hielt ich mit beiden Händen meinen Rosenkranz umklammert, meine Umgebung nahm ich nicht mehr wahr. Die anderen mit leerem Blick anstarrend, sprach ich noch immer lautlos Gebet um Gebet. Therese bedeckte mit einer Hand die Augen, mit der anderen hielt sie sich ihre Bibel schützend über den Kopf. Und die kleine Beata kniete mit gefalteten Händen auf dem Boden und betete.

Der Pastor sprach uns mit Namen an, aber keine von uns hörte ihn. Erst als er eine nach der anderen an der Schulter rüttelte, erwachten wir aus unserer apathischen Erstarrung. Ich schaute verwirrt blinzelnd zu ihm auf und war geschockt, als er zu lachen begann.

»Was macht ihr denn da, meine Damen? Um Himmels willen, beruhigt euch. Es ist sieben Stunden her, dass die Killer fort sind. Ich kann gar nicht glauben, dass ihr immer noch betet.«

Für mich waren diese sieben Stunden wie Minuten vergangen, und dennoch war ich vollkommen erschöpft. Nie zuvor hatte ich mich im Gebet so intensiv auf Gott konzentriert, nie zuvor war mir aber auch die Gegenwart des Bösen so bewusst gewesen. Ich hatte das Böse in den Augen der Killer gesehen, es um mich herum gespürt, als sie das Haus durchsuchten. Und ich hatte der bösen Stimme gelauscht und mir einreden lassen, dass wir im nächsten Augenblick abgeschlachtet werden würden. Jedes Mal, wenn ich mich von meiner Angst überwältigen ließ und die Lügen dieser teuflischen Flüsterstimme glaubte, hatte ich das Gefühl, mir würde die Kopfhaut abgezogen. Nur durch absolute Konzentration auf die positive Energie Gottes hatte ich diesen ersten Besuch der Killer überstehen können. Mein Vater hatte oft gesagt, dass man nie zu viel beten kann – jetzt wusste ich, dass er Recht hatte.

Mir wurde klar, dass der Kampf ums Überleben in mir selbst ausgefochten werden musste. Alles Starke, alles Gute in mir – mein Glaube, meine Zuversicht und mein Mut – konnte von der negativen Energie attackiert werden. Wenn ich meinen Glauben verlor, würde ich nicht überleben, das wusste ich. Ich konnte nur darauf vertrauen, dass Gott mir in diesem Kampf beistehen würde.

Der Besuch der Killer hatte uns alle sehr mitgenommen. Pastor Murinzi brachte uns einen Teller mit Essen, doch wir brachten vor Müdigkeit keinen Bissen hinunter, obwohl wir großen Hunger hatten. Der Teller stand noch unberührt da, als er ihn gegen Mitternacht wieder abholte.

Mitten in der Nacht, als gerade ein schweres Gewitter niederging, kam der Pastor noch einmal. Der Regen trommelte so laut auf das Blechdach, dass er in normaler Lautstärke mit uns sprechen konnte, ohne Angst haben zu müssen, jemand könnte ihn hören. »Wir haben Glück gehabt heute. Sie

haben das ganze Haus durchsucht und in jedes Zimmer geschaut. Draußen auf dem Hof haben sie gesucht und im
Misthaufen hinter dem Hühnerstall herumgewühlt. Sie sind
in den Hohlräumen über den Zimmerdecken herumgekro-
chen und unter den Möbeln, haben sogar mit ihren Macheten in meine Koffer gehauen, weil sie dachten, ich hätte Tutsi-
Babys darin versteckt. Sie waren wie tollwütige Tiere und
hatten glasige, rotunterlaufene Augen – ich glaube, sie standen unter Drogen. Aber als sie sahen, wie ordentlich und
sauber mein Zimmer ist, scheuten sie sich doch, alles durcheinander zu bringen oder schmutzig zu machen. Heute
würden sie das Zimmer nicht durchsuchen, sagten sie, aber
das nächste Mal bestimmt.«

»Das nächste Mal!«, stießen wir entsetzt hervor.

Ich konnte mir nicht vorstellen, diese Tortur noch einmal
durchzustehen. Gott würde uns diese Heimsuchung doch
sicher nicht zweimal erleben lassen!

»Man weiß nie, wann sie wiederkommen«, erklärte der
Pastor. »Sie können jederzeit auftauchen, und Gott steh uns
bei, wenn sie euch finden.«

Dieser letzte Satz ging mir die ganze Nacht durch den
Kopf, so dass ich kein Auge zubekam, und auch noch am
nächsten Tag.

Als Pastor Murinzi am folgenden Abend wieder erschien,
war er in Panik. »Ein Freund hat mir erzählt, dass der Anführer eines Todeskommandos meinte, sie hätten mein Haus
gestern nicht gründlich genug durchsucht«, berichtete er
flüsternd. »Man hat einige von euch vor ein paar Tagen in
meinem Haus gesehen, und es geht das Gerücht, dass ihr
euch hier versteckt. Sie werden eine andere Gruppe herschi-
cken, die gründlicher suchen soll.«

Ich sackte stöhnend in mich zusammen. Ich hatte einfach
nicht die Kraft, eine solche Jagdexpedition der Killer noch
einmal durchzustehen. *Lieber Gott, warum führst du sie nicht
einfach zu uns, damit wir es endlich überstanden haben?*, flehte
ich. *Warum lässt du uns so leiden? Warum quälst du uns so?*

Wie sollten wir ein zweites Mal davonkommen? Das Haus,

das mir einmal so riesig erschien, war zur Falle, zur Todeszelle geworden. Mir fiel nur ein Fluchtweg ein – in den Himmel. *Lieber Gott*, betete ich stumm, *ich habe nicht mehr den Mut zu kämpfen. Ich bin bereit aufzugeben. Bitte gib mir Kraft und beschütze mich vor den Dämonen, die mich umgeben. Zeig mir, wie ich die Killer blind machen kann.*

Ich hob den Kopf und öffnete die Augen. Als ich den Pastor in der Tür stehen sah, hatte ich plötzlich ein Bild ganz deutlich vor Augen. »Ich habe eine Idee«, sagte ich mit gedämpfter Stimme, aber sehr nachdrücklich. »Können Sie Ihren Kleiderschrank vor die Tür zu diesem Raum schieben? Er ist hoch und breit genug, um sie vollkommen zu verdecken, und wenn die Killer die Tür nicht sehen können, werden sie uns nie finden. Es wird sein, als wären sie blind!«

Pastor Murinzi überlegte einen Augenblick und schüttelte dann den Kopf. »Nein, das würde nichts ändern, sondern vermutlich alles nur noch schlimmer machen. Wenn sie hinter den Schrank schauen und die Tür entdecken, werden sie noch brutaler mit euch sein.«

»Aber nein! Bitte, Herr Pastor, Sie müssen –« Ich war überzeugt, dass Gott mir ein Zeichen gegeben hatte. Ich wusste in meinem tiefsten Innern, dass wir gerettet wären, wenn der Schrank vor der Tür stand. Doch der Pastor beharrte auf seiner Weigerung, und so tat ich etwas, was ich noch nie im Leben getan hatte: Ich kniete nieder und senkte demütig den Kopf. »Bitte, ich flehe Sie an«, sagte ich. »Ich weiß ganz bestimmt, dass sie uns das nächste Mal finden werden, wenn Sie nicht den Schrank vor die Tür schieben. Machen Sie sich keine Gedanken, dass Sie sie verärgern könnten – sie können uns nur einmal töten. Bitte tun Sie das für uns. Gott wird Sie dafür belohnen.«

Ich weiß nicht, ob es ihn rührte, dass ich bittend vor ihm kniete, oder ob er Angst hatte, jemand könnte uns hören, jedenfalls lenkte er sehr schnell ein. »Jaja, schon gut. Sprich leise, Immaculée. Ich werde den Schrank gleich vor die Tür schieben. Hoffentlich nützt es etwas, wenn ich es auch bezweifle.«

Er verschwand, und im nächsten Augenblick hörten wir, wie der Kleiderschrank vor die Tür unseres Verstecks gerückt wurde. Meine Leidensgefährtinnen schauten mich groß an und flüsterten: »So eine gute Idee! Wie bist du darauf gekommen?«

Ich konnte mich nicht erinnern, ob ich den Kleiderschrank des Pastors jemals bewusst wahrgenommen hatte, aber ich wusste genau, dass mir die Idee gekommen war, als ich um Hilfe gebetet hatte.

»Durch Gott«, erwiderte ich.

KAPITEL 10

Ohnmächtiger Zorn

Mehrere Tage vergingen relativ ruhig. Nur hin und wieder hörten wir draußen die Killer ihre makabren Lieder singen. Tagsüber beteten wir stumm und verständigten uns durch Zeichensprache. Alle zwölf Stunden etwa durfte jede von uns der Reihe nach für ein paar kostbare Augenblicke ihre Glieder strecken. Ansonsten bewegten wir uns nur, wenn es unbedingt nötig war, und saßen Tag und Nacht in der gleichen Stellung am Boden.

Die Toilettenspülung betätigten wir gemäß Pastor Murinzis Anweisung nur, wenn dies irgendein Hausbewohner auch auf der anderen Seite der Wand tat. Es war immer eine große Aktion, die Toilette zu benutzen: Wir hatten so wenig Platz, dass eine von uns immer auf der Toilette sitzen musste. Wenn jemand ein menschliches Bedürfnis verspürte, mussten wir uns also alle umschichten und liefen dadurch Gefahr, Lärm zu machen und entdeckt zu werden.

Seltsamerweise kann ich mich nicht daran erinnern, dass ich in der ganzen Zeit jemand die Toilette hätte benutzen sehen, noch erinnere ich mich, dass mich irgendwelche Gerüche gestört hätten. Wir bekamen auch eine nach der anderen unsere Periode und irritierten den Pastor mit der ständigen Bitte nach mehr Toilettenpapier. Doch keiner von uns war die Situation peinlich; wir lernten, diese Körperfunktionen zu ignorieren und auf den Luxus einer Intimsphäre zu verzichten – ein Luxus, der im Vergleich dazu, noch am Leben zu sein, ohnehin ziemlich belanglos erschien.

Wir aßen, wenn der Pastor uns etwas brachte, was nur sporadisch der Fall war. An manchen Tagen kam er erst um drei oder vier Uhr nachmittags, an anderen Tagen überhaupt nicht. Wenn er mit uns sprechen musste oder Essen brachte, schob er den Schrank beiseite, aber er achtete immer sehr darauf, dass niemand ihn hörte. Unter dem Schrank lag ein kleiner Teppich, der die Geräusche dämpfte; Gott hielt also wieder einmal seine Hand über uns. Aus Angst, dass es auffallen würde, wenn größere Mengen gekocht wurden als üblich, bekamen wir das zu essen, was die Kinder bei Tisch übrig ließen oder die Dienstboten in den Abfall warfen. Manchmal brachten wir keinen Bissen hinunter, auch wenn wir noch so hungrig waren, weil das Essen wie Schweinefutter aussah. (Und wie wählerisch war ich zu Hause mit dem Essen gewesen!) Zum Glück brachte er uns auch Wasser zum Trinken.

Es klingt unvorstellbar, aber nach einigen Tagen der Ruhe ließ unsere angespannte Vorsicht ein wenig nach. Der Pastor indes holte uns sehr schnell in die Realität zurück. Eines Nachts kam er und berichtete, dass die Killer in der Nähe seien, von Haus zu Haus gingen, alles durchwühlten und jeden Tutsi töteten, den sie fanden. »Vielleicht sind sie schon in ein paar Minuten hier, vielleicht kommen sie erst morgen oder übermorgen. Aber kommen werden sie auf jeden Fall, also seid leise«, ermahnte er uns.

Dass wir in unserem Versteck ein gewisses Maß an innerer Ruhe finden könnten, mussten wir uns aus dem Kopf schlagen. Die Angst vor der Rückkehr der Killer war eine permanente seelische und körperliche Folter. Wenn irgendwo im Haus der Boden knarrte oder draußen ein Hund bellte – schon beim kleinsten Geräusch zuckte ich zusammen, als hätte mir jemand einen Speer in die Seite gerammt. Da wir immer nur kurze Zeit schlafen konnten, hatte ich ständig Kopfschmerzen, und außerdem wurde meine Haut bald trocken und schuppig.

Noch schlimmer war die psychische Belastung. Ich war allein mit meinen Gedanken, ganz auf mich selbst zurückgeworfen, und die dunklen Ängste und Zweifel, die mich seit meiner Ankunft in diesem Haus verfolgten, drangen unerbittlich in meine Seele ein und begannen, das Fundament meines Glaubens zu untergraben. Waren die Killer außer Hörweite, lösten sich meine Gedanken von Gott, und an ihre Stelle trat sofort die negative Energie. Doch sobald ich betete, fühlte ich mich gleich wieder von seiner Liebe umgeben, und meine Angst schwand.

Also beschloss ich, in jedem wachen Augenblick zu beten. Meistens begann ich damit gegen vier oder fünf Uhr morgens, sobald ich die Augen öffnete. Mit meinem ersten Gebet dankte ich Gott stets dafür, dass das Haus des Pastors gebaut worden war und uns nun Schutz vor den Verfolgungen bieten konnte. Dann dankte ich ihm dafür, dass er den Architekten das Haus mit einer zusätzlichen Toilette hatte ausstatten lassen und dass er dem Pastor eingegeben hatte, einen Kleiderschrank zu erstehen, der genau die richtigen Maße hatte, um die Tür zu unserem Versteck zu verbergen.

Nach diesen Dankgebeten »zum Aufwärmen« begann ich den Rosenkranz zu beten, ein Gebet für jede der roten und weißen Perlen. Manchmal betete ich so intensiv, dass ich in Schweiß ausbrach. Dabei vergingen Stunden … Wenn ich mit meinen Gebeten und dem Rosenkranz fertig war, machte ich eine »Pause«, um über die eine oder andere meiner liebsten Bibelpassagen zu meditieren.

Weil ich das Gefühl hatte, dass mein Glaube in Gefahr war, verbrachte ich Stunden damit, über zwei Verse aus dem Evangelium nach Markus zu meditieren, die ich mir eingeprägt hatte und in denen es um die Kraft des Glaubens ging. Der erste lautet: »Darum sage ich euch: Alles, worum ihr betet und bittet – glaubt nur, dass ihr es schon erhalten habt, dann wird es euch zuteil.« (Markus 11,24)

Dann meditierte ich über den anderen: »Amen, das sage ich euch: Wenn jemand zu diesem Berg sagt: Hebe dich empor und stürz dich ins Meer!, und wenn er in seinem Herzen nicht zweifelt, sondern glaubt, dass geschieht, was er sagt, dann wird es geschehen.« (Markus 11,23)

Schon wenn ich nur ein paar Minuten nicht mit Gebeten oder Meditationen verbrachte, rückte mir der Satan mit seinem zweischneidigen Messer des Zweifels und des Selbstmitleids zu Leibe. Das Gebet wurde zur schützenden Rüstung meiner Seele.

Der Pastor hatte immer Angst, dass wir aus irgendeinem Grund Lärm machen würden, deshalb ließ er nur selten jemand in sein Zimmer. Manchmal jedoch kam abends eines seiner Kinder oder einer der Dienstboten zu ihm, und dann schwitzten wir Blut und Wasser, bis der Betreffende wieder fort war. Wir hielten uns bereits seit etwa einer Woche in der Toilette versteckt, als wir den Pastor mit seinem Sohn Sembeba sprechen hörten.

»Was denkst du über diese Tötungsaktionen, Papa? Findest du nicht, dass sie richtig sind, genau das, was wir Hutu tun sollten? Ich meine, in der Schule haben sie uns beigebracht, dass die Tutsi vor Hunderten von Jahren dasselbe mit uns gemacht haben, also verdienen sie es nicht anders, oder?«

»Sembeba, du weißt nicht, wovon du redest. Geh jetzt, ich möchte schlafen«, erwiderte der Pastor.

»Diese Tutsi haben sich immer für etwas Besseres gehalten, haben immer auf uns Hutu herabgesehen. Glaubst du nicht, dass sie jetzt *uns* töten würden, wenn sie noch an der Macht wären? Also ist es Selbstverteidigung, sie umzubringen, oder?«

Sembebas laute Stimme verriet mir, dass er direkt neben dem Schrank stand, und ich hatte schreckliche Angst, er könnte merken, dass er bewegt worden war. Doch trotz meiner Angst musste ich schwer gegen den Drang ankämpfen, aufzustehen und ihm durch die Tür eine passende Antwort zuzubrüllen, so zornig machte mich das, was er sagte.

Ich wusste, dass man nicht ihm allein die Schuld für seine Ignoranz geben konnte, denn er hatte seine Verachtung für die Tutsi in der Schule gelernt – in derselben Schule, in die auch ich gegangen war! Jungen Hutu wurde von Kindesbeinen an beigebracht, dass Tutsi minderwertig waren, dass man ihnen nicht trauen durfte und dass sie in Ruanda nichts zu suchen hatten. Die Hutu erlebten jeden Tag, wie Tutsi diskriminiert wurden, erst auf dem Schulhof, dann am Arbeitsplatz, und sie lernten, uns aller menschlichen Züge zu berauben, indem sie uns »Schlangen« und »Kakerlaken« nannten. Kein Wunder, dass sie uns so leicht töten konnten – Schlangen mussten schließlich getötet, Kakerlaken vernichtet werden!

Dergleichen hatte die Welt schon viele Male erlebt. Nach den Geschehnissen in Nazi-Deutschland hatten die großen, mächtigen Länder geschworen: »Nie wieder!« Doch hier saßen wir, sechs harmlose Frauen und Mädchen, im Dunkeln zusammengepfercht, zur Exekution freigegeben, weil wir als Tutsi geboren waren. Wie hatte die Geschichte es geschafft, sich zu wiederholen? Wie hatte dieses Böse sich noch einmal Bahn brechen können? Warum hatte man den Teufel ungehindert unter uns herumlaufen und unsere Köpfe und Herzen vergiften lassen, bis es zu spät war?

Der Pastor wusste vermutlich, dass wir die Unterhaltung mit seinem Sohn hören konnten, denn er schimpfte: »Du bist ein dummer, dummer Junge, Sembeba. Für Blutvergießen ohne einen sehr guten Grund gibt es nie eine Entschuldigung. Und jetzt verschwinde, ich kann dein Gerede nicht mehr hören.«

»Du findest, *ich* bin dumm, weil ich die Tutsi hasse, Vater? Meinst du nicht, dass es dümmer ist, sie zu verstecken? Ich hoffe, du weißt, dass die Leute das von dir behaupten. Stimmt es? Versteckst du Tutsi in unserem Haus?«

Mir blieb fast das Herz stehen. Mein Zorn verflog, und wieder einmal hatte ich nur noch Angst, panische Angst.

»Jetzt habe ich aber genug von deinen dummen Reden, Sembeba. Ich verstecke keine Tutsi. Und es schmerzt mich, solche rachsüchtigen Worte von dir zu hören – deine eigene Mutter war eine Tutsi! Dir ist hoffentlich bewusst, dass deine Tanten und Onkel, deine Cousins und Cousinen in diesen Tagen gejagt und getötet werden. Und jetzt hinaus mit dir und komm nicht wieder. *Hinaus!*«

Wir hatten uns noch nicht von Sembebas schrecklichen Äußerungen erholt, als plötzlich in der Nähe Granaten explodierten. Dann hörten wir mehrere Male hintereinander ein donnerndes Krachen, das klang, als würden Häuser einstürzen. Und jedes Mal hörten wir sie singen: »Tötet die Großen, tötet die Kleinen, tötet sie, tötet sie, tötet sie alle!«

In der Nähe knallten Schüsse, der schreckliche Gesang wurde immer lauter – die Killer bewegten sich auf das Haus des Pastors zu. Ich sprach ein stummes Gebet, und Sekunden später hörten wir einen heftigen Donnerschlag, dem gleich darauf ein Wolkenbruch folgte. Ich kann nur vermuten, dass die Killer schleunigst nach Hause liefen, um ins Trockene zu kommen, denn für den Rest der Nacht war nur das Trommeln des Regens auf dem Blechdach zu hören.

In dieser Nacht kam der Pastor zu uns, bleich, die müden Augen blutunterlaufen. Ich vermutete, dass Sembebas argwöhnische Fragen ihn so sehr beunruhigten, aber es war viel schlimmer. Er sei ein bisschen draußen herumgelaufen, berichtete er, und habe mit eigenen Augen gesehen, welche schrecklichen Dinge sich abspielten. Leute von der Interahamwe, Soldaten und Hutu-Zivilisten legten jedes Tutsi-Haus in Schutt und Asche.

»Es geht schlimm zu draußen«, sagte er, »ganz, ganz schlimm. Ich habe die Massaker von 1959 und 1973 erlebt, aber das war gar nichts im Vergleich zu dem, was jetzt passiert. Nichts funktioniert mehr, die Schulen und Märkte sind geschlossen, die Leute gehen nicht mehr zur Arbeit. Das ganze Land steht still, bis die Sache erledigt ist.«

»Was meinen Sie mit ›bis die Sache erledigt ist‹? Bis *welche* Sache erledigt ist?«, fragte ich.

Der Pastor schwieg eine Weile und fuhr dann fort: »Die Tutsi töten. Die Sache ist erst erledigt, wenn alle Tutsi tot sind. Das ist das Hauptziel der Regierung, und sie lässt alle kräftig dabei mitmachen. Ich habe heute Dinge gesehen, die ich lieber nie gesehen hätte.«

Mein Magen krampfte sich zusammen. Ich dachte an meine Familie und hätte mir am liebsten die Ohren zugehalten, um nichts mehr zu hören.

»Sie haben schon Tausende von Menschen getötet«, erzählte er, »Zehntausende, vielleicht Hunderttausende, wer weiß? Es haben sich so viele Tutsi in die Kirchen geflüchtet, dass die Türen nicht mehr zugingen. Früher galt: Wer in einer Kirche Zuflucht gefunden hatte, war in Sicherheit, doch heute nicht mehr. Die Killer haben die Kirchen in Brand gesteckt, obwohl Menschen drinnen waren, und jeden erschossen, der zu fliehen versuchte.«

»O mein Gott!«, stöhnte ich auf. »Im Radio haben sie gesagt, dass alle in den Kirchen und Sportstadien Schutz suchen sollen!«

»Mag sein, aber es ging nicht darum, die Leute zu schützen. Man hat Killer mit Maschinengewehren und Granaten hingeschickt. Die Leichenberge sind fast höher als mein Haus, der Gestank ist unerträglich.«

»Bitte, Pastor, sprechen Sie nicht weiter!«, flehte ich.

Eigentlich wollte ich ihn fragen, ob er etwas Neues über meine Familie wisse, aber ich wollte gar nicht hören, was er vielleicht sagen würde. Ich hätte kein Wort mehr ertragen.

»Es tut mir leid, dass ich euch solche furchtbaren Dinge berichten muss, aber ihr müsst wissen, was draußen vorgeht«, sagte er. »Es kann sehr gut sein, dass ihr die einzigen überlebenden Tutsi in Ruanda sein werdet. Wenn ihr gesehen hättet, was ich heute gesehen habe – ich glaube, ihr würdet nicht weiterleben wollen.«

Meine Leidensgefährtinnen weinten, ich jedoch nicht; ich hatte keine Tränen mehr in diesem Augenblick. Ich empfand keine Trauer, sondern Zorn. Ich war zorniger als je zuvor, zorniger, als ich je für möglich gehalten hätte. Ich war zornig auf den Pastor, weil er uns solche entsetzlichen Dinge erzählte, wo doch unsere Familien irgendwo da draußen verzweifelt nach Schutz suchten. Ich war zornig auf die Regierung, weil sie diesen Massenmord entfesselt hatte. Ich war zornig auf die reichen Länder, weil sie dem Abschlachten kein Ende machten. Vor allem aber war ich zornig auf die Hutu, auf alle. Und während der Pastor weiter von den schrecklichen Dingen redete, die den Tutsi angetan wurden, verwandelte sich mein Zorn in abgrundtiefen, brennenden Hass.

Ich hatte noch nie einem Menschen etwas getan, aber in diesem Moment hätte ich gerne eine Pistole gehabt, um jeden Hutu abzuknallen, der mir über den Weg lief. Nein, keine Pistole – ich brauchte ein Maschinengewehr, Granaten, einen Flammenwerfer! Ich wollte alle töten, sogar Tutsi. Ich wollte wie Rambo sein und das ganze Land in Brand stecken. Hätte ich eine Atombombe gehabt, ich hätte sie auf Ruanda fallen lassen und alle Menschen in unserem dummen, heillos zerstrittenen Land getötet.

Ich sah den Pastor an und hätte auch ihn am liebsten umgebracht. Nicht im Traum hätte ich gedacht, einen derartigen Zorn entwickeln zu können, und ich wusste, dass ich sehr viel würde beten müssen, um mich davon zu befreien.

Pastor Murinzi hörte auf zu reden, wir saßen stumm da, schauten zu ihm auf und warteten auf weitere Schreckensnachrichten. Es wäre gnädiger gewesen, wenn er eine Peitsche genommen und uns zu Tode geprügelt hätte. Ich wollte eine Bestätigung für das, was er gesagt hatte, denn ich konnte seinen Worten nicht glauben. Als er sich zum Gehen wandte, bat ich ihn, das Radio in seinem Zimmer einzuschalten, damit wir die Nachrichten hören konnten. Er versprach es und schloss die Tür.

Wenige Minuten später hörten wir einen Minister der Regierung im ruandischen Radio sprechen: »Ich appelliere an alle Hutu in Ruanda … Es ist an der Zeit, zusammenzustehen und gegen unseren gemeinsamen Feind zu kämpfen. Begraben wir unsere politischen Differenzen, verteidigen wir uns. Diese Tutsi-Schlangen wollen uns töten, wir müssen ihnen zuvorkommen. Tötet die Tutsi, wo immer ihr sie findet, lasst nicht einen einzigen am Leben. Tötet die Greise und tötet die Babys – sie sind alle Schlangen. Wenn die RPF-Rebellen in unser Land zurückkommen, sollen sie nur die Leichen ihrer Angehörigen vorfinden. Ich rufe alle Hutu auf: Tut eure Pflicht und tötet alle Tutsi-Feinde!«

Jetzt wusste ich ganz sicher, dass der Pastor nicht gelogen hatte. Und ich wusste, dass mein Vater der Regierung nicht hätte trauen sollen. Die Leute, denen er vertraute, hatten den

Genozid geplant und riefen nun die Bürger Ruandas auf, ihn in die Tat umzusetzen. Es gibt eine Kultur des Gehorsams in Ruanda, und ich wusste, dass viele ansonsten friedliche Hutu pflichtbewusst zu ihren Macheten greifen würden, wenn ihre Anführer sie im Radio zum Abschlachten der Tutsi aufforderten.

Ungefähr eine Stunde später schaltete der Pastor die BBC-Nachrichten ein, und wir hörten, dass die RPF (die Tutsi-Rebellen) vom hohen Norden des Landes bis in die Hauptstadt Kigali vorgestoßen waren. In dem Bericht hieß es, die extremistische Hutu-Regierung, die hinter den Massakern stecke, stehe kurz vor dem Zusammenbruch. Diese Nachricht ließ unser Herz höher schlagen – wenn die RPF bis nach Kigali gekommen war, sollten sich die Rebellen in ein paar Wochen bis zu unserer Provinz im Süden vorkämpfen können! Früher oder später würden sie unser kleines Dorf erreichen und uns retten.

Ich hoffte nur, sie würden früher da sein. Denn später wäre es für uns wahrscheinlich zu spät.

KAPITEL 11

Wie auch wir vergeben unseren Schuldigern

Ich war ganz im Gebet versunken, als die Killer zum zweiten Mal kamen, um das Haus zu durchsuchen.

Es war Nachmittag, und ich betete seit Tagesanbruch den Rosenkranz, betete darum, dass Gott allen Sündern auf der Welt seine Liebe schenken und ihnen vergeben möge. Für die Killer zu beten, brachte ich jedoch nicht über mich. Das war ein Problem für mich, denn ich wusste, dass Gott von uns erwartet, dass wir für *alle* beten, und nichts war mir wichtiger, als Gott auf meiner Seite zu wissen.

Als Kompromiss betete ich den Rosenkranz jeden Tag mehrere Male und voller Inbrunst. Es dauerte zwölf oder dreizehn Stunden, die vielen Ave-Maria und Vaterunser zu beten, und wenn ich beim Vaterunser zu der Stelle kam, wo es heißt: »wie auch wir vergeben unseren Schuldigern«, bemühte ich mich, nicht an die Killer zu denken, denn ich wusste, dass ich ihnen nicht vergeben konnte.

Bei dieser zweiten Durchsuchung nahm ich den Lärm, den die Killer machten, in meiner andächtigen Versunkenheit nur am Rande wahr, als würde mich eine zornige Stimme aus einem Traum wecken. Dann hörte ich vier oder fünf laute Schläge, unmittelbar neben meinem Kopf. Die Killer waren direkt nebenan, im Zimmer des Pastors, registrierte ich, plötzlich hellwach. Sie durchwühlten alles, rissen Dinge von den Wänden, kippten das Bett und Stühle um.

»Schaut hier drin nach!«, schrie einer von ihnen. »Und dort drunter. Und in dieser Truhe! *Durchsucht alles!*«

Ich hielt mir den Mund zu, aus Angst, sie könnten mich atmen hören. Sie waren nur ein paar Zentimeter von meinem Kopf entfernt, der Holzboden knarrte vor dem

Schrank – *der Schrank!* Ich dankte Gott erneut für diesen Schrank, aber mein Herz hämmerte immer noch wie verrückt.

Ich konnte sie lachen hören. Sie hatten Spaß, während sie herumliefen und Leute umbrachten! Ich verfluchte sie, in der Hölle sollten sie schmoren.

Der Schrank stieß gegen die Tür. Ich hielt mir die Ohren zu und betete: *Lieber Gott, bitte. Du hast den Schrank dort hingestellt – lass ihn dort! Lass nicht zu, dass sie ihn wegschieben. Rette uns, Herr!*

Wieder war es, als würde mir die Kopfhaut abgezogen, und wieder meldete sich die böse Flüsterstimme: *Warum wendest du dich an Gott? Hast du nicht ebenso viel Hass im Herzen wie die Killer? Bist du nicht ebenso des Hasses schuldig wie sie? Du wolltest sie tot sehen, du wolltest sie sogar selbst töten! Du hast sogar gebetet, Gott möge sie leiden und in der Hölle schmoren lassen.*

Ich hörte die Killer auf der anderen Seite der Tür und flehte Gott an: *Bitte, schick sie fort – rette uns vor ... Lass Gott in Ruhe, Immaculée*, unterbrach mich die Stimme. *Er weiß, dass du eine Lügnerin bist. Du lügst jedes Mal, wenn du zu ihm betest und sagst, dass du ihn liebst. Hat Gott uns nicht alle nach seinem Bild geschaffen? Wie kannst du Gott lieben, aber so viele seiner Geschöpfe hassen?*

Ich konnte keinen klaren Gedanken mehr fassen. Ich wusste, der Dämon in meinem Kopf hatte Recht: Ich log Gott jedes Mal an, wenn ich zu ihm betete. Ich war so voller Hass auf die Leute, die für das Morden verantwortlich waren, dass ich schier daran erstickte.

Inzwischen waren mindestens vierzig oder fünfzig Männer im Zimmer des Pastors, sie johlten und machten höhnische Bemerkungen. Sie klangen betrunken und böse und ihr Gegröle war noch schlimmer als sonst: »Tötet die großen Tutsi und die kleinen, tötet einen nach dem anderen. Tötet sie alle!«

Ich begann wieder zu beten, ich bat Gott, die Killer vom Schrank und diesem Haus fern zu halten.

Das Gegröle übertönte jedoch nicht die Flüsterstimme, die höhnte: *Es hat keinen Sinn … Lass Gott in Ruhe. Wer, glaubst du, hat die Killer hergeschickt? Er! Nichts kann dich retten. Gott rettet keine Lügner.*

Ich begann für die Killer zu beten, hörte aber bald damit auf. Ich wünschte mir verzweifelt Gottes Schutz, aber in meinem tiefsten Innern war ich überzeugt, dass sie zu sterben verdienten. Ich konnte nicht einfach darüber hinwegsehen, dass sie Tausende Menschen abgeschlachtet, Tausende Frauen vergewaltigt hatten; ich konnte nicht die Augen verschließen vor den entsetzlichen Dingen, die sie so vielen unschuldigen Menschen angetan hatten.

Warum erwartest du Unmögliches von mir?, fragte ich Gott. *Wie kann ich Menschen vergeben, die mich umbringen wollen, die vielleicht schon meine Familie und meine Freunde abgeschlachtet haben? Diesen Killern zu vergeben widerspricht für mich jeder Logik. Lass mich stattdessen für ihre Opfer beten, für diejenigen, die vergewaltigt, verstümmelt und ermordet wurden. Lass mich für die Waisen beten und für die Witwen. Lass mich für Gerechtigkeit beten. Gott, ich bitte dich, diese bösen Männer zu bestrafen, aber vergeben kann ich ihnen nicht – ich kann es einfach nicht.*

Schließlich hörte ich, wie die Killer verschwanden. Erst verließen sie das Zimmer des Pastors, dann das Haus. Bald darauf entfernten sie sich, ihr Gegröle wurde immer leiser.

Ich begann wieder zu beten. Ich dankte Gott, dass er uns gerettet und mir die Idee eingegeben hatte, den Schrank vor die Tür unseres Verstecks zu schieben. *Das war klug von dir, lieber Gott. Du bist wirklich sehr klug,* sagte ich in Gedanken und dankte ihm noch einmal. Ich fragte mich, wo die Killer jetzt hingingen, und begann für meine Freunde und meine Familie zu beten: *Bitte pass auf meine Mutter auf, lieber Gott, sie macht sich so große Sorgen um uns. Pass auf meinen Vater auf, er kann so dickköpfig sein …*

Es hatte keinen Sinn – meine Gebete kamen mir unaufrichtig vor. In meiner Seele hatte ein Kampf begonnen und mit einem Herzen voller Hass konnte ich nicht mehr zu einem Gott der Liebe beten.

Ich versuchte es erneut und betete, Gott möge den Killern vergeben, aber tief in meinem Innern konnte ich nicht glauben, dass sie es überhaupt verdienten. Es quälte mich. Ich versuchte, für sie zu beten, aber das kam mir vor, als betete ich für den Teufel. *Bitte öffne mein Herz, Herr, und zeige mir, wie ich vergeben kann. Ich bin nicht stark genug, mich von meinem Hass zu lösen, sie haben uns so viel Böses getan … Mein Hass wiegt so schwer, dass er mich erdrücken könnte. Berühre mein Herz, Herr, und zeige mir, wie ich vergeben kann.*

Ich kämpfte stundenlang mit diesem Dilemma. Ich betete bis spät in die Nacht, den ganzen nächsten Tag und die Tage danach. Ich betete eine ganze Woche, nahm kaum Nahrung oder Wasser zu mir. Ich wusste nicht mehr, wann oder wie lange ich geschlafen hatte, ich hatte praktisch kein Zeitgefühl mehr.

Eines Abends hörte ich nicht weit vom Haus entfernt Schreie, dann das Weinen eines Babys. Die Killer mussten die Mutter erschlagen und ihr Kleines zum Sterben auf der Straße zurückgelassen haben. Das Baby schrie die ganze Nacht, gegen Morgen hörten wir es nur noch ab und zu wimmern, und bei Einbruch der Dunkelheit war es still. Ich hörte Hunde in der Nähe knurren, und mir schauderte bei dem Gedanken, wie das Leben dieses Kindes zu Ende gegangen war. Ich betete zu Gott, er möge seine unschuldige Seele zu sich nehmen, und fragte ihn dann: *Wie kann ich Menschen vergeben, die einem kleinen Kind so etwas antun?*

Ich vernahm seine Antwort so deutlich, als würden wir im selben Zimmer sitzen und uns unterhalten: *Ihr seid* alle *meine Kinder – und das Baby ist jetzt bei mir.*

Ein ganz einfacher Satz und doch die Antwort auf meine tagelangen Gebete.

Die Killer waren wie Kinder. Ja, sie waren barbarische Geschöpfe, die für ihr Tun hart bestraft werden mussten, aber dennoch Kinder. Sie waren grausam, bösartig und brutal, wie Kinder manchmal sind, aber dennoch – sie waren Kinder. Sie sahen, verstanden aber nicht, welch schreckliches

Leid sie anderen zufügten. Sie schlugen auf andere ein, ohne nachzudenken, sie mordeten ihre Tutsi-Brüder und -Schwestern, sie verletzten Gott – und sie begriffen nicht, wie sehr sie sich damit selbst schadeten. Ihr Geist hatte sich mit dem Bösen infiziert, das sich über das Land ausgebreitet hatte, aber ihre *Seele* war nicht böse. Trotz der Gräueltaten, die sie verübten, waren sie Kinder Gottes, und einem Kind konnte ich vergeben, auch wenn es nicht leicht sein würde – vor allem da dieses Kind mich umzubringen versuchte.

In den Augen Gottes gehörten die Killer zu seiner Familie, verdienten Liebe und Vergebung. Ich wusste, dass ich Gott nicht bitten konnte, mich zu lieben, wenn ich nicht bereit war, seine Kinder zu lieben. Und so betete ich nun für die Killer, dass ihnen ihre Sünden vergeben werden mögen. Ich betete, dass Gott sie erkennen lassen würde, welch schrecklichen Irrweg sie eingeschlagen hatten, bevor ihr Erdenleben endete – und sie für ihre Todsünden zur Rechenschaft gezogen würden.

Ich hielt den Rosenkranz meines Vaters umklammert und bat Gott, mir zu helfen, und wieder hörte ich seine Stimme: *Vergib ihnen, denn sie wissen nicht, was sie tun.*

An jenem Tag tat ich einen entscheidenden Schritt, der es mir möglich machte, den Killern zu vergeben. Mein Zorn verebbte. Ich hatte Gott mein Herz geöffnet und er hatte es mit seiner grenzenlosen Liebe berührt. Zum ersten Mal hatte ich Mitleid mit den Killern. Ich bat Gott, ihnen ihre Sünden zu vergeben und ihre Seelen sein Licht schauen zu lassen.

An jenem Abend betete ich mit reinem Gewissen und reinem Herzen. Und zum ersten Mal, seit ich mich in diesem Versteck befand, hatte ich einen ruhigen Schlaf.

131

KAPITEL 12

Wohin soll ich mich wenden?

Ich fand in dem winzigen Raum, der unser Versteck war, einen Ort ganz für mich allein – einen kleinen Winkel in meinem Herzen. Dorthin zog ich mich zurück, sobald ich wach wurde, und dort blieb ich, bis ich einschlief. Es war mein »heiliger Garten«, wo ich mit Gott sprach, über seine Worte meditierte und meinem spirituellen Selbst Nahrung gab.

Beim Meditieren rührte ich an die Quelle meines Glaubens und stärkte meine Seele. Während um mich herum der Wahnsinn tobte, fand ich Zuflucht in einer Welt, die mir mit jedem Mal schöner und einladender erschien. Auch wenn ich körperlich immer weniger wurde, meine Seele bekam Nahrung durch meine immer tiefer werdende Beziehung zu Gott.

Ich betrat diesen Rückzugsort in mir durch Gebet; sobald ich dort war, betete ich ununterbrochen, und mein Rosenkranz half mir dabei, meine Gedanken und Energien ganz auf Gott zu konzentrieren. Durch die Perlen des Rosenkranzes gelang es mir, mich auf die Evangelien zu konzentrieren und das Wort Gottes in meinem Kopf lebendig zu erhalten. Ich betete stumm, formte aber stets die Worte mit den Lippen, um mich zu vergewissern, dass ich sie wirklich sagte – sonst würden sich wieder Zweifel einschleichen, und die negative Energie würde versuchen, sich breit zu machen.

Ich verbrachte Stunden damit, über die Bedeutung eines einzigen Wortes wie *Vergebung, Glaube* oder *Hoffnung* zu meditieren. Ich verbrachte Tage mit der Meditation über das Wort *Hingabe* und kam zu dem Schluss, dass es bedeutete, sein Selbst einer höheren Macht zu überantworten. Ich überantwortete mich Gott mit Haut und Haar. Wenn ich nicht betete, hatte ich das Gefühl, nicht mehr in seinem Licht zu stehen, und die auf unser winziges Versteck reduzierte Welt erschien mir unerträglich trostlos.

Gegen Ende des ersten Monats im Versteck brachte uns Pastor Murinzi spätabends wieder einmal einen Teller mit Essensresten. Er hatte Mitgefühl bewiesen, als er uns aufnahm, aber das schien sich zu verflüchtigen. An diesem Abend drückte sein Gesicht nicht wie sonst Besorgnis und Mitleid aus, sondern Verärgerung. »Dein Vater war ein sehr schlechter Tutsi«, warf er mir barsch hin.

»Was? Was meinen Sie?«, fragte ich erschrocken, nicht so sehr wegen der bösen Bemerkung über meinen Vater, sondern vielmehr, weil er von ihm in der Vergangenheit sprach. Daran, dass jemand aus meiner Familie tot sein könnte, wollte ich gar nicht denken. »Mein Vater ist ein guter *Mensch*, Pastor, vielleicht der beste, den ich kenne!«

»Nein, Immaculée, er war ein schlechter Tutsi *und* ein schlechter Mensch. Er hat den RPF-Rebellen geholfen, einen Bürgerkrieg vorzubereiten.« Zu meinen Leidensgefährtinnen gewandt, zeigte er auf mich und sagte: »Wenn sie euch finden und töten, dann wegen Immaculée. Die Killer sind hinter ihr her wegen der Machenschaften ihres Vaters.« Er funkelte mich zornig an und ich spürte auch die Augen der anderen Frauen auf mir.

»Sie haben sechshundert Gewehre in eurem Haus gefunden«, fuhr er an mich gerichtet fort. »Außerdem Granaten und eine Todesliste mit Hutu-Namen. Das ist der Grund, warum ihr Tutsi gejagt und getötet werdet. Wären die Hutu euch nicht zuvorgekommen, würden jetzt wir von den Tutsi umgebracht!«

Ich war fassungslos. Die gemeinen Lügen, die die Hutu-Extremisten verbreiteten, hatten Pastor Murinzi den Verstand geraubt. Der Pastor war seit Jahren mit meinem Vater befreundet und wusste, wie viel er tat, um das Leben armer und vom Glück weniger begünstigter Menschen zu verbessern. Mein Vater hatte Schulen und Kapellen für Tutsi, Hutu und Twa gleichermaßen gebaut, wie konnte der Pastor ihn da beschuldigen, Waffen zu verstecken oder Mordpläne zu schmieden? Hatte mein Vater die verzweifelten Tutsi, die sich zu unserem Haus geflüchtet hatten, nicht sogar eindringlich ermahnt, keine Hutu zu töten, selbst wenn diese sie zu töten versuchten?

Seine Informationen stammten von den Behörden, sagte Pastor Murinzi zu mir. Wie so viele Ruander glaubte leider auch er unbesehen, was die Vertreter der Regierung erzählten.

Mich verließ aller Mut. Ich war überzeugt, niemand würde so dreiste Lügen über meinen Vater verbreiten, wenn – sie ihn nicht bereits umgebracht hatten. Offenbar wollten sie seine Ermordung damit rechtfertigen, dass sie ihn als hochgefährlich hinstellten. Doch daran wollte ich gar nicht denken. Den Gedanken, dass jemand aus meiner Familie tot sein könnte, konnte ich nicht zulassen – nicht jetzt, noch nicht. Ich war nicht stark genug dafür.

Ich war so wütend auf den Pastor, dass ich ihn am liebsten angeschrien hätte, aber wie konnte ich? Er war unser einziger Schutz. Wir waren ganz und gar von seiner Barmherzigkeit abhängig – auch wenn er sich im Moment nicht sehr barmherzig zeigte. Er sah in uns nicht mehr seine Nachbarn, die in Gefahr waren und Hilfe brauchten. Er sah uns jetzt genauso wie die Killer: nicht als Menschen, sondern als Kakerlaken, die venichtet werden mussten, ehe der Krieg vorbei war.

Zorn kochte in mir hoch, als Pastor Murinzi den guten Namen meines Vaters in den Schmutz zog. Mein Vater hatte genug Demütigungen ertragen müssen! Jetzt konnte ich mich nicht mehr beherrschen und erhob zum ersten Mal, seit er uns in diesen Raum gepfercht hatte, die Stimme: »Wenn mein Vater so viele Gewehre hatte, warum hat er sie dann nicht an die Tausende von Tutsi verteilt, die bei uns Schutz suchten? Wenn mein Vater so viele Waffen hatte, warum hat er die Killer nicht vertrieben, als sie unser Haus niederbrannten? Wenn er vorhatte, Hutus zu töten, dann hätte er es getan, bevor sie seine Familie in die Flucht trieben und sein Leben zerstörten! Warum hat er die Gewehre nicht benützt, um seine Frau und seine Tochter vor Killern und Vergewaltigern zu schützen? Sagen Sie mir das, Pastor!«

Der Pastor war schockiert von meinem Ausbruch, meine Leidensgefährtinnen ebenso – sie starrten mich mit aufgerissenen Augen an, als ich den Mann, in dessen Händen ihr Leben lag, derart angriff. Er bedeutete mir mit einer Handbewegung, still zu sein, und dann erzählte er, man habe auch Waffen in der Kirche von Père Clément gefunden, dem freundlichen alten Pfarrer, dem ich als kleines Mädchen meinen Wunsch, Nonne zu werden, anvertraut hatte. Père Clément war der sanftmütigste Mensch, dem ich je begegnet war, sein Leben lang Vegetarier, weil er kein Tier leiden sehen konnte. Er verabscheute jede Gewalt und hasste Waffen. Was der Pastor da behauptete, waren nichts als niederträchtige Lügen. Ich hätte am liebsten geschrien.

»Haben Sie eine dieser Waffen gesehen, Pastor?«, fragte ich.

»Nein, aber wichtige Leute haben mir davon erzählt. Sie sind ehrlich und würden niemals lügen.«

Es wollte mir nicht in den Kopf, dass ein gebildeter Mann angesichts der grauenhaften Ereignisse so naiv sein konnte. »Sie haben also keinen Beweis für die Dinge, die Sie meinem Vater vorwerfen?«

Er zog ein leeres Blatt Papier aus der Tasche und sagte, genau diese Art Papier gäben die RPF-Rebellen den Leuten, die ihnen Waffen und Geld spendeten. »Man hat es bei eurem Haus gefunden«, sagte er und wedelte mir damit vor der Nase herum, als wäre es der ultimative Beweis.

»Das ist nur ein leeres Blatt Papier.«

»Aber genau die Art leeres Papier, wie es die Rebellen benutzen.«

Ich konnte sein Gerede nicht mehr ertragen. »Also, wenn Sie solche ›Beweise‹ benutzen, um einen Menschen für schuldig zu erklären, dann verstehe ich, warum den Leuten hier das Töten neuerdings so leicht fällt.«

Der Pastor steckte das kleine Blatt Papier wieder in die Tasche und wandte sich zum Gehen.

135

»Warten Sie«, rief ich. »Könnten Sie mir eine Bibel leihen? Ich habe meine zu Hause vergessen.«

Er schien peinlich berührt von meiner Bitte – schließlich wusste er, dass mein Elternhaus in Schutt und Asche lag –, versprach aber, mir eine zu bringen. Ich war ihm dankbar dafür, denn ich brauchte Gottes Wort zur geistigen Läuterung.

Meine Leidensgefährtinnen schauten mich an, als hätte ich den Verstand verloren. Vermutlich dachten sie, ich hätte die Autorität des Pastors leichtsinnig in Frage gestellt, seine Geduld ganz unnötig strapaziert. Vielleicht traf das zu, aber es war mir egal. Ich fühlte mich einfach verpflichtet, meinen Vater zu verteidigen, und der Pastor kam mir in diesem Moment mehr wie ein Gefängniswärter als wie ein Retter vor. Außerdem war die Tatsache, dass Pastor Murinzi so ungeniert über meinen Vater herzog, ein recht deutlicher Hinweis darauf, dass unsere Tage seiner Ansicht nach gezählt waren. Die Ruander sind äußerst diskrete und zurückhaltende Menschen, die ihre Gefühle für sich behalten. Der Pastor hätte sich mir gegenüber niemals derart offenbart, wenn er damit gerechnet hätte, dass ich die Verfolgungen überleben und ihm eines Tages als ebenbürtiger Mensch gegenüberstehen würde.

Ich hatte gerade wieder begonnen zu beten, um mich von meinem Zorn zu befreien, als Pastor Murinzi nebenan in seinem Zimmer das Radio einschaltete.

Der neue ruandische Präsident hielt eine Ansprache, und wir spitzten die Ohren, als wir den Namen unserer Heimatprovinz Kibuye hörten. Der Präsident klang euphorisch – war der Krieg vielleicht vorbei? Würden wir endlich unser Versteck verlassen und uns auf die Suche nach unseren Familien machen können? Wir sahen einander voll gespannter Ungeduld an, denn wir dachten, wir würden endlich gute Nachrichten zu hören bekommen. Doch unsere Hoffnungen wurden schnell zunichte gemacht und wir lauschten mit wachsendem Entsetzen.

»Ich möchte den Hutu in Kibuye persönlich für ihren unermüdlichen Einsatz danken«, sagte der Präsident. »In Kibuye sind mehr von unseren Tutsi-Feinden getötet worden als in jeder anderen Provinz.«

Mir würde übel. Sah die Welt denn nicht, welcher Wahnsinn dieses Land erfasst hatte? Kam uns denn niemand zu Hilfe?

Der Präsident war so erfreut über die »gute Arbeit« der Killer in Kibuye, dass er einige Tausend Dollar zu schicken versprach, damit sie Essen und Bier kaufen und angemessen feiern konnten: »Wenn ihr mit eurer Arbeit fertig seid und alle Feinde tot sind, werden wir im Paradies leben. Wir werden nicht mehr mit Kakerlaken um Arbeitsstellen konkurrieren müssen. Und ohne die vielen kleinen Kakerlaken wird es in unseren Schulen viel Platz für Hutu-Kinder geben.« Es muss eine Live-Sendung gewesen sein, denn wir konnten Leute applaudieren und dem Präsidenten zujubeln hören.

»Ihr habt hervorragende Arbeit geleistet in Kibuye. Fast alle unsere Feinde sind tot. Aber wir müssen sie alle töten. Lasst uns die Arbeit zu Ende bringen!«

Wir schauten uns voller Verzweiflung an. Hatte er wirklich gesagt, dass fast *alle* Tutsi in unserer Provinz tot waren? In Kibuye lebte mehr als eine viertel Million – wie war das möglich? Und was war mit unseren Familien? Wo waren meine Eltern und Vianney und Augustin? Und mein Lieblingsbruder Damascene? Ich fragte Gott, ob er mich prüfen wolle, und faltete wieder einmal die Hände, um zu beten. Aber es kostete mich Mühe, den Ort der Stille in mir zu finden, um mit Gott zu sprechen, während mir der Teufel in die Ohren brüllte.

Als die Ansprache des Präsidenten zu Ende war, hörten wir durch das Fenster Stimmen, und eine davon gehörte meiner alten Freundin Jeanette. Sie stand im Hof, uns trennte nur die Wand unseres Verstecks, und redete mit irgendjemand über mich. »Immaculée?«, sagte sie. »Die hat noch niemand gefunden. Ich dachte, sie sei meine Freundin, aber sie ist eine Lügnerin. Sie hat nur so getan, als würde sie mich mögen, damit ich mich sicher fühle. Sie wusste, dass ihr Vater vorhatte, meine Familie zu töten. Es ist mir egal, wenn sie sie umbringen.«

O mein Gott! Was denn noch?, dachte ich. Wie konnte Jeanette so etwas behaupten? Sicher, sie war aufgeregt gewesen, als ich sie zuletzt gesehen hatte, aber das hatte ich dem Einfluss ihres Vaters und dem allgemeinen Stress durch den Krieg zugeschrieben. Doch da stand sie, meine älteste und liebste Freundin, und sagte, es sei ihr egal, ob ich tot bin oder nicht.

Als ich hörte, wie Jeanette mich verleugnete, fühlte ich mich so schrecklich einsam, dass ich dringend einen lieben Menschen zum Reden gebraucht hätte. Ich sehnte mich nach meinem Zimmer im Studentenwohnheim, sehnte mich danach, mit Sarah und Clementine herumzualbern oder ihnen mein Herz auszuschütten, während sie meine Hand hielten und mich trösteten.

Der Teufel musste meine Gedanken belauscht haben, denn kaum hatte ich gehört, wie Jeanette unsere Freundschaft in den Schmutz trat, da kam im Radio ein weiterer Bericht: Auf dem Campus meiner Universität waren Hunderte Studenten getötet worden – ein Massaker.

»Wir haben in Butare gründlich aufgeräumt und mehr als fünfhundert Schlangen und mit ihnen befreundete Hutu-Verräter getötet«, prahlte der Reporter.

Es tat mir in der Seele weh, wenn ich an meine Freundinnen an der Universität dachte. Mit einigen war ich bereits seit vielen Jahren eng befreundet. Ich wusste, dass viele über die Ostertage auf dem Campus geblieben waren. Wie oft hatten wir miteinander gelacht, geweint und gebetet – und davon geträumt, erwachsen zu werden, uns zu verlieben, eine Familie zu gründen. Wir waren überzeugt, dass wir unser Leben lang Freundinnen sein würden – und jetzt war ihr Leben vorbei, ausgelöscht. Ich betete, dass man sie nicht gefoltert hatte. Dann erst wurde mir bewusst, dass ich bei ihnen gewesen wäre, hätte ich nicht den wunderbaren Brief meines Vaters bekommen, in dem er mich bat, zu Ostern doch unbedingt nach Hause zu kommen.

Mir brach fast das Herz. Hatte ich denn alle verloren, die mir je nahe gestanden hatten? Ich schloss die Augen und betete zu Gott, er möge mir ein Zeichen geben, dass er an meiner Seite war. Er war der Einzige, der mir noch geblieben war, der Einzige, dem ich vertrauen konnte. Doch statt eines Zeichens von Gott vernahm ich Hilferufe.

»Pastor Murinzi, Gott sei Dank, dass Sie zu Hause sind! Bitte, Sie müssen mir helfen. Sie kommen, sie kommen, um mich zu töten!«

Ich erkannte die Stimme der Frau: Es war Sony, eine ältere Witwe, deren Mann bei den Massakern im Jahre 1973 ums Leben gekommen war. Sie hatte mich immer gegrüßt, die liebe alte Frau, wenn ich, beladen mit Obst und kleinen Geschenken für meine Brüder, im Dorf aus dem Bus stieg. Sie war wie eine Großmutter für mich, und am liebsten hätte ich ihr zugerufen, sie solle zu uns kommen, sich mit uns verstecken.

Doch dann hörte ich den Pastor sagen: »Geh fort, ich kann keine Tutsi verstecken, tut mir Leid. Du kannst nicht hereinkommen.«

»Haben Sie Erbarmen mit mir, Herr Pastor, bitte. Sie sind ein Mann Gottes, bitte retten Sie mich. Ich werde es niemandem sagen. Ich werde ganz still sein. Ich möchte nicht sterben, Herr Pastor. Ich bin nur eine alte Frau, ich habe niemandem etwas getan.«

»Du bist eine Feindin unseres Landes und ich kann dich nicht aufnehmen. Ich bin ein guter Hutu, also geh.« Und er schlug die Haustür zu.

Von fern hörte ich die Killer ihr schreckliches Jagdlied singen; sie näherten sich offenbar dem Haus. Die arme Sony begann wieder um Hilfe zu schreien. Ich sah sie im Geiste, wie sie mit ihren krummen Beinen, auf ihren Stock gestützt, davonhumpelte – sie würde nicht sehr weit kommen, bis die Killer sie einholten.

Ich wollte weinen, aber es kamen keine Tränen. Mein Herz

begann sich gegen all dies Leid zu verschließen. Ich war nicht einmal zornig auf den Pastor. Vielleicht waren die Killer schon ganz nah, als Sony vor seiner Tür stand, und er hatte keine andere Wahl gehabt, als sie fortzuschicken.

Ich schloss die Augen und bat Gott, er möge Sonys Seele zu sich nehmen und ihr einen Platz im Himmel geben. Dann bat ich ihn noch einmal um ein Zeichen, dass er über uns wachte.

Der Pastor öffnete die Tür und reichte mir wortlos die Bibel, um die ich ihn gebeten hatte.

Ich schlug sie auf und hatte Psalm 91 vor mir:

Wer im Schutz des Höchsten wohnt und ruht im Schatten des Allmächtigen, der sagt zum Herrn: »Du bist für mich Zuflucht und Burg, mein Gott, dem ich vertraue.« Er rettet dich aus der Schlinge des Jägers und aus allem Verderben. Er beschirmt dich mit seinen Flügeln, unter seinen Schwingen findest du Zuflucht, Schild und Schutz ist dir seine Treue. Du brauchst dich vor dem Schrecken der Nacht nicht zu fürchten noch vor dem Pfeil, der am Tag dahinfliegt, nicht vor der Pest, die im Finstern schleicht, vor der Seuche, die wütet am Mittag.

Fallen auch tausend zu deiner Seite, dir zur Rechten zehnmal tausend, so wird es doch dich nicht treffen.

KAPITEL 13

Waisen ohne Heimat

Schon über ein Monat war vergangen, und wir dachten, wir würden niemals mehr den Himmel sehen. Die Killer kamen und verschwanden wieder, wie es ihnen beliebte, sie tauchten zu jeder Tages- und Nachtzeit überraschend vor der Tür des Pastors auf. Es konnten ein paar Dutzend sein oder ein paar hundert – sie erschienen, wenn es ihnen befohlen wurde, wenn sie einen Hinweis bekamen oder wenn sie sich langweilten und Jagd auf Tutsi machen wollten, um sie zu foltern oder zu töten. Aber sie kamen immer wieder, und wir wussten, dass sie so lange kommen würden, bis sie uns fanden oder den Krieg verloren hatten.

Was wir an Nachrichten aus dem Radio des Pastors mitkriegten, war trostlos. Die Regierung hatte alle ruandischen Sender zu bloßen Propagandamaschinen des Todes gemacht. Es sei die Pflicht aller Hutu, verkündeten die Sprecher, jeden Tutsi, den sie sahen, auf der Stelle zu töten. Und das Land stand praktisch immer noch still, denn die Leute wurden zum Töten geschickt, anstatt zur Arbeit zu gehen. Als sich einige Bauern beschwerten, dass ihre Felder verkamen, gab ein Sprecher der Regierung im Radio bekannt, dass jeder, der einen Tag nicht auf Tutsi-Jagd gehen, sondern sich um seine Felder kümmern wolle, bei der Feldarbeit eine Waffe dabeihaben müsse. »Ihr müsst immer auf der Hut sein! Diese Tutsi-Schlangen verstecken sich im Gras und in den Büschen«, verkündete er. »Denkt also daran, dass ihr eure Machete immer griffbereit habt, um die Schlangen in Stücke zu hauen. Noch besser ist, wenn ihr euer Gewehr nehmt und sie erschießt! Wenn ihr kein Gewehr habt, bekommt ihr eins von der Regierung. Wenn ihr auf dem Feld arbeitet und im Gebüsch eine Tutsi-Frau entdeckt, die ihr Baby stillt, dann lasst euch diese günstige Gelegenheit nicht entgehen: Nehmt euer Gewehr, erschießt sie, und geht wieder an die Arbeit in dem Wissen, dass ihr eure Pflicht getan habt. Aber vergesst nicht, das Baby zu töten – das Kleine einer Schlange ist auch eine Schlange, also tötet es ebenfalls!«

An der Tankstelle im Dorf wurden im Auftrag der Regierung Macheten ausgegeben, während Milizionäre von Tür zu Tür gingen und Gewehre und Granaten verteilten. Sogar Pastor Murinzi hatte eines Abends, als er uns Essen brachte, ein Gewehr über der Schulter. »Keine Angst, ich will euch nicht erschießen«, sagte er und fuchtelte mit dem Gewehr herum. »Regierungssoldaten haben es heute vorbeigebracht. Hätte ich mich geweigert, es anzunehmen, dann hätten sie mich bezichtigt, ein Gemäßigter zu sein, und mich erschossen.« Er hängte sich das Gewehr wieder über die Schulter und versprach: »Ich werde es nur benutzen, wenn es unbedingt sein muss.«

Offenbar hatte inzwischen jeder Hutu in Ruanda ein Gewehr oder eine Machete erhalten mit der Anweisung, sie gegen die Tutsi einzusetzen – und niemand auf der ganzen Welt rührte einen Finger, um sie davon abzuhalten. Wir wussten aus Radioberichten, dass keine Hilfe unterwegs war, und ich konnte nicht verstehen, wie andere Länder, insbesondere diejenigen in der sogenannten zivilisierten westlichen Welt, uns derart im Stich lassen konnten. Sie wussten, dass wir massakriert wurden, und unternahmen dennoch nichts.

Kurz nach Beginn der Massaker hatte sogar die UNO den Abzug ihrer Blauhelme angeordnet. Roméo Dallaire, kanadischer General und Befehlshaber der UN-Friedenstruppe, weigerte sich jedoch, diesem Befehl Folge zu leisten, und blieb mit einigen Hundert Soldaten in Ruanda. Er war ein tapferer, integrer Mann, aber allein inmitten von Heerscharen an Killern. Wir hörten ihn oft im Radio darum bitten, jemand, irgendjemand, solle Truppen nach Ruanda schicken und das Morden stoppen, doch niemand wollte ihn hören. Unser früherer Kolonialherr Belgien zog als erstes Land seine Soldaten aus Ruanda ab. Die Vereinigten Staaten wollten nicht einmal einräumen, dass ein Völkermord im Gange war! Es musste ihnen doch klar sein, dass unsere Politiker mit dem Morden nicht aufhören würden, bis alle Tutsi, ob Mann, Frau oder Kind, tot waren. Jeder konnte hören, was sie vorhatten – und taten –, er brauchte nur einen beliebigen Radiosender einzuschalten.

Manchmal berichtete uns der Pastor Einzelheiten über die offiziellen Vernichtungspläne, die in den Radioberichten nicht erwähnt wurden. »Wenn einmal alle Tutsi tot sind, wollen sie es so aussehen lassen, als hätten sie niemals existiert. Sie werden jede Spur von ihnen auslöschen«, erzählte er uns ganz sachlich. »Ich kenne Regierungsbeamte in der Stadt, die Anweisung haben, alle Tutsi-Dokumente zu vernichten. Die meisten Schul- und Arbeitsunterlagen haben sie bereits verbrannt, jetzt nehmen sie sich die Geburten-, Ehe- und Sterberegister vor. In allen Städten und Dörfern gilt der gleiche Befehl: Auf ruandischem Boden darf nicht ein einziger Fußabdruck von einem Tutsi bleiben.«

Eine gute Nachricht gab es jedoch. Die Hutu-Regierung behauptete zwar ständig, sie töte alle Tutsi-Rebellen in der RPF, aber dann hörten wir bei BBC und anderen ausländischen Sendern, dass die RPF in einigen Landesteilen siegreich gewesen war. Manchmal hörten wir auch den RPF-Führer Paul Kagame, der den Tutsi Mut zusprach und sagte, sie sollten Vertrauen haben, denn die Rebellen kämpften, um sie zu retten. Für uns war er ein Held, auch wenn wir wussten, dass die Rebellen in der Region Kigali und weiter nördlich kämpften – weit entfernt von Mataba. Kagames aufmunternde Worte änderten zwar nichts an unserer Situation, doch sie gaben uns ein wenig Hoffnung, dass die Tutsi-Soldaten uns eines Tages retten würden.

Der Krieg zog sich hin, und der Pastor sorgte sich immer mehr, was er mit uns machen sollte. »Wenn die Kämpfe noch monatelang weitergehen, sind meine Nahrungsvorräte aufgebraucht. Ich werde euch nicht länger hier behalten können«, jammerte er.

Mir fiel das Gewehr ein, das er sich einmal umgehängt hatte, und ich fragte mich, was er dann wohl tun würde. Dass er sich zum Killer wandeln würde, konnte ich mir nicht vorstellen – nicht, nachdem er sein Leben riskiert hatte, um uns zu retten. Aber mir war klar, dass er durchaus fähig war, uns mitten in der Nacht aus dem Haus zu werfen, wie er es mit Augustin und Vianney getan hatte. Und ich wusste, dass es überall von Killern wimmelte und wir außerhalb unseres Verstecks nicht einmal eine Stunde überleben würden.

Der Pastor musste viel darüber nachgedacht haben und zu dem Schluss gelangt sein, dass er Gottes Hilfe brauchte. Eines Abends bat er uns, gemeinsam mit ihm darum zu beten, dass Gott den Regierungssoldaten Beistand leiste, damit sie den Krieg gewannen. Wir sahen ihn fassungslos an. War ihm denn nicht bewusst, was er da von uns verlangte? Dass er unserem Leid gegenüber so gefühllos geworden war, konnte ich kaum glauben.

Aber wir saßen in der Klemme – was sollten wir denn tun? Also falteten wir alle die Hände und taten so, als würden wir mit ihm beten. In Wirklichkeit betete ich für die Seelen der Abertausenden bereits ermordeten Tutsi. Dann betete ich dafür, dass die Killer Gottes Licht schauen und von seiner Liebe verwandelt werden mögen: *Berühre sie mit deiner göttlichen Liebe, Herr. Erst dann werden sie ihre Macheten fortwerfen und auf die Knie fallen. Bitte, Gott, mach, dass sie mit dem Morden aufhören. Vergib ihnen.*

Und ich betete darum, dass der Pastor nicht allzu gefühllos, nicht allzu hartherzig uns gegenüber werden und nicht vergessen möge, dass auch wir Menschen waren.

Als das Gebet beendet war, schockierte uns Pastor Murinzi mit der Enthüllung dessen, was er nach dem Krieg mit uns zu tun gedachte. »Es wird dann keine Tutsi in Ruanda mehr geben, deshalb muss ich euch aus dem Haus schmuggeln, ohne dass es jemand mitbekommt. Und ihr müsst irgendwo hingehen, wo euch niemand kennt und niemand herausfinden kann, dass ich es war, der euch während des Krieges versteckt hielt.«

Vor unserem Haus: Papa, Mama, Aimable, Damascene, ich, Vianney (v. l. n. r.)

An der Universität, wenige Monate vor Beginn des Völkermords

Besuch von Damascene auf meinem Universitätscampus in Butare

Mutter (vorne links) und ihre besten Freundinnen, von denen zwei den Genozid nicht überlebten

Papa (r.) auf einer internationalen Schuldirektoren-Konferenz

Der winzige Toilettenraum in Pastor Murinzis Haus, in dem ich mich drei Monate lang zusammen mit sieben weiteren Frauen versteckt hielt. Kaum vorstellbar, wie wir dort alle hineingepasst haben.

Dieser Kleiderschrank verbarg die Tür zum Toilettenraum und rettete uns so das Leben.

Mit Pastor Murinzi, zehn Jahre nach den Massakern

Die Ruinen unseres Hauses, das während der Ausschreitungen
zerstört wurde

Aimable und das ausgebrannte Wrack des Autos meines Vaters

Im Camp der Franzosen (ich sitze unten rechts)

Blick über den Kivu-
See hinter unserem
Haus

Meine wundervolle Familie: mein Mann Bryan und unsere
Kinder Nikki und Bryan jr.

Im Gespräch mit dem ruandischen Präsidenten Paul Kagame
im September 2005 bei der UNO in New York. Kagame führte
1994 die Tutsi-Rebellenarmee RPF an, die für ein Ende des
Genozids in Ruanda sorgte.

Es stellte sich heraus, dass er uns auf eine abgelegene, etwa achtzig Kilometer entfernte Insel im Kivu-See schicken wollte, wo wir Männer des Abashi-Stammes heiraten sollten!

Wir schauten uns sprachlos an. Die Abashi waren ein primitiver Stamm, sie lebten tief im Wald und hatten praktisch keinen Kontakt zur Außenwelt. Sie hatten keine Schulen, keine Kirchen, nicht einmal Arbeit; sie trugen keine Kleidung, bis auf ein Lendentuch, und ernährten sich ausschließlich von dem, was sie im Wald an Essbarem fanden oder erjagten. Wenn ruandische Eltern ungehorsamen Kindern Angst machen wollten, um ihnen ein besseres Benehmen beizubringen, drohten sie ihnen, sie zu den Abashi zu schicken – das war, als würde man ins Reich der Kobolde geschickt. Und ungefähr das Schlimmste für eine ruandische Frau war, wenn man ihr sagte, sie solle einen Abashi-Mann heiraten.

»Was wollt ihr denn sonst machen? Da gibt es nichts zu diskutieren«, sagte der Pastor in sehr bestimmtem Ton, wandte sich zum Gehen und überließ uns unseren Grübeleien über unser künftiges Schicksal.

Ich fand es schrecklich, wie der Pastor mittlerweile von uns dachte, konnte andererseits aber auch verstehen, was in seinem Kopf vorging. Falls die Hutu-Extremisten zu Ende brachten, was sie angefangen hatten, dann wären wir die letzten lebenden Tutsi in Ruanda – Waisen in einem feindlich gesinnten Heimatland.

Doch ich fühlte mich überhaupt nicht als Waise. Seit Wochen betete ich nun nahezu ununterbrochen, und meine Beziehung zu Gott war tiefer, als ich mir je hätte vorstellen können. Ich fühlte mich wie die Tochter des gütigsten, mächtigsten Königs, den die Welt je gesehen hatte. Ich überantwortete mich Gott in Gedanken jeden Tag, wenn ich mich in den Winkel in meinem Herzen zurückzog, um mit ihm zu sprechen. Dieser Winkel in meinem Innern war wie ein Stückchen Himmel, wo mein Herz mit seinem Heiligen Geist sprach und sein Geist zu meinem Herzen. Solange ich in seinem Geiste lebte, versicherte er mir, würde ich niemals verlassen sein, niemals allein, und es würde mir nichts geschehen.

Ich saß stundenlang bewegungslos auf dem schmutzigen Fußboden und meditierte über Gottes unendlich reine Energie, während die Kraft seiner Liebe mich durchfloss wie ein heiliger Fluss, meine Seele läuterte und meinen Geist ruhig werden ließ. Manchmal hatte ich das Gefühl, über meinem Körper zu schweben, geborgen in Gottes mächtiger liebender Hand. Im Geiste hörte ich mich in exotischen Sprachen sprechen, die ich noch nie gehört hatte – und wusste instinktiv, dass ich Gottes Größe und Liebe pries.

In meinen wachen Stunden stand ich in ständiger Verbindung mit Gott, ich betete und meditierte jeden Tag fünfzehn bis zwanzig Stunden. Und in den wenigen Stunden, die ich schlief, träumte ich sogar von Jesus und der Jungfrau Maria.

Mitten im Genozid fand ich mein Heil. Ich wusste, dass mein Bund mit Gott die Zeit im Versteck, den Bürgerkrieg und die Massenmorde überdauern würde. Dieser Bund, das wusste ich jetzt, würde selbst das Leben überdauern.

Ich erhob mein Herz zum Herrn und er erfüllte es mit seiner Liebe und Gnade. Dass ich mich in jener Toilette versteckt halten musste, erwies sich als ein Segen, für den ich immer dankbar sein werde. Selbst wenn meine Eltern in den Massakern umgekommen sein sollten, würde ich doch niemals eine Waise sein. In jenem Versteck war ich neu geboren worden, als liebende Tochter Gottes, meines Vaters.

Als Pastor Murinzi uns aufnahm, lebten nur die jüngsten seiner zehn Kinder, sein Sohn Lechim und seine Tochter Dusenge, bei ihm. Doch im Laufe der Wochen kamen auch die anderen wieder heim, und das Haus begann sich zu füllen. Es wurde schwieriger für den Pastor, sich unbemerkt um uns zu kümmern, und deshalb weihte er nach ungefähr fünf Wochen, in denen er unsere Anwesenheit geheim gehalten hatte, Lechim und Dusenge ein, die zwei Menschen, denen er mehr vertraute als allen anderen.

Lechim war ein guter Kerl mit einem großen Herzen, und mit Dusenge, einem sehr lieben Mädchen, war ich schon seit langer Zeit befreundet. Ich hatte zufällig mehrere Male mitbekommen, wie sie sich unterhielten, und wusste, dass sie aufrichtig empört waren über die entsetzlichen Dinge, die man den Tutsi antat.

Der Pastor sagte, er werde sie demnächst einmal mitbringen, und als sie kamen, bemerkte ich nichts als ehrliche Anteilnahme und Mitgefühl in ihren Augen. Dusenge begrüßte mich herzlich, Lechim nahm meine Hand, drückte sie fest und flüsterte nur: »Ach, Immaculée.« Zum letzten Mal hatten wir uns an dem Tag gesehen, als mich der Pastor ins Versteck gebracht hatte, und wir wussten gar nicht, wie wir in Worte fassen sollten, was seither geschehen war. Er drückte erneut meine Hand und sagte: »Ich bin so froh, dass du hier versteckt bist. Gott sei's gedankt, dass meine Familie dir helfen kann. Wir beschützen dich.«

Seine herzlichen Worte riefen wieder die guten Gefühle aus der Zeit unserer unschuldigen Beziehung vor Jahren wach. Das war kein Zufall gewesen – ich erkannte, dass Gott Lechim und mich vor Jahren zusammengebracht hatte, damit ich jetzt, in seinem Haus versteckt, gerettet werden konnte.

Es tröstete mich sehr, meine alten Freunde zu sehen, auch wenn sie keine Neuigkeiten über meine Familie hatten und nicht wussten, wo mein Freund John sich aufhielt. (Die Kommunikation war schwierig, denn seit Beginn des Bürgerkriegs funktionierten die Telefonverbindungen kaum noch.) Aber Lechim und Dusenge brachten ein wenig Herzenswärme in unser Versteck und hin und wieder auch eine Kanne Tee – ein seltener Genuss.

Pastor Murinzi mochte uns bereits als Waisen abgeschrieben haben, doch seine beiden jüngsten Kinder hatten uns gewissermaßen adoptiert.

Eines späten Abends Mitte Mai ging plötzlich die Tür unseres Verstecks auf und zwei junge Interahamwe-Killer standen vor uns. Wir erschraken fürchterlich und rechneten jeden Moment mit Machetehieben, doch dann hörten wir den Pastor flüstern, wir sollten ruhig sitzen bleiben und keine Angst haben. Da erst erkannten wir, dass wir keine Killer vor uns hatten, sondern zwei junge Tutsi-Frauen, die bei uns Zuflucht suchten.

Wir freuten uns sehr, noch zwei weitere lebende Tutsi zu sehen, obwohl es auf dem Boden keinen Platz mehr gab. Der Pastor schob sie einfach in den Raum und sie fielen auf uns drauf. »Seid absolut leise«, ermahnte er uns noch einmal, dann schloss er die Tür. In dem schwachen Licht, das durch das kleine Fenster drang, konnten wir gerade noch die Gesichter der beiden jungen Frauen wahrnehmen. Wir versuchten, uns mit ihnen in unserer Zeichensprache zu verständigen, aber natürlich verstanden sie uns nicht. Da riskierten wir es doch, im Flüsterton nachzufragen, woher sie kamen und was draußen vor sich ging.

Die beiden hießen Malaba und Solange. Malaba war ungefähr so alt wie ich, ich kannte sie vom Sehen, aber nicht näher, und Solange, die im Teenageralter war, hatte ich noch nie gesehen.

Es stellte sich heraus, dass Marianne, eine der älteren Töchter des Pastors, die beiden jungen Frauen seit Beginn der Verfolgungen in ihrem Haus im Norden Ruandas versteckt hatte. Im Norden waren die Kämpfe mit den Rebellen am schlimmsten und die Hutu-Extremisten suchten überall nach Tutsi-Spionen. Marianne war als gute Seele bekannt, was sie in den Augen der Extremisten äußerst verdächtig machte. Ihr Haus war mehrmals durchsucht worden, und sie hatte Angst, dass Malaba und Solange früher oder später entdeckt wurden.

Irgendwie gelang es Marianne, für Malaba eine gefälschte Identitätskarte zu beschaffen, dann steckte sie die beiden in ähnliche Kleidungsstücke, wie sie die Killer trugen. Sie packte die Macheten, Gewehre und Handgranaten, die die Interahamwe ihr zum Töten von Tutsi gegeben hatten, in ihren Wagen, und die beiden jungen Frauen setzten sich daneben.

Und dann, während rundherum erbitterte Kämpfe tobten, machten sie sich auf die lange, gefährliche Fahrt in den Süden zu ihrem Vater, wo sie Unterschlupf zu finden hofften.

Malaba und Solange erzählten, dass sie alle paar Kilometer von Interahamwe-Killern an Straßensperren angehalten und nach ihren Identitätskarten gefragt worden waren. Solange hatte keine, deshalb hatten die Frauen bei jedem Halt Angst, dass man sie umbringen würde. Keine Identitätskarte zu haben war genauso schlecht wie eine, auf der »Tutsi« stand – es bedeutete den Tod.

»Ein Mann im Wagen vor uns reichte ihnen seine Tutsi-Papiere und sie haben ihm vor unseren Augen den Kopf abgehackt«, flüsterte Solange mit heiserer Stimme und schüttelte fassunglos den Kopf. Sie konnte immer noch nicht begreifen, was sie miterlebt hatte.

»Sie haben sogar Hutus getötet, die ihre Identitätskarte zu Hause vergessen hatten«, erzählte Malaba. »Ich habe einen der Männer erkannt, die sie getötet haben, und weiß, dass er ein Hutu war, aber sie wussten es nicht. Er war ein bisschen größer als sie und das hat genügt. Sie sagten, er sei ein Tutsi-Spion, und haben ihn erschossen. Einen anderen Hutu haben sie getötet, weil er ihnen widersprach. Er hatte nur gesagt, dass es nicht recht von ihnen sei, Tutsi zu töten.«

Marianne hatte ihren beiden Begleiterinnen vor der Fahrt eingeschärft, sie sollten sich wie die Killer benehmen, wenn sie überleben wollten. Also griffen sie jedes Mal, wenn sie an eine Straßensperre kamen, nach einer Machete oder einem Gewehr und fuchtelten wild mit den Waffen herum.

»Wir haben gebrüllt wie die Irren«, berichtete Solange. ›Macht für die Hutu! Macht für die Hutu! Tötet alle Kakerlaken! Tötet diese Tutsi-Hunde!‹ Das hat den Killern sehr gefallen, sie meinten, wir sollten weiter so gute Arbeit leisten, und winkten uns durch. Tutsis ermorden zu wollen ist, als hätte man einen Passierschein – das ganze Land ist verrückt geworden. Und die meisten dieser Kerle waren betrunken oder high von Marihuana. An zwei Kontrollpunkten haben wir sogar gesehen, wie Soldaten in Jeeps angefahren kamen und Drogen und Alkohol an die Killer verteilten, um sie bei Laune zu halten.«

Sie hätten auf der Straße Richtung Süden so viele Tote gesehen, erzählten die beiden Schwestern, dass sie erst nach langer Zeit begriffen, dass es tatsächlich Leichen waren. »Es waren so viele, und sie waren so hoch aufeinander geschichtet, dass wir zuerst dachten, es sind Haufen von alten Kleidern oder Abfall. Aber als wir genauer hingeschaut haben … Als wir kurz anhielten und das Fenster heruntergekurbelt haben, wussten wir es. Wir hörten das Summen der Fliegen, obwohl der Motor lief. Und Hunderte von Hunden fraßen an den Leichen, kämpften um Körperteile … Es ist alles so entsetzlich. Das ganze Land riecht nach verwesendem Fleisch«, flüsterte Solange zitternd und mit bleichem Gesicht. »Ich bekomme diese Bilder nicht mehr aus dem Kopf. Auch wenn ich die Augen schließe, sehe ich nur Leichen vor mir.«

Es wäre uns sicher schwer gefallen, den beiden zu glauben, hätten wir nicht schon ähnliche Horrorberichte aus dem Radio und vom Pastor gekannt. Es hörte sich an, als wäre das Ende der Welt gekommen und hätte in Ruanda den Anfang gemacht.

Wir fragten sie, ob sie etwas über unsere Familien wüssten, aber sie wussten nicht einmal, wo ihre eigenen Angehörigen waren. Marianne war Malabas Patin, bei der sie zufällig zu Besuch waren, als das Morden begann.

Malaba, die quer auf unseren Oberschenkeln lag, ruckelte sich zurecht und wisperte weinend: »Hätte Marianne uns nicht versteckt, dann würden wir auf einem dieser Leichenhaufen liegen und von Hunden gefressen werden.«

Bei diesem Bild lief es mir kalt den Rücken herunter. Ich fragte mich zum millionsten Mal, wo meine Eltern und meine Brüder wohl waren, und bat Gott im Stillen, sie zu beschützen. *Du bist der Einzige aus meiner Familie, mit dem ich jetzt sprechen kann, lieber Gott. Ich vertraue darauf, dass du dich um die anderen kümmerst.*

Von diesem Abend an gab es noch weniger Platz in unserem Versteck. Während ich die siebenjährige Sanda auf meinem Schoß in den Schlaf wiegte, dachte ich daran, wie grausam wir unseren Familien entrissen worden waren oder die Familien uns. Ich wünschte mir, meine eigene Mutter hielte mich so auf ihrem Schoß, als ich der kleinen Sanda übers Haar strich.

Kurz vor Tagesanbruch schlief ich ein und hatte den intensivsten Traum meines Lebens. Ich sah Jesus mit ausgebreiteten Armen vor mir stehen, als wollte er mich umarmen. Er hatte ein Tuch um die Hüften gewickelt, sein langes Haar ging ihm bis auf die Schultern. Ich erinnere mich, dass es mich betroffen machte, wie dünn er war: Die Rippen stachen durch die Haut, die Wangen waren eingefallen. Doch seine Augen strahlten wie Sterne, als er mich ansah, und seine Stimme war sanft wie ein Windhauch.

»Wenn du diesen Raum verlässt, wirst du feststellen, dass fast alle, die du kennst und liebst, tot sind«, sagte er. »Ich bin hier, um dir zu sagen, dass du keine Angst zu haben brauchst. Du wirst nicht allein sein – ich werde bei dir sein. Ich werde deine Familie sein. Fürchte dich nicht und vertraue mir, denn ich werde immer an deiner Seite sein. Trauere nicht zu lange um deine Lieben, Immaculée. Sie sind jetzt bei mir und es geht ihnen gut.«

Als ich aufwachte, fühlte ich mich sehr entspannt. Von Jesus zu träumen war ein wunderbares Geschenk, ich spürte noch die wohlige Wärme, und dankte Gott, dass er mir eine solch wunderbare Botschaft geschickt hatte. Doch nach einigen Stunden wurde mir das Herz schwer. Jesus hatte gesagt, dass meine Familie tot sei – und ich wollte unbedingt, dass alle noch am Leben waren. Ich wollte meine Eltern wiedersehen, wollte Vianney sagen, wie Leid es mir tat, dass ich ihn in jener Nacht hatte gehen lassen, wollte Damascenes Lächeln auf seinem Gesicht erstrahlen sehen. Ich hatte so viel gebetet, warum konnte Gott sie nicht am Leben lassen?

Ich schloss die Augen und tröstete mich mit dem Gedanken, dass, wenn alles nur ein Traum gewesen war, meine

Familie durchaus noch am Leben sein konnte. Und wenn es kein Traum gewesen war, dann hatte Gott versprochen, immer bei mir zu sein, und ich hatte noch nie erlebt, dass Gott ein Versprechen gebrochen hatte.

Nicht lange nach diesem Traum hörte ich, wie sich Leute draußen vor unserem Fenster über die letzten Morde an Tutsi unterhielten, die sie mit angesehen hatten. Einer der Männer erzählte, wie die Soldaten einen jungen Mann erwischt hatten, der sich seit Beginn des Krieges in der Gegend versteckt gehalten hatte: »Der Bursche hatte studiert, sogar einen Abschluss, und die Killer verspotteten ihn damit. Sie fragten ihn, warum sie ihn geschnappt hätten, wenn er doch so klug sei. Einer von ihnen meinte, er würde gerne das Gehirn von einem Studierten sehen, also hackte er dem Burschen mit seiner Machete ein Stück vom Kopf weg. Und dann schaute er sich das Gehirn an.«

Mir blieb fast das Herz stehen. Es gab nicht allzu viele junge Tutsi-Männer in unserer Gegend, die einen Uniabschluss hatten. Sie sprachen gewiss von meinem Bruder Damascene!

Bitte, Gott, lass es nicht meinen Bruder sein, betete ich. Es ist doch gar nicht sicher, dass sie über Damascene gesprochen haben, versuchte ich mich zu beruhigen. Ich betete stundenlang, dass es nicht mein Bruder sein möge, und wartete darauf, dass Pastor Murinzi uns das Essen brachte. Als er schließlich kam, erzählte ich ihm, was ich gehört hatte, und fragte ihn rundheraus, ob die Männer von Damascenes Ermordung gesprochen hätten.

Meine Frage brachte ihn ganz aus der Fassung und er wich meinem Blick beharrlich aus. »Nein, nein, bestimmt nicht«, antwortete er. »Sie haben viele junge Männer umgebracht, es gibt keinen Grund anzunehmen, dass sie deinen Bruder gemeint haben. Ich habe über keinen deiner Brüder etwas gehört, Immaculée.«

Ach, Pastor, dachte ich, *Sie sind ein schlechter Lügner!* Sein Gesichtsausdruck verriet mir, dass Damascene tot war – aber wie konnte ich dessen sicher sein? Ich biss mir auf die Lippen und dankte ihm dafür, dass er mir Bescheid gab, wenn er etwas Neues erfuhr, und dass er uns alle beschützte. Er nickte und hatte es plötzlich sehr eilig.

Die anderen meinten, ich solle mir keine Sorgen machen, meinem Bruder gehe es bestimmt gut, und man könne nicht wissen, von wem die Männer gesprochen hätten. Ich tat, als würde ich ihnen glauben, und brachte ein halbes Lächeln zustande. Schließlich bestand durchaus noch eine Chance, dass mein wunderbarer Damascene am Leben war, dass ich bald wieder in sein lächelndes Gesicht blicken und über seine albernen Witze lachen würde.

Doch mein Herz wollte nicht auf meinen Kopf hören. Ich begann zu weinen, erst leise und unterdrückt, doch bald schluchzte ich hemmungslos. Ich schlug mir ins Gesicht und zwickte mich fest, in der Hoffnung, dass der Schmerz mich ablenken würde und ich aufhören könnte zu weinen. Doch es half alles nichts. Ich wusste, dass die anderen langsam in Panik gerieten, weil sie Angst hatten, jemand könnte mich hören, aber ich konnte mich einfach nicht beruhigen. Ich biss mir in die Hand, um mein Schluchzen zu unterdrücken, doch die Tränen wollten nicht versiegen, und ich schluchzte umso lauter. Zu allem Überfluss begannen auch noch die jüngeren Mädchen zu weinen. Die älteren Frauen bedeuteten mir mit stummen Gesten, doch bitte endlich aufzuhören mit meinem Geheule.

Eine Stunde später hörte ich tatsächlich auf. Und ich weinte niemals wieder in jenem Raum.

KAPITEL 14

Fremde Zungen

Inzwischen waren wir seit sieben Wochen in der Toilette versteckt und alle erschreckend dünn geworden – die Knochen standen hervor, die Haut hing schlaff herunter. Auf dem Boden zu sitzen wurde immer anstrengender, da Muskeln und Fettgewebe abgebaut wurden, natürlich auch die Fettpolster am Hinterteil. Trotz unserer beiden Neuzugänge hatten wir von Tag zu Tag mehr Platz in unserem Versteck. Wir schrumpften buchstäblich, unsere Hungerdiät machte uns schwach und benommen. Ich sah an meinen Kleidern, dass ich an die zwanzig Kilo abgenommen hatte (dabei hatte ich zuvor ohnehin nur an die fünfzig Kilo gewogen).

Unsere Haut war bleich, die Lippen waren aufgesprungen, das Zahnfleisch entzündet und geschwollen. Da wir seit unserer Ankunft weder duschen noch unsere Kleider hatten wechseln können, hatten uns zu allem Übel auch noch Läuse befallen. Manchmal wurden die winzigen Tierchen derart dick von unserem Blut, dass wir sie über unsere Gesichter marschieren sahen.

Wir waren vermutlich kein besonders hübscher Anblick, und doch habe ich mich nie schöner gefühlt. Jeden Tag, wenn ich aufwachte, dankte ich Gott dafür, dass er mich leben ließ, und jeden Morgen gab er mir das Gefühl, geliebt und liebevoll umsorgt zu werden. Ich wusste, dass er mich nicht so lange am Leben gehalten und durch so viel Leid getragen hatte, um mich durch die Machete eines blutrünstigen Killers sterben zu lassen! Und ich wusste, dass er mich nicht an irgendeiner banalen Krankheit würde sterben lassen. Ich wurde zweimal krank in dieser Zeit, und beide Male hätte ich mich innerhalb eines Tages mit ein paar Tabletten kurieren können – wenn wir welche gehabt hätten. Das erste Mal bekam ich plötzlich vierzig Grad Fieber, zitterte und delirierte. Das zweite Mal hatte ich eine unangenehme Harnwegsinfektion, eine äußerst schmerzhafte Angelegenheit. Der Pastor hatte nichts weiter anzubieten als ein Thermometer und seine besten Wünsche – er konnte uns keine Medikamente geben.

Ich konnte also nur beten, und das tat ich. Wenn die Schmerzen und das Fieber sehr schlimm wurden, bat ich Gott, mir seine heilenden Hände aufzulegen, wenn ich schlief. Beide Male wachte ich erfrischt und gestärkt auf, ohne Fieber oder Schmerzen. Die Macht seiner Liebe hatte mich geheilt.

Nein, von einer Krankheit würde ich mich nicht dahinraffen lassen. Gott hatte bestimmt noch etwas mit mir vor, und ich betete jeden Tag, dass er es mir enthüllen möge. Erst dachte ich, er würde mir meine ganze Zukunft auf einmal zeigen – vielleicht mit Blitz und Donner, sicherheitshalber. Doch allmählich begriff ich, dass Gott uns niemals etwas eröffnet, was zu erkennen wir noch nicht bereit sind. Vielmehr lässt er uns sehen, was wir sehen müssen, wenn wir es sehen müssen. Er wartet, bis unsere Augen und unsere Herzen offen sind für ihn, und dann, wenn wir bereit sind, stellt er unsere Füße auf den Weg, der für uns am besten ist – gehen müssen wir selber.

Mir stellte Gott die Füße auf den richtigen Weg, als Pastor Murinzi eines Tages von den neuesten Ereignissen berichtete. Die Vereinten Nationen berieten gerade über die Entsendung von Friedenstruppen nach Ruanda, erzählte der Pastor aufgeregt, und das konnte seiner Meinung nach ein schnelleres Ende des Bürgerkriegs bedeuten. Die UNO hatte fast alle Truppen abgezogen, nachdem Hutu-Soldaten am ersten Tag des Genozids zehn belgische Blauhelme ermordet hatten. Alle westlichen Länder hatten ihre Bürger evakuiert, als das Morden anfing, und die Tutsi ihrem Schicksal überlassen. Mit Beginn der Ausschreitungen gab es praktisch keine neutralen Beobachter mehr in Ruanda – ein

Signal für unsere Regierung, dass die Welt sich nicht darum scherte, wenn sie einen Völkermord beging, und das Leben der Tutsi nicht zählte. Also ging das Morden weiter.

Schon die Aussicht, dass eventuell neue UN-Truppen nach Ruanda kamen, bedeutete eine Menge, konnte das Morden vielleicht sogar stoppen! Doch der Pastor sagte, es gebe ein Problem. »Die Tutsi von der RPF wollen nicht, dass die UNO Truppen schickt, weil sie wollen, dass der Krieg weitergeht. Sie glauben, sie können ihn gewinnen und die Macht übernehmen!«, schnaubte er verächtlich. »Und wenn die UNO schon Soldaten schickt, dann sollen es englischsprachige sein, haben diese arroganten Kerle gefordert! So eine Frechheit!«

Der Pastor erzählte uns, dass die meisten RPF-Rebellen im ugandischen Exil aufgewachsen waren, einer ehemaligen Kolonie Großbritanniens, und deshalb Englisch sprachen. Ruanda hingegen war belgische Kolonie gewesen, und dort sprach man Französisch – weshalb wir an den höheren Schulen als zweite Sprache meistens Französisch lernten.

»Die RPF-Rebellen wollten sich weigern, Französisch zu sprechen, selbst wenn sie es beherrschten«, fügte Pastor Murinzi hinzu. »Sie behaupten, das französische Militär habe die Interahamwe-Killer ausgebildet. Sie hassen die Franzosen. Sollte die RPF den Krieg gewinnen, dann werden sie uns wahrscheinlich alle zwingen, Englisch zu sprechen!«

Und da ließ Gott mir ein Licht aufgehen.

Eigentlich war es mehr ein Paukenschlag. In diesem Moment war ich fest überzeugt, dass die RPF den Krieg gewinnen würde. Das hieß, dass ich danach englischsprachigen Menschen begegnen und ihnen würde berichten müssen, was man uns angetan hatte. Und ich hatte auch so eine Vorahnung, dass ich bei den Vereinten Nationen arbeiten würde, wo praktisch alle Englisch sprachen. Plötzlich wusste ich genau, dass ich meine Zeit im Versteck damit verbringen würde, Englisch zu lernen. Es war, als hätte Gott mir die Gewinnzahlen einer Lotterie in die Hand gedrückt – ich musste nur bereit sein, wenn sie gezogen wurden. Ich musste mich darauf vorbereiten, meinem Schicksal zu begegnen!

Eine vollkommen fremde Sprache zu erlernen würde natürlich viel Zeit erfordern, ich würde also nicht mehr so viel beten können. Ich machte mir Sorgen, dass der Teufel diese Gelegenheit, auf die er sicher wartete, nutzen würde, um sich wieder in meinem Kopf breit zu machen, mich mit Angst und Zweifeln zu erfüllen und mich in dunkelste Verzweiflung zu stürzen.

Ich tat das Einzige, was ich tun konnte. Ich fragte Gott, was ich tun sollte. *Lieber Gott, du hast mir diese Idee eingegeben, Englisch zu lernen, also hilf mir, dass der Teufel sich in dieser Zeit von mir fern hält! Und jetzt zeig mir bitte, wie ich eine neue Sprache lernen soll, wenn ich in dieser Toilette festsitze.*

Meinen Leidensgefährtinnen sagte ich nichts von meinen Plänen. Sie meinten ohnehin, ich sei nicht ganz richtig im Kopf, weil ich ununterbrochen betete. Wenn ich ihnen gesagt hätte, dass ich mir eine Fremdsprache aneignen wollte, während wir ums Überleben kämpften, hätten sie den Pastor vielleicht gebeten, mich gleich zu einem Abashi-Mann zu schicken. Also behielt ich meine Träume für mich.

Als der Pastor uns am nächsten Tag Essen brachte, fragte ich ihn, ob er mir ein Wörterbuch Französisch-Englisch und irgendwelche anderen auf Englisch geschriebenen Bücher von sich leihen könne. Er sah mich an, als hätte ich gerade ein Steak zum Abendessen bestellt.

»Ich möchte mich nur geistig ein bisschen beschäftigen. Wir starren seit fast zwei Monaten nur an die Wände und können nicht einmal miteinander reden«, flüsterte ich.

Mein Ansinnen erschien ihm offenbar absurd, denn er wandte sich kopfschüttelnd ab.

»Wenn ich Englisch lerne«, fügte ich schnell hinzu, »kann ich den UN-Soldaten nach dem Krieg erzählen, wie mutig Sie sich für unser Leben eingesetzt haben.«

Auf einmal erwärmte sich Pastor Murinzi für meine Idee, und er versprach, seine Büchersammlung durchzusehen. Ich hatte Glück: Nur sehr wenige Ruander besaßen Bücher in englischer Sprache, doch der Pastor fand zwei, dazu noch ein Wörterbuch Französisch-Englisch.

»Aber ich habe kein englisches Buch für Anfänger, Immaculée. Die Bücher, die ich habe, wären sehr schwer für dich«, meinte er.

Ich sah lächelnd zu ihm auf. Ich wusste zwar nicht, wie lange der Krieg noch dauern würde, aber ich hatte nicht vor, mich mit Trippelschritten auf mein neues Leben vorzubereiten – ich wollte Riesenschritte machen. »Das macht nichts, Herr Pastor«, erwiderte ich. »Ich möchte gar kein Anfängerbuch, denn ich habe es eilig. Bitte bringen Sie mir das größte, schwierigste Buch auf Englisch, das Sie haben.«

Der Pastor fing an, sich für mein Vorhaben zu begeistern, und sagte mir sogar, woran ich die UN-Soldaten erkennen könne. »Sie tragen als Einzige blaue Helme«, eröffnete er mir, als er mir die beiden dicken Bücher und das Wörterbuch übergab.

Ich schlug sie sofort auf und weidete mich an den exotisch aussehenden Wörtern. Ich hielt die Bücher in den Händen, als wären sie aus purem Gold. Ich fühlte mich, als hätte ich von einer tollen amerikanischen Universität ein Stipendium bekommen.

Ich atmete erleichtert auf und dankte Gott, dass er meine Gebete erhört und mir das zum Englischlernen notwendige Werkzeug geschickt hatte. Ich würde zwar nicht mehr so viel Zeit zum Beten haben, doch ich wusste, Gott würde bei mir sein, während ich lernte. Er wollte, dass ich diese Sprache lernte, ich spürte seinen göttlichen Plan ganz stark. Ich würde keine Minute meiner Zeit mit Selbstmitleid oder Zweifeln vergeuden. Gott hatte mir ein Geschenk gemacht, und mein Geschenk an ihn würde sein, dass ich es möglichst gut nutzte. Ich schlug das dickste Buch auf und begann zu lesen.

Von da an verbrachte ich meine Zeit nicht mehr nur mit Beten und Meditieren über Gott, sondern lernte auch, so viel ich konnte – Wort für Wort. Ich schlug jedes neue englische

Wort im Wörterbuch nach, um es ins Französische zu übersetzen und mir seine Bedeutung zu erschließen. Am Anfang ging es sehr langsam voran, aber es war interessant und machte Spaß.

Als Erstes prägte ich mir die Wörter ein, die für mich nach meiner Rückkehr in die reale Welt am wichtigsten sein würden. Ich entdeckte, dass »I« auf Französisch »Je« heißt, und das musste ich mir unbedingt merken. Ich musste sagen können: »I am Tutsi, I need help«, »I have been in hiding for three months«, »I am looking for my family« oder »I want a job«.

Am Ende dieses ersten Tages meines Englischstudiums las ich die erste Seite des ersten Buches viele Male. Ich wünschte, ich könnte mich an den Titel des Buches erinnern oder an seinen Inhalt, aber es ist alles verschwommen. Ich entsinne mich aber sehr wohl, dass ich das Buch fest an meine Brust presste, als es zu dunkel wurde zum Lesen, und lautlos meinen ersten englischen Satz sagte: »I am Immaculée«. *Danke, lieber Gott!*

Am Ende eines jeden Tages war ich erschöpft, aber in Hochstimmung. Ich wusste, dass das neue, mir von Gott zugedachte Leben sich in dieser Sprache offenbaren würde, die ich noch nicht verstand. Im Laufe der Zeit lernte ich viele Begriffe, die ich brauchen würde, um meine Geschichte auf Englisch zu erzählen. »*Escape*«, »*hiding*«, »*war*«, »*prayer*«, »*job*« und »*God*« wurden das Fundament meines immer größer werdenden englischen Wortschatzes – und jedes neue Wort war mir so kostbar wie ein Edelstein. Auch die Worte *before* und *after* schärfte ich mir ein, denn ich wusste, dass ich mein Leben zukünftig immer in *vor* und *nach* dem Genozid einteilen würde.

Als ich eines Morgens im Wörterbuch herumblätterte, entdeckte ich einen Abschnitt über englische Grammatik. Regeln! Sie kamen mir vor wie Manna, das vom Himmel fällt – ich war begeistert. Ich hatte den Schlüssel gefunden, um mir die Geheimnisse der englischen Sprache zu erschließen: Verben, Substantive und Adjektive; Konjugation; Vergangenheit, Gegenwart und Zukunft – es war wunderbar!

Während meine Leidensgefährtinnen schliefen oder blicklos ins Leere starrten, erkundete ich ein neues Universum. Ich sprach meine Gebete, und dann las ich den ganzen Tag bei dem schwachen Licht, das durch das Fenster drang. Ich las, bis mir die Augen zufielen. Und dankte Gott für jede Sekunde, die er mir zum Lernen schenkte.

Drei Wochen nachdem ich dieses Vorhaben in Angriff genommen hatte, hatte ich die beiden Bücher des Pastors bereits von vorne bis hinten gelesen. Und jetzt war ich bereit für die nächste Stufe: auf Englisch schreiben zu lernen. Ich lieh mir vom Pastor Kugelschreiber und Papier und begann, einen Brief zu verfassen.

Ich schrieb einem Mann, der noch nicht existierte, dem ich jedoch absolutes Vertrauen entgegenbrachte – unserem Retter. Ich war so sehr davon überzeugt, dass wir gerettet werden würden, dass ich meinen imaginären Helden mit allen möglichen Merkmalen und Eigenschaften ausstattete, damit unsere spätere Begegnung realistischer erschien. Es war ein hochgewachsener, dunkelhäutiger UN-Soldat mit einem kleinen Schnurrbart und einem ausgeprägten britischen Akzent. Er trug eine saubere, frisch gebügelte blaue Uniform mit einem blauen Barett, das schräg über seinem rechten Ohr saß. Er hatte ein freundliches, offenes Gesicht, ein ehrliches Lächeln und warme braune Augen, die sich mit Tränen des Mitgefühls füllten, als er meinen Brief las, in dem ich unser Unglück schilderte. Das Bild, das ich mir von unserem Retter schuf, war das genaue Gegenteil dessen, das ich mir von den Killern machte.

Diesen Brief zu schreiben war für mich ein wichtiger Schritt, um meine neue Lebensperspektive zu entwickeln. Ich stellte mir meinen Retter als freundlichen, fürsorglichen Menschen vor, denn ich wollte, dass ein solcher Mensch uns rettete. Jemand hatte mir einmal gesagt, es sei wichtig, sich auszumalen, was man sich für die Zukunft wünscht, denn damit könne man wirklich dazu beitragen, dass es wahr wird. Nun, dank Gottes Hilfe glaubte ich inzwischen fest an diese Philosophie.

Gott hatte ein Samenkorn in meinen Kopf gelegt. Er hatte mir gesagt, ich solle Englisch lernen, und nun zeigte sich, dass mich trotz allem ein erfülltes und aufregendes Leben erwartete. Ich wusste, dass alles, was ich mir bildlich vorstellte, auch Wirklichkeit werden würde, wenn ich Vertrauen hatte, wenn ich es mit reinem Herzen und in guter Absicht visualisierte und wenn es etwas war, was Gott richtig fand für mich. Da wurde mir bewusst, dass ich mein Schicksal erträumen und visualisieren konnte. Ich schwor mir, dass ich immer den Mut haben würde, mir das, was ich haben wollte, zu erträumen. Und ich würde mir nur schöne Dinge wie Liebe, Gesundheit und Frieden erträumen, denn es sind diese Dinge, die Gott sich für alle seine Kinder wünscht.

Anfang Juni wurde ich ganz unvermittelt mit meiner Vergangenheit konfrontiert.

Mein Freund John und ich gingen bereits seit zwei Jahren fest miteinander, wir hatten sogar davon gesprochen zu heiraten, wenn ich mein Studium beendet hatte. Wir hatten uns zwar vor Ostern ziemlich zerstritten (er hatte eine Verlobungsfeier, bei der wir unsere Familien offiziell miteinander bekannt machen wollten, Knall auf Fall abgesagt und mich damit in eine peinliche Lage gebracht), aber das würde sich schon wieder einrenken, dachte ich.

Seit Beginn der Massaker hatten wir keinen Kontakt, aber ich dachte oft an ihn, dort im Versteck, und betete, dass er in Sicherheit und unverletzt sein möge. Als Hutu war er vermutlich nicht in Gefahr und konnte sich im Land bewegen, wie er wollte. Ich fragte mich oft, ob er nach mir suchte, ob er sich bemühte zu erfahren, ob ich tot war oder noch lebte, mich irgendwo versteckt hielt und darauf wartete, dass er kam, um mich zu retten. Auf diese Fragen – und ein paar andere – bekam ich Antwort, als ich am wenigsten damit rechnete.

Es war später Vormittag, als wir plötzlich Stimmengewirr vor dem Haus hörten. Ich dachte automatisch, dass wieder eine Horde Killer vor der Tür stand, um nach uns zu suchen, doch mir war schnell klar, dass dem nicht so war. Wir vernahmen keine widerlichen Gesänge, nicht die üblichen Drohungen, Flüche oder wütendes Gebrüll – diese Stimmen klangen glücklich, fröhlich. Sonst hatte mich immer panische Angst befallen, wenn fremde Menschen ins Haus gekommen waren, doch diesmal wurde mir ganz warm ums Herz. Aus der freudigen Begrüßung alter Freunde, die sich endlich wiedersahen, hörte ich Johns Lachen heraus, und mir blieb fast das Herz stehen.

Es stellte sich heraus, dass er mit zahlreichen Verwandten und Familienmitgliedern von Pastor Murinzi aus Kigali gekommen war. Da die Tutsi-Rebellen immer näher auf die Hauptstadt vorrückten, waren sie wie Tausende andere Hutu geflüchtet. Aus Angst, dass die Tutsi sich grausam an ihnen rächen würden, hatten sie ihr Zuhause verlassen und waren in den Süden gefahren, wo nicht gekämpft wurde. Mindestens vierzig Verwandte des Pastors, darunter John, wollten sich wieder in unserem Dorf niederlassen, in der Hoffnung, den Krieg hier unbeschadet zu überstehen.

Ich freute mich so sehr, dass mein Freund am Leben war, gesund und sogar guter Stimmung. Schon der Gedanke, dass wir uns bald wiedersehen würden, war aufregend. Ich überlegte den ganzen Tag immer wieder, ob er wohl wusste, dass ich mich im Haus versteckte.

Spät in der Nacht, als alle anderen schliefen, brachte der Pastor John zu unserem Versteck. Ich war so glücklich, ihn zu sehen, dass ich ein paar Minuten tatsächlich vergaß, wo ich war, und ihn so fest an mich drückte, dass ich vor Anstrengung fast ohnmächtig wurde. Nachdem ich mich wochenlang nur flüsternd und in Zeichensprache verständigt hatte, war meine Stimme wie eingerostet, und ich brachte kaum heraus, wie sehr ich ihn vermisst und für ihn gebetet hatte.

John entzog sich meiner Umarmung, musterte mich von Kopf bis Fuß und sagte schließlich: »Du bist aber dünn geworden, Immaculée. Es ist, als würde man einen Sack Knochen in den Armen halten!«

Ich schaute ihn an, lachte und weinte gleichzeitig. Und war etwas geschockt von seinen ersten Worten – ich hatte erwartet, er würde vielleicht sagen, dass er mich liebt, oder zumindest, dass er froh sei, mich am Leben zu sehen.

»Na ja, den tollen Körper von früher hast du nicht mehr«, fuhr er fort, »aber du siehst immer noch gut aus! Ich habe gebetet, dass du noch lebst und dass dich niemand vergewaltigt hat. Und da bist du nun, lebend und nicht vergewaltigt!«

Es berührte mich unangenehm, was er da sagte. Es war, als hätte jemand anders diese Dinge von sich gegeben, nicht mein Freund. Er kam mir verändert vor gegenüber unserer letzten Begegnung. Auf jeden Fall sah er anders aus. Er hatte sich die Haare zu wilden Rastalocken wachsen lassen und sein Gesicht verbarg ein zotteliger Bart. Er habe keinen Friseur gefunden, erklärte er, weil niemand im Land mehr arbeite, solange der Genozid im Gange sei.

Pastor Murinzi beendete unser Wiedersehen nach wenigen Minuten, weil er befürchtete, es könnte uns jemand hören. Ich wünschte, wir hätten länger zusammenbleiben und offen reden können, aber es sollte nicht sein. John und ich umarmten uns noch einmal, dann schloss der Pastor die Tür.

Ich dankte Gott, dass er John beschützt hatte, doch bald begann mich seine Anwesenheit im Haus zu stören. Er war frei, lebte wie ein Prinz – er konnte draußen herumlaufen, bekam richtiges Essen, er konnte in einem Bett mit sauberen Laken schlafen und sogar mit seiner Mutter sprechen –, während ich wie ein Tier gefangen war. Jeden Tag hörte ich ihn durch unser Fenster lachen, irgendwelche Geschichten und Witze erzählen, wenn er mit seinen Hutu-Freunden fröhlich Basketball spielte. Und er *wusste,* dass ich ihn hören konnte. Ich erwartete nicht von ihm, dass er herumsaß und Trübsal blies, dass er sich jedoch direkt unter dem Fenster meines Gefängnisses in dieser Weise benahm, fand ich äußerst gefühllos. Er benahm sich, als wäre er im Urlaub, während um ihn herum die Leute – meine Leute – abgeschlachtet wurden und seine Freundin von Schlägern und Killern gesucht wurde.

Manchmal, wenn ich hörte, wie er sich draußen vergnügt die Zeit vertrieb, schlug ich meine Bibel auf und las die folgende Passage aus dem ersten Brief an die Korinther:

Die Liebe ist langmütig, die Liebe ist gütig. Sie ereifert sich nicht, sie prahlt nicht, sie bläht sich nicht auf. Sie handelt nicht ungehörig, sucht nicht ihren Vorteil, lässt sich nicht zum Zorn reizen, trägt das Böse nicht nach. Sie freut sich nicht über das Unrecht, sondern freut sich an der Wahrheit. Sie erträgt alles, glaubt alles, hofft alles, hält allem stand. Die Liebe hört niemals auf. (1 Kor 13, 4–8)

Das war die Liebe, die ich wollte, die Gott jedem Menschen zugedacht hatte.

John kam noch ein- oder zweimal nach jenem ersten Abend, und ich genoss die wenigen Minuten, die wir zusammen hatten. Doch die Besuche waren zu kurz und zu selten, als dass wir über unsere Gedanken und Gefühle hätten reden können – und Gott weiß, dass ich eine Menge zu erzählen hatte. John schien sich auch nicht darum zu bemühen, mit mir sprechen zu können, meinem Herzen wenigstens ein bisschen näher zu kommen. Ich wusste, es war schwierig und gefährlich für ihn, mich zu besuchen, vor allem seit die vielen Hutu-Verwandten des Pastors im Haus waren, aber trotzdem!

Ich weiß noch gut, wie ich ihn bei einer unserer kurzen Begegnungen bat: »Bitte, schreib mir doch ab und zu ein paar Zeilen und gib sie dem Pastor oder Dusenge mit, wenn sie uns abends Essen bringen. Mehr will ich gar nicht, John. Nur ein paar Worte, damit ich weiß, dass du an mich denkst, dass dir noch daran liegt, wie es mir geht, und dass du unsere Liebe am Leben erhalten willst!«

Er versprach, dass er schreiben würde, aber er tat es nicht. Als er mich das nächste Mal besuchen kam, verwendete ich einige unserer kostbaren Momente darauf, ihm Vorhaltungen zu machen. »Warum hast du mir nicht geschrieben, wie du versprochen hast? Ist dir eigentlich klar, was ich durchmache?«

»Na ja, eines weiß ich mit Gewissheit – hier sind keine anderen Männer, die dich anstarren, also habe ich eine Sorge weniger, oder?«

Mit diesen Worten zerstörte er alle Liebe, die es zwischen uns noch gegeben hatte. Gott machte uns das Geschenk der Liebe, damit wir sie miteinander teilen, sie gemeinsam hegen und pflegen. Ein kostbares Geschenk, das John leichtfertig weggeworfen hatte.

KAPITEL 15

Fragwürdige Retter

Die erste wirklich gute Neuigkeit seit einer ganzen Weile erfuhr ich, als die Massaker ihren Höhepunkt erreichten und Gräueltaten alltäglich geworden waren.

Mitte Juni, wir hielten uns schon seit mehr als zwei Monaten versteckt, hörte ich Sembeba, den Sohn des Pastors, unter unserem Fenster mit Freunden reden. Sie sprachen über die jüngsten Morde in der Nachbarschaft, die sie mit angesehen oder von denen sie aus erster Hand erfahren hatten, und die Grausamkeiten, die sie beschrieben, zählten zu den schrecklichsten Dingen, von denen ich je gehört hatte.

Ich dachte, ich müsste mich übergeben, als einer der Burschen so beiläufig von einer unvorstellbaren Bestialität erzählte, als ginge es um ein Fußballspiel: »Sie haben sich einfach eine Mama gegriffen und sie sich der Reihe nach vorgenommen. Sie bettelte, sie sollten ihre Kinder wegbringen, aber sie zwangen ihren Mann und die drei kleinen Kinder, mit der Machete am Hals, zuzusehen, während acht oder neun die Frau vergewaltigten. Als sie mit ihr fertig waren, haben sie die ganze Familie umgebracht.«

Ich verbarg mein Gesicht in den Händen, während sie ihre Horrorgeschichten austauschten. Sie erzählten von Kindern, die absichtlich am Leben gelassen wurden, nachdem man ihnen die Gliedmaßen abgehackt hatte, von Babys, die gegen Felsbrocken geschleudert wurden, von HIV-positiven Soldaten, denen befohlen wurde, junge Mädchen zu vergewaltigen, um sie mit ihrer Krankheit anzustecken.

Es ging noch lange so weiter, aber ich hielt mir die Ohren zu und betete stumm: *Lieber Gott, wenn es das ist, was auf uns wartet, dann nimm mich bitte jetzt gleich in deine liebevollen*

Arme! Lass mich bei dir im Paradies leben statt in der Hölle, zu der dieses Land geworden ist.

Schließlich kam das Gespräch auf den Krieg selbst. Einige der Burschen berichteten, die Regierungssoldaten bekämen derart die Hucke voll, dass Kigali bald an die Rebellen fallen könnte. Sie machten sich alle große Sorgen, was mit den Hutu geschehen würde, falls die Rebellen den Krieg gewannen.

Sembeba sagte, er habe gehört, Frankreich wolle Truppen nach Ruanda schicken. Diese Neuigkeit schien ihn und seine Freunde zu erleichtern, denn Frankreich pflegte enge Beziehungen zur Hutu-Regierung. Offenbar dachten die Burschen, dass Frankreich den Regierungstruppen im Kampf gegen die Tutsi-Rebellen beistehen und die RPF aus dem Land jagen würde. In diesem Fall wäre der Krieg vorbei und die Killer könnten ihren barbarischen Auftrag im Handumdrehen zu Ende bringen.

Zuerst wusste ich nicht recht, was ich davon halten sollte, dass französische Soldaten nach Ruanda kamen. Viele Leute sagten, das französische Militär habe die Interahamwe-Killer mit ausgebildet, also kamen die Truppen vielleicht tatsächlich, um die Regierung bei ihrem Völkermord zu unterstützen.

Aber eigentlich konnte ich mir das nicht vorstellen. Nein, wenn die Franzosen nach Ruanda kamen, würde der Rest der Welt sie im Auge behalten. Es würden Fernsehkameras und Reporter da sein, und das bedeutete, dass die Welt die Gräueltaten, die Massaker und die Vergewaltigungen zu sehen bekam. Und wenn die Menschen in den reichen Ländern mit eigenen Augen sahen, was in Ruanda geschah, dann *mussten* sie etwas tun. Sie mussten den Genozid stoppen, oder nicht?

Ich kam zu dem Schluss, dass es eine gute Sache war, wenn die Franzosen kamen, selbst wenn sie die Killer mit ausgebildet hatten, denn jeder Ausländer würde die Aufmerksamkeit der Welt auf unsere schreckliche Situation lenken. Ich betete, dass die französischen Soldaten gut ankommen mögen, und dankte Gott, dass er sie uns schickte. Sicher, wenn man ihre Geschichte in unserem Land bedachte, dann waren die Franzosen fragwürdige Retter. Aber eines hatte ich in unserem Versteck begriffen: Gottes Wege waren wirklich unerforschlich.

Wenige Tage später erfuhren wir aus dem Radio von der Opération Turquoise, Frankreichs Plan, Truppen nach Ruanda zu entsenden. Soldaten aus verschiedenen französischsprachigen Ländern würden ihr Lager am Kivu-See aufschlagen, also nicht weit von uns entfernt.

Als die Soldaten in Goma, einer Stadt im benachbarten Zaire nahe der Grenze zu Ruanda, auf dem Flughafen landeten, wurden sie von Vertretern der Hutu-Regierung mit großem Zeremoniell empfangen. Wir hörten im Radio, wie ein Hutu-Chor die Soldaten mit einem speziell für diesen Anlass geschriebenen Lied begrüßte. Es war eine Lobeshymne auf die Franzosen und die langjährigen freundschaftlichen Beziehungen unserer beiden Länder.

Nach Ansicht des Pastors bewies dieser Empfang, dass die Franzosen kamen, um Tutsi zu töten, doch ich war nicht seiner Meinung. Ich war überzeugt, dass Gott wieder einmal meine Gebete erhört hatte, dieses Mal, indem er uns Retter schickte. Die Vereinten Nationen unterstützten den französischen Plan, was ein gutes Zeichen war. Und kurz nach ihrer Ankunft gaben die Franzosen selbst im Radio bekannt, was ihre Absichten waren: Sie seien in Ruanda, um »Zufluchtsorte« für überlebende Tutsi zu schaffen, erklärten sie. Wenn es den Tutsi gelang, diese Lager zu erreichen, würden die französischen Soldaten sie beschützen.

»Danke, lieber Gott«, flüsterte ich.

Wenige Tage später begann ein französischer Hubschrauber über unserem Gebiet zu kreisen. Wir waren sicher, dass sie nach Überlebenden suchten – nach *uns* –, und dieses Geräusch ließ unsere Herzen höher schlagen. Aus Radioberichten wusste ich, dass die Franzosen noch zu weit weg waren, als dass wir sie hätten erreichen können, und da der Krieg noch nicht vorbei war, zogen immer noch Tausende bewaffneter Killer auf der Jagd nach Tutsi durch die Gegend. Doch mir war klar, was wir zu tun hatten.

Das nächste Mal, als Pastor Murinzi uns Essensreste brachte, rückte ich damit heraus. »Ich glaube, wir sollten zu den französischen Soldaten gehen«, sagte ich zu ihm.

»Das ist keine gute Idee, Immaculée. Glaub nur nicht, dass sie hier sind, um den Tutsi zu helfen – sie würden euch wahrscheinlich auf der Stelle töten«, entgegnete er mit einer wegwerfenden Geste.

»Das macht nichts, Herr Pastor. Ich lasse mich lieber von einem fremden Soldaten schnell erschießen, statt diesen Interahamwe-Killern die Befriedigung zu verschaffen, mich zu ermorden. Lieber ein sauberer Tod durch die Hand der Franzosen, als erst von unseren Peinigern missbraucht und erniedrigt und dann ermordet zu werden.«

Der Pastor machte ein schockiertes Gesicht, als ich das sagte, und meinte, ich und die anderen Frauen sollten in unserem Versteck bleiben und das Beste hoffen. Doch dann bemerkte er, dass meine sieben Leidensgefährtinnen heftig nickend auf mich zeigten, um auszudrücken, dass sie meine Idee gut fanden.

»Außerdem lebe ich lieber in einem Flüchtlingslager der Franzosen, als einen Abashi zu heiraten«, fügte ich hinzu, und die anderen nickten eifrig. »Entweder retten uns die Franzosen oder sie töten uns – auf jeden Fall möchten wir diese Chance nutzen, Herr Pastor.«

Er stieß einen langen Seufzer aus und zuckte die Achseln. Im Grunde schien ihn unser Vorhaben zu erleichtern. Inzwischen lebten viel mehr Menschen in seinem Haus als zu Beginn des Krieges, und er lebte in der ständigen Furcht, dass man uns entdeckte.

»Wenn ihr unbedingt zu den Franzosen wollt, werde ich herausbekommen, wo sie sind und wie ihr zu ihnen gelangen könnt«, willigte er schließlich ein. »Aber hängt eure Erwartungen nicht zu hoch. Es ist immer noch sehr gefährlich draußen. Wer sich als Tutsi auf der Straße blicken lässt, wird sofort getötet.«

Pastor Murinzi machte sich Sorgen. Er befürchtete, wir könnten nach drei Monaten des Eingesperrtseins in seiner Toilette nicht mehr ganz bei Verstand sein, deshalb beschloss er, dass wir eine geistige Anregung brauchten. Eines Abends, als wir auf Nachrichten über den Standort der französischen Truppen warteten, überraschte er uns mit einer ganz besonderen Einladung. Zum ersten Mal, seit er uns versteckte, bat er uns zu einem Besuch ins Haupthaus. Und nicht einfach so – er lud uns zu einem Film ein.

In den frühen Morgenstunden, als alle anderen in tiefem Schlaf lagen, führte uns der Pastor den Flur entlang in ein leeres Zimmer, wo er einen Fernseher und ein Videogerät aufgestellt hatte. Er bedeutete uns ständig, leise zu sein, denn wir machten doch ein wenig Lärm – wir waren wackelig auf den Beinen, nachdem wir monatelang nur auf dem Boden gesessen hatten, und taumelten immer wieder gegen die Wände. Dennoch war ich dem Pastor sehr dankbar, dass er uns diese Abwechslung ermöglichte, und wir strahlten alle von einem Ohr zum anderen.

Da der Pastor Angst hatte, jemand könne uns hören, mussten wir uns das Video ohne Ton ansehen. Zum Glück konnten wir inzwischen ausgezeichnet von den Lippen ablesen und hatten keine Mühe, den Film zu verstehen. An den Titel kann ich mich nicht mehr erinnern, sehr wohl aber an die Geschichte. Es ging um eine Krankenschwester in einem abgelegenen Dorf, in dem es keinen Arzt gab, weshalb sie selbst die Menschen behandeln musste, obwohl sie nicht dazu berechtigt war. Erst wurden ihr die guten Taten übel angekreidet, schließlich wurde sie jedoch rehabilitiert und am Ende von allen gefeiert.

Die Geschichte machte Mut, aber am deutlichsten im Gedächtnis geblieben ist mir eine Szene, in der ein Junge auf seinem Fahrrad durch einen Park fährt und dabei ein Liedchen singt. Meine erste Reaktion war, dass die Killer ihn entdecken und angreifen könnten, ich wollte ihm zurufen, er solle sich schnell verstecken. Dann wurde mir bewusst, dass es nur ein Film war, der nicht einmal in Ruanda spielte. Ich hatte vergessen, dass es auf der Welt Orte gab, wo nicht die Todesstrafe darauf stand, dass man als Tutsi geboren war. Als mir klar war, dass dem Jungen nichts geschehen würde, wäre ich am liebsten in den Fernseher gesprungen, um mich ihm anzuschließen. Ich wollte durch das Gras laufen, ein hübsches Lied singen und Gott freudig preisen! Ich wollte in einer Welt leben, in der die Kinder lachten und niemand sich verstecken musste.

Leider war die Freude über unsere Filmnacht nur von kurzer Dauer. Einer der Hausburschen des Pastors hatte von draußen den bläulichen Schein des Fernsehers im Fenster eines Zimmers gesehen, in dem niemand wohnte, wie er wusste. In der Hoffnung auf eine Belohnung berichtete er einem Killertrupp, was er gesehen hatte, und sagte, er habe Pastor Murinzi schon lange in Verdacht, dass er irgendwo im Haus Tutsi verstecke.

Ein wohlmeinender Freund warnte den Pastor, dass die Hutu-Milizionäre sich auf eine erneute Durchsuchung seines Hauses vorbereite. Und sie seien sehr wütend, weil sie glaubten, dass er sie wochenlang angelogen habe.

Als der Pastor uns davon berichtete, war er bleich und sehr nervös. Ich hatte ihn nie in solcher Angst erlebt. Er fiel auf die Knie, faltete die Hände und betete zum ersten Mal, seit wir zu ihm gekommen waren, für unsere Seelen: »Lieber Gott, wenn es für diese Damen Zeit ist zu gehen, hole sie bitte schnell zu dir heim.«

Sehr tröstlich fand ich sein Gebet nicht. Er machte uns noch mehr Angst, als wir ohnehin schon hatten – falls das überhaupt möglich war. »Herr Pastor, glauben Sie, dass der Hausbursche uns nach dem Film in Ihr Zimmer hat zurückgehen sehen? Glauben Sie wirklich, dass sie genau wissen, wo wir uns verstecken?«, fragte ich ihn flüsternd.

»Ich bin nicht sicher, was sie wissen, aber wir werden es bald erfahren. Die Killer sind auf dem Weg. Wenn sie von dem Versteck wissen und euch hier finden, werden sie uns alle umbringen.«

KAPITEL 16

Auf Gott vertrauen

Ich hörte die Killer meinen Namen brüllen.

Panische Angst packte mich und dann flüsterte mir der Teufel wieder ins Ohr: *Jetzt wissen sie, wer du bist ... Jetzt wissen sie, wo du bist ...*

Ich warf erschrocken den Kopf in den Nacken; damit hatte ich überhaupt nicht gerechnet. Warum riefen sie ausgerechnet nach mir? Woher wussten sie, dass ich hier war? Kamen sie schon zu unserem Versteck?

Ich versuchte, mit Gott in Kontakt zu treten, konnte aber nichts hören als die laute, negative Stimme in meinem Kopf und die sadistischen Hassgesänge der Killer, die im ganzen Haus widerhallten. Die Kleider nass vom Angstschweiß, versuchte ich, mich an meinem Glauben festzuhalten.

Diesmal waren es sehr viele. Sie brüllten den Pastor an, beschuldigten und bedrohten ihn. »Wo ist sie?«, schrien sie. »Sie ist hier! Wir wissen, dass sie hier irgendwo ist. Findet sie! Sucht Immaculée!«

Sie waren im Zimmer des Pastors, auf der anderen Seite der Wand, nicht mehr als zwei Zentimeter Holz und Tünche trennten uns. Ihre Schritte ließen das Haus erzittern, und ich hörte, dass ihre Macheten und Speere an den Wänden entlangkratzten.

In dem Chaos erkannte ich die Stimme eines Freundes unserer Familie. »Ich habe 399 Kakerlaken getötet«, prahlte er. »Mit Immaculée sind es 400. Eine runde Zahl!«

Während ich mich angstvoll in die Ecke duckte, höhnte der Teufel: *Sie kennen deinen Namen ... Sie wissen, dass du hier bist. Wo ist dein Gott jetzt?*

Die Killer setzten den Pastor unter Druck. »Wo sind die Tutsi? Du weißt, was wir tun werden, wenn wir sie finden.

Wo ist sie, Pastor? Wo ist Immaculée? In deinem Haus ist sie zuletzt gesehen worden. Wo versteckst du sie?«

Wieder überfielen mich Angst und Zweifel, und ich war in noch größerer Panik als bei ihrem ersten Besuch. Ihre Stimmen krallten sich in mich, ich fühlte mich, als läge ich auf einem Bett aus glühenden Kohlen. Mein ganzer Körper begann unerträglich zu schmerzen, tausend unsichtbare Nadeln stachen in mein Fleisch. Dennoch versuchte ich wieder zu beten: *Lieber Gott, vergib mir meine Glaubensschwäche. Ich vertraue auf dich, Gott. Ich weiß, dass du uns retten wirst. Du bist stärker als das Böse in diesem Haus.*

Die Killer befanden sich in dem Zimmer, wo wir uns den Film angeschaut hatten, warfen alle Möbel um und brüllten immer wieder meinen Namen. »Wir wollen Immaculée. Es ist Zeit, Immaculée zu töten.«

Ich hielt mir die Ohren zu und wünschte mir, ich hätte eine ihrer Macheten, um sie mir abzuschneiden, damit ich nichts mehr hörte. »Lieber Gott …«, begann ich laut zu beten, doch dann brachte ich kein Wort mehr heraus. Ich versuchte zu schlucken, aber meine Kehle war wie zugeschnürt. Ich hatte keinen Speichel, mein Mund war trockener als Sand.

Ich schloss die Augen und wünschte mir, dass ich mich in Luft auflösen möge. Die Stimmen wurden lauter. Ich wusste, sie würden keine Gnade kennen, und ich konnte nur noch eines denken: *Wenn sie mich finden, töten sie mich. Wenn sie mich finden, töten sie mich. Wenn sie mich finden, töten sie mich.*

Ich nahm die Bibel in den Mund und biss fest darauf. Ich wollte mir Gottes Wort einverleiben, meine Seele damit stärken. Ich wollte seine Kraft wiederfinden, doch die negative Stimme, die mich schon so lange verfolgte, pflanzte mir Horrorbilder in den Kopf. Ich sah, was die Killer mit mir machen würden, wenn sie uns fanden, ich sah die Qualen, die Erniedrigung, den Tod …

Bitte, lieber Gott!, schrie ich stumm. *Warum willst du mich das alles durchmachen lassen? Warum? Was kann ich noch tun, um dir meine Liebe zu zeigen? Ich möchte doch glauben, dass du uns retten wirst, lieber Gott. Wie kann ich stärker werden im Glau-*

ben? Ich bete, so viel ich kann, Gott, so viel … Aber sie sind so nah und ich bin so müde! O Gott, ich bin so müde.

Ich spürte, wie ich ohnmächtig wurde und die lauten Stimmen der Killer zu einem fernen Gemurmel verebbten. Dann schlief ich ein und träumte von Jesus. Es war ein wunderbarer Traum.

Ich schwebte wie eine Feder über den anderen, sah sie zitternd unter mir auf dem Fußboden sitzen, ihren Rosenkranz im Mund, Gott um Barmherzigkeit anflehend. Als ich aufblickte, sah ich Jesus, von goldenem Licht umflossen, mit ausgebreiteten Armen über mir schweben. Ich lächelte ihm zu, und alle Schmerzen in meinem Körper, die mir nach den in Hockstellung verbrachten Wochen so vertraut waren, verschwanden. Es gab keinen Hunger mehr, keinen Durst und keine Angst – ich war innerlich ganz ruhig, ganz glücklich.

Dann sprach Jesus: »Der Glaube kann Berge versetzen, Immaculée, aber wenn es so leicht wäre zu glauben, gäbe es schon längst keine Berge mehr. Vertraue auf mich und wisse, ich werde dich niemals verlassen. Vertraue auf mich und fürchte dich nicht mehr. Vertraue auf mich und ich werde dich retten. Ich werde mein Kreuz an diese Tür heften und sie werden dich nicht erreichen können. Vertraue auf mich und du wirst leben.«

Mit einem Mal saß ich wieder bei den anderen auf dem Boden. Sie hatten die Augen noch geschlossen, aber ich blickte staunend auf ein überdimensionales Kreuz aus strahlend weißem Licht, dessen Arme vor der Tür unseres Verstecks von einer Wand zur anderen reichten. Ich spürte seine starke Energie auf meinem Gesicht, sie wärmte meine Haut wie die Sonne. Ich wusste instinktiv, dass das Kreuz eine Art göttliche Kraft ausstrahlte, die die Killer aufhalten würde. Ich wusste, dass wir nun unter seinem sicheren Schutz standen, sprang auf und fühlte mich stark wie eine Löwin. Ich dankte Gott, dass er mich wieder einmal mit seiner Liebe berührt hatte, und dann schaute ich die anderen Frauen an.

Zum ersten und letzten Mal, seit ich mich in diesem Raum befand, wagte ich laut zu sprechen und rief meinen Leidensgefährtinnen zu: »Wir sind in Sicherheit! Vertraut mir, alles wird gut!«

Mein lauter Ausruf wirkte auf sie wie ein Schlag ins Gesicht. Sie sahen mich an, als hätte ich den Verstand verloren, und dann zerrten sie mich schnell zu Boden. Ich lächelte. Obwohl ich das Kreuz an der Tür nicht mehr sah, wusste ich, dass es da war. Die Killer hatten das Haus bereits verlassen … Ich hörte sie ihre schrecklichen Lieder singen, als sie abzogen.

Am späten Abend kam der Pastor zu uns. »Sie sind gleich in das Zimmer gestürmt, wo ich euch den Film gezeigt habe«, berichtete er. »Sie haben buchstäblich alles zerlegt. Als sie nichts fanden, hätten sie fast den Hausburschen zerlegt. Sie haben sich entschuldigt und sind gegangen, aber ihr seid trotzdem nicht mehr sicher hier. Den Hausburschen habe ich gefeuert, jetzt ist er wütend *und* misstrauisch. Die anderen Dienstboten werden von jetzt an jeden meiner Schritte beobachten, denn er ist gut Freund mit ihnen. Hoffen wir, dass die französischen Soldaten bald in unsere Gegend kommen.«

In den nächsten Tagen saßen wir wie auf glühendenKohlen. Die Killer kamen zurück, dieses Mal kehrten sie in Pastor Murinzis Zimmer das Unterste zuoberst auf der Suche nach einem Hinweis, dass er Tutsi versteckte. Und sie drohten erneut, wiederzukommen.

Da der Pastor befürchtete, dass man ihm nachspionierte, brachte er jetzt seltener Essen. Wir witzelten zwar darüber, wie wir den Killern bestimmt entkommen könnten – indem wir uns zu Tode hungerten –, aber der Hunger quälte uns dennoch sehr.

Anfang Juli hörten wir einen der anderen Hausburschen an die Zimmertür klopfen. »Herr Pastor, ich war schon lange nicht mehr in Ihrer Toilette. Soll ich dort mal sauber machen?«

Wir erstarrten. Würde dieser Horror denn niemals aufhören?

»Mach dir wegen der Toilette keine Sorgen«, erwiderte der Pastor. »Ich habe sie selbst geputzt.«

»Oh, aber das sollen Sie nicht, das ist doch *meine* Aufgabe. Lassen Sie mich hinein und ich mache gründlich sauber für Sie.«

»Nein. Ich habe den Schlüssel verloren, deshalb benutze ich diese Toilette ohnehin nicht. Und jetzt geh. Ich möchte nicht gestört werden.«

»Vielleicht bekomme ich die Tür ohne Schlüssel auf.«

»Geh! Habe ich dir nicht gerade gesagt, dass ich nicht gestört werden will?«

Es war das erste Mal in einem Vierteljahr, dass jemand diese Toilette putzen wollte; der Hausbursche musste also dahinter gekommen sein, wo wir uns versteckten. Wir standen tausend Ängste aus, denn wir waren überzeugt, er würde zu den Killern gehen und ihnen sagen, wo sie suchen sollten: im einzigen Raum im ganzen Haus, den sie noch nicht kannten!

Als der Hausbursche fort war, kam der Pastor zu uns und sagte, er glaube nicht, dass er sofort zu den Killern gehen werde. »Den anderen Hausburschen haben sie fast umgebracht, als sie in dem Zimmer, auf das er sie hingewiesen hatte, keine Tutsi fanden«, erklärte er. »Dieser Bursche wird also warten, bis er einen Beweis hat. Heute geht er vielleicht nicht mehr hin, aber bestimmt bald.«

Wir sahen uns an und wussten, dass uns nicht mehr viel Zeit blieb.

»Ich habe heute Morgen gehört, dass die Franzosen in unserer Gegend sind und nach Tutsi-Überlebenden suchen. Ich werde gleich mit ihnen reden. Seid besonders leise, wenn ich weg bin«, bat der Pastor noch, ehe er sich eilig auf den Weg machte.

Kaum hatte er das Haus verlassen, begann uns der Hausbursche zu schikanieren. Den ganzen Nachmittag hörten wir ihn vor unserem Fenster herumlungern. Wir wussten, dass er auf Stimmen oder Bewegungen horchte, die seinen Verdacht bestätigten, ehe er zu den Killern ging. Wir wagten stundenlang keinen Muskel zu bewegen.

Irgendwann stellte er einen Stuhl oder Tisch unter das Fenster und stieg darauf. Wir hielten vor Schreck den Atem an, und als sich am Vorhang sein Schatten abzeichnete, fielen wir fast in Ohnmacht. Durchs Fenster spähen konnte er zum Glück nicht, denn es war zu hoch oben, aber er blieb dort stundenlang in Lauerstellung, bis ihn schließlich jemand fortrief und wir uns ein wenig entspannen konnten. Mir war richtig übel nach dieser unerträglichen Anspannung.

Am Abend kam der Pastor zurück, und dieses Mal brachte er eine gute Nachricht mit, vielleicht die beste meines Lebens: »Ich habe die französischen Soldaten gefunden, nicht weit von hier, und ihnen von euch erzählt. Sie haben gesagt, ich soll euch morgen in aller Frühe, zwischen zwei und drei Uhr morgens, zu ihnen bringen.«

Wir glaubten unseren Ohren nicht zu trauen – endlich würden wir diesen Raum verlassen können. »Danke, lieber Gott«, flüsterten wir alle gleichzeitig.

Doch der Pastor versetzte uns sofort einen Dämpfer. »Ja, dankt Gott«, sagte er. »Ich hoffe nur, dass es nicht schon zu spät sein wird für euch. Als ich von den Franzosen fortgegangen bin, habe ich einen Freund getroffen, der mir erzählt hat, dass die Killer mein Haus erneut durchsuchen wollen. Sie kommen entweder heute Nacht oder morgen früh. Betet zu Gott, dass sie erst morgen kommen.«

Wir beteten inbrünstiger denn je.

Zusammenzupacken gab es nichts – alles, was wir hatten, waren die Kleider, die wir seit drei Monaten auf dem Leib trugen. Duschen stand außer Frage, also begnügten wir uns damit, uns gegenseitig Zöpfchen zu flechten. Wir wollten für unsere Begegnung mit den französischen Soldaten so hübsch und vorzeigbar wie möglich aussehen – ein hoffnungsloses Unterfangen, was uns aber nicht bewusst war.

Um zwei Uhr morgens kam Pastor Murinzi und führte uns in sein Zimmer. Dort sollten wir warten, bis er seine Kinder geweckt und ihnen von uns erzählt hatte. Bei dieser Gelegenheit konnten wir uns zum ersten Mal seit unserer Ankunft wieder in einem Spiegel betrachten. Es war ein fürchterlicher Schock: Wir sahen aus wie lebende Tote. Die Wangen waren eingefallen, und die Augen saßen so tief in den Höhlen, dass unsere Köpfe wie Totenschädel wirkten. Die Rippen stachen durch die Haut, und unsere Kleider hingen an uns, als hätte man sie um einen Besen drapiert. Ich hatte ungefähr zweiundfünfzig Kilo gewogen, als ich mich zum Pastor flüchtete; an dem Tag, als wir unser Versteck verlassen konnten, wog ich noch knapp dreißig Kilo. Wir hätten am liebsten alle geweint.

Als der Pastor mit seinen zehn Kindern zurückkam, wichen alle (außer Lechim und Dusenge) erschrocken zurück. Sie waren ehrlich erschüttert und vollkommen verwirrt. Die Mädchen begannen zu weinen, eine rannte sogar aus dem Zimmer und schrie: »Geister! Tutsi-Geister! Sie sind von den Toten auferstanden, um uns zu töten!« Der Pastor holte sie zurück und sagte, sie solle still sein und sich beruhigen, und dann erklärte er ihnen, wer wir waren.

Keiner konnte glauben, dass wir so lange im Haus versteckt gewesen waren, ohne dass es jemand mitbekommen hatte. Sie betasteten unsere Wangen, die Rippen und Arme, um sich davon zu überzeugen, dass wir wirklich menschliche Wesen waren. Und sie löcherten uns mit Fragen: »Wo seid ihr gewesen? Wie habt ihr dort alle Platz gehabt? Was habt ihr gegessen? Wie lange seid ihr da drin gewesen? Wie habt ihr es geschafft, so leise zu sein? Habt ihr geduscht? Habt ihr euch unterhalten? Wie habt ihr im Sitzen schlafen können?«

Wir bemühten uns, ihre Fragen zu beantworten, aber das Stehen strengte uns entsetzlich an; unsere Muskeln und Gelenke protestierten lautstark, dass sie sich nach drei Monaten in Hockstellung wieder strecken mussten.

Sie sollten sich uns gut anschauen, sagte der Pastor. »Genauso gut hätte es auch jeden von euch treffen können«, mahnte er sie. »Wenn ihr in schweren Zeiten die Möglichkeit habt, unglücklichen Menschen wie diesen Frauen zu helfen, dann tut es – auch wenn ihr damit euer Leben aufs Spiel setzt. So will es Gott von uns.«

Diese Worte des Pastors rührten an mein Herz. Sicher, ich hatte mich in den vergangenen drei Monaten oft über sein Verhalten geärgert, und manche Dinge, die er gesagt hatte, waren gefühllos, verletzend und herzlos gewesen, aber er hatte alles für uns riskiert und uns das Leben gerettet. Als ich dort in seinem Zimmer stand und darauf wartete, dass das nächste Kapitel meines Lebens begann, war ich ihm ungeheuer dankbar. Ich bat Gott, die Hand über diesen Mann zu halten, wenn wir fort waren.

Die Kinder des Pastors schauten voller Stolz auf ihren Vater, dann mit großem Mitgefühl auf uns – alle bis auf Sembeba. Er war es gewesen, den wir ein paar Wochen zuvor zu seinem Vater hatten sagen hören, dass alle Tutsi den Tod verdienten. Jetzt stand er abseits und starrte mit finsterem Gesicht zu Boden. Ich betete, dass er eines Tages zu Gottes Wahrheit finden und dieser ihm vergeben möge – und dass er den Killern nichts von uns erzählte, ehe wir fort waren.

Shimwe, die Tochter des Pastors, die zuvor hinausgerannt war, als sie uns erblickt hatte, schenkte mir ein Handtuch und einen ihrer Pullover. Sie drückte mich fest an sich und versprach, für mich zu beten. Dieser Augenblick liebevollen menschlichen Kontakts nach der langen Zeit der Entbehrungen und Isoliertheit berührte mich zutiefst.

Wir acht Leidensgefährtinnen verabschiedeten uns von den Kindern des Pastors. Dann brachte er uns fort von unserem Versteck, hinaus in die frische Nachtluft.

DRITTER TEIL

Auf dem Weg
in ein neues Leben

KAPITEL 17

Schmerzhafte Freiheit

Die nächtlichen Sinneseindrücke überwältigten mich. Die kühle Luft, die über meine Haut strich, ihre Frische, die ich einsog, und die hypnotisierende Schönheit der unzähligen strahlenden Sterne ließen meine Seele freudig singen: »Gelobt sei Gott!«

»Was starrst du denn in den Himmel? Los, wir müssen weiter!«, drängte mich Pastor Murinzi ungeduldig, während ich begierig den ersten Geschmack von Freiheit kostete. Er wartete am Tor mit meinen Leidensgefährtinnen und John, der uns zum Camp der Franzosen begleiten wollte. Eine nette Geste, die aber zu spät kam. Ich wusste nicht, ob ich den Genozid überleben, ob ich überhaupt den nächsten Tag erleben würde, aber ich wusste, dass unsere Beziehung tot war.

Als der Pastor das Tor öffnete, kamen seine Söhne (mit Ausnahme von Sembeba) aus dem Haus gelaufen, bewaffnet mit Speeren, Messern und Knüppeln. Sie bildeten einen engen Kreis um uns, schirmten uns ab gegen die gefährlichen Blicke misstrauischer Dienstboten und böswilliger Nachbarn, und so gingen wir durch das Tor.

Und dann waren wir auf freiem Gelände und eilten mit schnellem Schritt die unbefestigte Straße entlang, die mich drei Monate zuvor zu meinem Versteck geführt hatte. Als meine Augen sich an die Dunkelheit gewöhnt hatten, bemerkte ich, dass auch Pastor Murinzi und John bewaffnet waren: John hatte einen langen Speer in der Hand, der Pastor das uns schon bekannte Gewehr über der Schulter. Ich fragte mich, was sie wohl tun würden, wenn wir einem Killertrupp begegneten. Ich sollte es bald erfahren.

Wir sahen sie nicht kommen. Sie tauchten plötzlich aus

dem Dunkel auf, hinter einer kleinen Erhebung auf der Straße. An die sechzig Interahamwe marschierten in Zweierreihen auf uns zu, zwar nicht in ihrer üblichen furchterregenden Kostümierung, aber immer noch angsteinflößend genug. Sie kamen zügig auf uns zu, bewaffnet mit Macheten, Gewehren, Granaten, Speeren und langen Schlachtermessern – einer sogar mit Pfeil und Bogen.

Sie gingen so nah an uns vorbei, dass ich ihre Ausdünstungen roch und den Alkohol in ihrem Atem. Erstaunlicherweise hatte ich in dieser Situation weniger Angst vor ihnen als vorher im Versteck. Dennoch flehte ich Gott an, uns zu beschützen und meine Angst nicht übermächtig werden zu lassen.

Wir Frauen blieben in der Mitte unserer männlichen Eskorte, hielten die Köpfe gesenkt und hofften, die Interahamwe würden nicht mitkriegen, dass wir Frauen waren. Wir schafften es, ohne Zwischenfall an ihnen vorbeizukommen – einige der Killer grüßten sogar und wünschten John und dem Pastor viel Glück. Entweder hielten sie uns ebenfalls für einen Killertrupp auf nächtlicher Tutsi-Jagd oder Gott hatte sie blind gemacht – vermutlich beides. Außerdem rechneten sie nach den zahllosen Massakern nicht damit, dass an einem einzelnen Ort noch so viele Tutsi auf einmal am Leben sein könnten – mit gutem Grund, denn an der Straße lagen überall Leichen.

Gott hatte mein Gebet erhört und mir die Angst vor den Killern genommen, doch John und Pastor Murinzi hatte er diese Gnade offenbar versagt. Beide waren sichtlich geschockt von unserer Begegnung mit den Interahamwe. Sobald die Killer außer Sichtweite waren, überdachten sie ihre Lage.

»Meine lieben Damen, ihr werdet von hier aus allein weitergehen müssen«, erklärte der Pastor dann. »Die Franzosen sind ganz in der Nähe. Geht los, wir werden aufpassen, bis ihr außer Sichtweite seid.«

Ich drückte dem Pastor noch rasch die Hand, dann versteckten er, seine Söhne und John sich hinter den Büschen neben der Straße. Wir Frauen waren jetzt vollkommen schutzlos und hatten keine Zeit zu verlieren. Das Camp der Franzosen war etwa fünfhundert Meter entfernt, und wir rannten, so schnell uns die Füße trugen.

Mein Herz hämmerte, als wir das Camp auf dem Gelände eines ehemaligen Nonnenklosters erreichten. Während die anderen sich mit angstgeweiteten Augen vor dem Tor zusammenkauerten, rüttelte ich daran und rief, so laut ich konnte: »Bitte helft uns! Bitte, wir brauchen Hilfe!«

Ich hatte schon so lange nicht mehr mit normaler Stimme gesprochen, sondern bestenfalls geflüstert, dass mir sogleich der Hals wehtat. Meine Stimme war heiser und so leise, dass man mich kaum hörte. Die anderen gerieten in Panik, als sie sahen, dass niemand uns erwartete, um uns in Sicherheit zu bringen, und begannen laut zu jammern. Sekunden später tauchten auf der anderen Seite des Drahtzauns sechs oder sieben Soldaten auf, ihre Maschinengewehre auf uns gerichtet. Ich bedeutete meinen Gefährtinnen, still zu sein, und erzählte den Soldaten – ich sprach als Einzige Französisch –, wer wir waren und woher wir kamen.

Die Soldaten musterten uns skeptisch, die Gewehre nach wie vor schussbereit.

»Es ist wahr! Alles, was ich Ihnen gesagt habe, ist wahr. Wir haben darauf gewartet, dass Sie uns zu Hilfe kommen«, wiederholte ich verzweifelt.

Der kleinste Soldat in der Gruppe, ein hellhäutiger Mann mit rasiertem Kopf und grimmigem Gesicht, kam ans Tor und leuchtete uns mit einer Taschenlampe ins Gesicht. Offenbar begutachtete er unsere Nasenform. Es hieß ja von jeher, die Hutu hätten flache, breite Nasen, die Tutsi hingegen lange und schmale. Offenbar bestanden wir den Test, denn er öffnete das Tor und ließ uns hinein. Sein Maschinengewehr hatte er allerdings immer noch im Anschlag, als er nach unseren Identitätskarten fragte.

Den anderen stockte vor Schreck der Atem – keine von ihnen hatte ihre Papiere dabei, und sie dachten, die Franzosen würden sie auf der Stelle erschießen. Zum Glück hatte ich meine Identitätskarte in die Gesäßtasche meiner Jeans gesteckt, als ich vor drei Monaten mein Elternhaus verließ. Der Soldat sah sich den Ausweis an, über den quer das Wort *Tutsi* gestempelt war, und nickte dann zustimmend. Ich beteuerte noch einmal, dass wir alle Tutsi seien, und sagte dann zu den anderen: »Ich glaube, es geht alles in Ordnung.«

Daraufhin lösten sich wie auf ein Stichwort die monatelang aufgestaute Angst, Frustration und Anspannung, und einige meiner Leidensgefährtinnen begannen hemmungslos zu schluchzen. Sofort änderte sich das Verhalten der Soldaten – sie senkten ihre Waffen und redeten beruhigend auf uns ein, ihre Stimmen klangen freundlich und besorgt. Wir bekamen Wasser zum Trinken und Käse, unser erstes »richtiges« Essen seit Monaten. Wir verschlangen ihn gierig, und nun war uns klar, dass die Franzosen uns nicht töten würden, wie der Pastor prophezeit hatte.

»Jetzt wird alles wieder gut, meine Damen«, sagte der kleine Soldat. »Sie müssen keine Angst mehr haben, Ihr Alptraum ist vorbei. Wir werden nicht zulassen, dass Ihnen jemand wehtut. Haben Sie das verstanden? Sie sind in Sicherheit, wir werden uns um Sie kümmern.«

Ich übersetzte für die anderen und bald liefen uns allen die Tränen über die Wangen. Dass wir den Genozid überstanden haben sollten, erschien uns unfassbar, aber wir befanden uns tatsächlich in der Obhut ausgebildeter Soldaten mit großen Gewehren, die versprachen, die Killer niemals mehr in unsere Nähe zu lassen.

Als wir uns beruhigt hatten, erklärten unsere Retter, dass wir uns in einem Feldlager befänden und sie über Funk einen Lastwagen anfordern würden, der uns zum etwa fünfzehn Kilometer entfernten Basislager bringen würde. Bis dahin sollten wir versuchen, ein wenig zu schlafen.

Ich entfernte mich ein Stück von den anderen, um endlich wieder einmal zu genießen, worauf ich so lange hatte verzichten müssen: eine Weile ganz für mich zu sein. Ich legte mich auf den Boden und nahm meine Umgebung in mich auf: die Steinchen, die mich in den Rücken pikten, die feuchte Erde zwischen meinen Fingern, die trockenen Blätter, die meine Wange kratzten, und die Geräusche von Tieren, die durch die Dunkelheit huschten. Ich lebte, und es fühlte sich herrlich an.

Wieder nahm mich die atemberaubende Schönheit von Gottes Sternenhimmel gefangen. Die Sterne leuchteten so hell, dass ich mühelos die Straße erkennen konnte, auf der wir ins Lager gekommen waren, dieselbe, die zu meinem Zuhause führte – sofern noch etwas davon übrig war. Ich fragte mich, ob meine Familie in Sicherheit war, irgendwo in der Nähe versteckt, oder ob meine Lieben schon woanders weiterlebten, jenseits der ewigen Galaxien hoch über mir.

Ich wandte den Blick wieder der Straße zu, dieser Straße, die meine Brüder und mich überall hingebracht hatte. In aller Frühe zum Schwimmen im Kivu-See, als wir klein waren, später jeden Morgen zur Schule, sonntags in die Kirche, zum Besuch bei Freunden und Verwandten, in den Sommerferien zu aufregenden Abenteuern – diese Straße hatte mich zu allen Plätzen und Menschen geführt, die ich liebte. Sie zog sich durch mein ganzes bisheriges Leben, aber dieses Leben war nun Vergangenheit. Jetzt war sie den Killern und Vergewaltigern vorbehalten. Mich überfiel tiefe Trauer, als mir langsam klar wurde, dass es nie mehr wie früher sein würde, egal was in den kommenden Stunden und Tagen geschah.

Ich schloss die Augen und sagte zu Gott, nun sei es an ihm, mir einen neuen Weg für meine Lebensreise zu weisen.

Ich zitterte. Die kühle Nachtluft verursachte mir eine Gänsehaut, was mich daran erinnerte, dass ich nicht mehr mit den anderen zusammengepfercht in der stickigen Toilette hockte. Ich stand auf, streckte mich zum Himmel und wanderte dann im Lager umher. Ich hatte überhaupt keine Angst, nicht einmal, als ich beinahe über zwei Männer stolperte, die in einer dunklen Ecke kauerten.

Mein Auftauchen erschreckte sie. Einer der beiden sprang auf und rief in der nächsten Sekunde: »Immaculée, bist du das?«

»Jean Paul?«

»Wie kommt es, dass du noch lebst?«

»Gott hat mich beschützt. Wie kommt es, dass *du* noch lebst?«

»Gott hat *mich* beschützt.«

»Wie gut, dich zu sehen!«

»Wie gut, *dich* zu sehen!«

Es war eine absurde Unterhaltung, aber ich hätte am liebsten gelacht und geweint zugleich, so wunderbar war es, wieder laut mit einem Freund sprechen zu können. Jean Paul war ein guter Kumpel meiner Brüder.

»Hallo, Jean Baptiste, ich freue mich auch, dich zu sehen«, sagte ich zu Jean Pauls Bruder, der noch immer am Boden kauerte. Jean Baptiste reagierte nicht, und als ich in die Hocke ging, um ihm die Hand zu schütteln, sah ich auch, warum. Über seinen Nacken zog sich eine gut zwei Zentimeter breite schartige Wunde, die unter seinem Hemd verschwand. Die Wunde war nicht gut verheilt, ihre entzündet wirkenden weißlich-roten Ränder hoben sich scharf von der dunklen Haut ab. Auch am Kopf hatte er tiefe Schnitte, einer war so tief, dass ich mich fragte, wie er diese Verletzung überhaupt hatte überleben können.

»Er spricht zurzeit nicht viel … Er ist zu traurig«, flüsterte Jean Paul mir zu.

Auch Jean Paul war tief deprimiert, aber wir setzten uns trotzdem hin und erzählten uns, wie es uns ergangen war. Ich berichtete von meiner Zeit im Haus des Pastors. Und er sagte mir, dass die Massaker im Norden weniger geworden waren, seit Kigali gefallen war, dass es aber in der Provinz Kibuye, wo wir uns befanden, immer noch sehr schlimm zuging.

»Kigali ist gefallen?«, fragte ich bestürzt und erfreut zugleich.

»Ja, aber es gibt immer noch Massaker«, erwiderte er. »Hier in der Gegend ist es seitdem sogar noch schlimmer. Je schlechter der Krieg für sie läuft, umso brutaler werden sie. Außerdem sind sie frustriert; sie haben bereits so viele Tutsi abgeschlachtet, dass sie jetzt kaum noch welche finden, die sie umbringen können.«

Es überraschte mich, dass Jean Paul und sein Bruder in diesem Lager waren, denn ich hatte sie immer für Hutu gehalten. Sie waren ziemlich kleingewachsen, hatten sehr dunkle Haut und eine flache, breite Nase – entsprachen also genau dem von den Europäern geprägten Klischee, wie ein Hutu auszusehen hat. Eine ziemlich unsinnige Unterscheidung, da beide Ethnien seit Generationen untereinander heirateten, eine überkommene rassistische Vorstellung. Doch der Tatsache, dass sie wie Hutu aussahen, verdankten sie zum Teil ihr Leben, erklärte Jean Paul. »Diesem Umstand – und dem guten Herzen eines Mörders«, fügte er hinzu, ehe er berichtete, was seiner Familie geschehen war.

»Die Killer kamen, eine Woche nachdem das Flugzeug des Präsidenten abgeschossen worden war. Ich war gerade bei meinem Freund Laurent, einem Hutu, der ein paar Häuser weiter wohnte, als ich hörte, wie sie sich vor dem Haus meiner Eltern versammelten – ungefähr dreihundert Männer, die meisten Nachbarn und alte Freunde der Familie. Sie schlugen die Haustür ein und hackten alle in Stücke: meine Brüder, meine vier Schwestern, meine Mutter und meinen Vater. Sie brachten alle um, zumindest dachten sie das. Jean Baptiste lebte noch, drohte aber zu verbluten.

Ich schleppte ihn kilometerweit durch den Busch in ein Krankenhaus, wo die Ärzte uns nicht kannten. Dann versteckte uns Laurent, bis die Franzosen kamen. Es war dennoch schrecklich. Er hat uns vor dem Tod gerettet, aber es war eine Qual, am Leben zu sein. Laurent weckte uns jeden Morgen, um sich zu verabschieden, ehe er das Haus verließ und mit den Leuten, die meine Familie getötet hatten, den ganzen Tag Jagd auf Tutsi machte. Wenn er abends zurückkam und Essen kochte, sah ich Blutflecken an seinen Händen und an seiner Kleidung, die sich nicht abwaschen ließen. Unser Leben lag in seiner Hand, deshalb konnten wir nichts sagen. Ich begreife nicht, wie ein Mensch gleichzeitig Gutes und Böses tun kann.«

»Der Völkermord findet in den Herzen der Menschen statt, Jean Paul«, sagte ich. »Die Killer sind gute Menschen, aber jetzt hat das Böse sich ihrer Herzen bemächtigt.«

Ich würde für seine Familie beten, setzte ich hinzu. Dann wurde mir klar, dass er wahrscheinlich wusste, was mit meinen Eltern und meinen Brüdern passiert war. Die Frage war nur: Wollte ich es wirklich wissen? War ich stark genug, die Wahrheit zu verkraften? Wenn ich sicher wusste, dass sie tot waren, würde es kein Zurück in mein altes Leben mehr geben.

Ich kam zu dem Schluss, dass es besser war, sich der Wahrheit zu stellen. Ich würde allerdings so tun müssen, als wüsste ich bereits von der Ermordung meiner Familie, sonst würde Jean Paul mich zu schonen versuchen und mir nichts sagen. Ich musste ihn mit einem Trick dazu bringen, mir zu erzählen, was ich wissen musste. Ich griff in meine Hosentasche, umklammerte den Rosenkranz meines Vaters und bat Gott, mir Kraft zu geben.

»Ach, Jean Paul, und mein Vater … Ich weiß, dass sie ihn umgebracht haben, jedoch nicht, wo. Weißt du vielleicht Näheres?«

»O ja, ich weiß alles. Laurent war dort, er hat alles gesehen. Sie haben deinen Vater in der Stadt getötet, in Kibuye.«

Seine Worte zerrissen mir fast das Herz. Ich presste die Fäuste auf die Augen und wandte mich ab, damit er meine Tränen nicht sah.

»Es war ein oder zwei Tage, nachdem sie meine Eltern getötet hatten«, fuhr Jean Paul fort. »Am 14. April, glaube ich. Er war zur Stadtverwaltung gegangen, um den Präfekten um Essen für die vielen Tausend Flüchtlinge im Stadion zu bitten, die seit Tagen nichts gegessen hatten. Das war ein großer Fehler.«

Ach, Papa! Warum musstest du so ein gutes Herz haben … Und wie konntest du nur so dumm sein? Der Präfekt von Kibuye, so etwas wie ein Gouverneur, war ein Freund meines Vaters gewesen. Aber es hatten ihn auch schon andere Freunde verraten, die extremistische Hutu waren, deshalb konnte ich nicht begreifen, warum er ihnen immer noch getraut hatte. Aber ich wusste, dass er sein Leben geopfert hätte, um hungernden Menschen Nahrung zu verschaffen – er hätte gar nicht anders gekonnt. Meine Augen brannten, und mein Magen verkrampfte sich, als Jean Paul weitersprach.

»Laurent berichtete mir, dass der Präfekt deinen Vater einen Narren nannte und ihn von seinen Soldaten hinausschleppen ließ. Auf der Treppe der Stadtverwaltung haben sie ihn dann erschossen und seine Leiche auf der Straße liegen lassen.«

»Verstehe … Danke, dass du mir das alles erzählt hast, Jean Paul. Es hilft mir«, sagte ich und musste mich sehr zusammenreißen, damit mir die Stimme nicht versagte. Ich dankte Gott, dass die Dunkelheit mein Gesicht verbarg. »Und meine Mutter? Ich weiß, sie ist getötet worden, aber ich weiß nicht, wie –«

»Ach, Rose?«, unterbrach er mich. »Sie war eine der Ersten in unserer Gegend, die ermordet wurden, ein paar Tage vor deinem Vater. Könnte sein, dass Laurent zu den Killern gehörte, denn er wusste genau, wie es abgelaufen war. Also, sie hatte sich bei den Nachbarn deiner Großmutter im Hof versteckt. Als irgendwo in der Nähe jemand getötet wurde und deine Mutter die Schreie hörte, dachte sie, es sei dein Bruder. Da lief sie auf die Straße und schrie: ›Tötet mein Kind nicht! Tötet meinen Damascene nicht!‹ Es war nicht Damascene, aber als die Killer deine Mutter bemerkten, gingen sie ihr nach und sagten, wenn sie ihnen Geld gäbe, dann würden sie sie in Ruhe lassen. Deine Mutter willigte ein und ging zu ihrer Freundin Murenge, um sich von ihr Geld zu leihen. Doch Murenge wies sie ab: ›Verschwinde aus meinem Haus, wir helfen keinen Kakerlaken!‹ Und sie forderte die Killer auf, deine Mutter auf der Straße zu töten, sie wolle keine Sauerei in ihrem Hof. Also schleiften sie deine arme Mutter an den Straßenrand und hackten sie dort in Stücke. Ein paar Nachbarn haben sie begraben. Deine Mutter war eine der wenigen, die begraben wurden. Bald gab es zu viele Leichen, und es war niemand mehr da, um Gräber zu schaufeln.«

Jedes seiner Worte war eine Tortur, aber ich musste es einfach genau wissen. Ich bohrte weiter. »Hast du zufällig etwas von meinem kleinen Bruder Vianney gehört?«, fragte ich, und es meldete sich sofort mein schlechtes Gewissen, als ich daran dachte, wie ich ihn mitten in der Nacht aus dem Haus des Pastors fortgeschickt hatte.

»Vianney und sein Freund Augustin wurden im Stadion von Kibuye getötet. Tausende hatten sich dorthin geflüchtet, und sie sind alle umgebracht worden. Anfangs haben die Killer mit ihren Maschinenpistolen draufgehalten, dann haben sie Granaten in die Menge geworfen. Ich glaube nicht, dass jemand überlebt hat.«

Meine Hände zitterten, ich bekam kaum noch Luft. Ich versuchte, mich zu beruhigen, so gut es ging, weil ich auch nach Damascene fragen wollte, aber ich brachte es nicht über mich, seinen Namen auszusprechen. Ich klammerte mich verzweifelt an die Hoffnung, dass er am Leben war und irgendwo auf mich wartete. Schließlich sagte ich: »Mein Bruder Aimable ist im Senegal und weiß nichts von alledem. Ich habe nicht einmal eine Adresse, an die ich ihm einen Brief schicken könnte …«

»Frag doch Bonn, den Freund von Damascene. Ich weiß, dass er alle Papiere und Sachen von Damascene aufbewahrt hat, zumindest früher.«

»Wieso früher?«, fragte ich, und mein Herz krampfte sich zusammen.

»Na, weil er deinen Bruder versteckt hatte, und als Damascene sich auf den Weg nach Zaire machte, hat er seine ganzen Sachen bei Bonn gelassen. Aber vielleicht wollte er sie inzwischen loswerden – ich habe gehört, er ist wahnsinnig geworden, nachdem dein Bruder getötet worden war.«

Die Worte trafen mich wie ein Schlag. *Bitte … nein … nicht auch noch Damascene!*

Ich wollte nichts mehr wissen. Ich stand auf, ging taumelnd ein, zwei Meter und sackte dann zusammen. Ich presste mein Gesicht in die Erde, wollte auf dem kalten Boden liegen bleiben, in ewigem Schlaf wie der Rest meiner Familie. Ich wollte nichts mehr hören, nichts mehr sehen, nichts mehr spüren. Ich hatte so viel zu beweinen. Jean Paul versuchte mich zu trösten, als ich hemmungslos schluchzend dalag. Er wischte mir die Erde vom Gesicht und rieb mir sanft den Nacken, aber ich stieß seine Hand fort.

»Bitte lass mich. Ich muss jetzt lernen, allein mit allem fertig zu werden, Jean Paul. Niemand auf dieser Welt kann mich jetzt trösten. Lass mich eine Weile allein.« Daraufhin ging er auf die andere Seite des Lagers, seinen verstummten Bruder neben sich.

Ich drehte mich auf den Rücken, schaute in den Himmel hinauf und weinte. Ich weinte, bis ich keine Tränen mehr hatte. Ich dachte daran, was Jesus mir im Traum versprochen hatte, und begann, mit ihm zu sprechen. »Du hast gesagt, sie würden alle tot sein, wenn ich aus dem Versteck herauskomme, und du hattest Recht«, sagte ich. »Sie *sind* alle tot. Alles, was ich auf dieser Welt geliebt habe, ist mir genommen worden. Ich lege mein Leben in deine Hände, Jesus … Halte dein Versprechen und kümmere dich um mich. Und ich werde *mein* Versprechen halten – ich werde deine treuergebene Tochter sein.«

Ich schloss die Augen, stellte mir die Gesichter meiner Lieben vor und betete, Gott möge sie beschützen und behüten.

Es war noch dunkel, einige Stunden vor Tagesanbruch, als das metallische Kreischen eines LKW-Getriebes mich aufschrecken ließ. Ein doppelter Scheinwerferstrahl glitt über das Camp und tauchte meine Leidensgefährtinnen, die mit Jean Paul und Jean Baptiste am Tor standen, in gleißend helles Licht.

Vor dem Zaun kam der Lastwagen stotternd zum Stehen. Es war ein großer Militär-LKW mit einer Zeltplane in Tarnfarben. Die französischen Soldaten wiesen uns an, hinten aufzusteigen und uns still zu verhalten.

»Die Hutu haben überall Straßensperren errichtet«, warnte uns einer von ihnen.

An die erste Sperre kamen wir einen guten Kilometer vom Camp entfernt, ich konnte die Stimmen der Killer jenseits der Zeltplane hören. Eine allzu vertraute Situation, nur dass wir diesmal bewaffnete Leibwächter hatten. Dennoch: Einer Hand voll Soldaten standen etliche hundert Killer gegenüber.

»Was haben Sie hinten auf dem Lastwagen?«, fragte einer.

»Wir bringen Essen und sauberes Wasser für die Hutu-Flüchtlinge, die aus Kigali kommen«, erwiderte der Fahrer.

»Guter Mann! Diese Tutsi-Schlangen bringen uns um in Kigali. Sie können weiterfahren, los.«

Der Fahrer schaltete, der Lastwagen fuhr ruckelnd an. Ich bewunderte die Geistesgegenwart des Fahrers, der uns mit seiner cleveren Antwort durch die Straßensperre gebracht hatte. Seit die Hauptstadt an die Tutsi-Rebellen gefallen war, hatten sich Tausende Hutu aus Kigali auf den Weg in Richtung Süden gemacht. Leider flüchteten die meisten in unsere Provinz Kibuye, entweder um sich hier niederzulassen oder um über den Kivu-See nach Zaire zu gelangen. Verängstigte Hutu-Familien versuchten massenweise, aus der Kampfzone zu fliehen, aber es kamen auch zahlreiche neue Interahamwe-Killer in unsere Gegend.

Bei der nächsten Straßensperre winkten uns die Killer gleich durch. »Die Franzosen sind auf unserer Seite, lasst sie durch!«, sagte einer von ihnen. Ebenso problemlos passierten wir die folgenden fünf Straßensperren.

Und so rollte unser Lastwagen durch die Nacht, einem neuen Tag entgegen – wäre er doch nur immer weiter gefahren, in ein anderes Land. Meine Seele wollte fort aus Ruanda, fort in eine andere Welt. Ich war überzeugt, dass Gott mir ein neues Leben zugedacht hatte, ich wusste nur nicht, wann und wo es beginnen würde. Als der Lastwagen eine halbe Stunde später das Basislager erreichte, war ich zutiefst enttäuscht. Ja, wir waren frei, aber immer noch mitten in Ruanda, mitten im Horror.

Das Erste, was ich sah, als ich vom Lastwagen kletterte, war ein heruntergekommenes Schulhaus. Auf dem Holzschild über der Eingangstür stand in ungelenken Buchstaben *Rwimpili* – es war die Schule, an der meine Mutter ihre erste Stelle als Lehrerin gehabt hatte.

Eine große Traurigkeit überkam mich, und ich ging ein Stück beiseite, um allein zu sein und schnell Zwiesprache mit Gott zu halten: »Herr, ich weiß nicht, warum du mich hierher gebracht hast. Ich weiß, ich werde um meine Familie trauern müssen, aber jetzt kann ich nicht … Bitte gib mir die Kraft, die ich brauche, um zu überleben, und ich werde später trauern.«

Ein paar Minuten später fühlte ich mich stark genug, um mit lächelndem Gesicht in das Schulhaus zu gehen. Ich erinnerte mich, wie begeistert Mama von dieser armseligen Schule mit dem Boden aus gestampfter Erde und nur einem Klassenzimmer gewesen war. »Wichtig ist, was wir in der Schule lernen, und nicht, wie sie aussieht«, hatte sie oft gesagt.

Inzwischen war es Tag geworden, und ich sah im von der Morgensonne durchfluteten Raum zum ersten Mal die anderen Überlebenden, die mit mir eingetroffen waren. Etwa zwanzig Tutsi wanderten ziellos umher, und plötzlich erkannte ich, welches Glück meine Leidensgenossinnen und ich mit unserem Versteck im Haus des Pastors gehabt hatten. Die anderen sahen noch viel schlimmer aus als wir. Die Armen hatten in den vergangenen drei Monaten im Wald gelebt, in Erdlöchern geschlafen und nichts als Blätter und Gras gegessen.

Die Sonne schien so hell, dass ich meine Augen beschatten musste, und auf einmal erspähte ich durch meine Finger hindurch ein vertrautes Gesicht – Esperance, eine Schwester meiner Mutter. »Esperance!«, rief ich freudig überrascht, doch sie schien mich nicht zu hören.

»Esperance! Kennst du mich nicht mehr? Ich bin's, Immaculée! Gott sei Dank, dass jemand von der Familie überlebt hat!«, sprudelte ich hervor und umarmte sie stürmisch.

Sie reagierte kaum auf meine Umarmung und starrte mich lange mit leerem Blick an, ehe sie etwas sagte. Ich befürchtete schon, sie wäre wahnsinnig geworden. »Ist ja gut«, sagte sie mit schwacher Stimme. »Ich freue mich, dass du noch lebst. Komm, deine andere Tante ist auch hier.« Sie schlurfte wie benommen über den Schulhof auf ein Grüppchen von Menschen zu, die dort am Boden saßen. Es waren ihre Schwester Jeanne und drei Cousinen von mir, alle im Teenageralter.

In einigen Metern Entfernung blieb ich erschrocken stehen, weil sie so furchtbar aussahen: Ihre Gesichter waren von Insektenbissen geschwollen, die Lippen aufgesprungen und blutig, die Körper mit Blasen und offenen Wunden übersät, die schon seit Wochen eitern mussten. Bereits da, wo ich stand, drang mir ihr schrecklicher Geruch in die Nase.

Tante Jeanne, ebenfalls Lehrerin, war in Sachen Kleidung und Reinlichkeit immer so pingelig gewesen, dass Besucher sich bei ihr zu Hause erst die Hände waschen mussten, ehe sie ihre Kinder begrüßen durften. Jetzt saß sie mit ihren Töchtern auf der nackten Erde im Schmutz wie eine Horde Urmenschen, und ihre Kleider waren so verschlissen, dass man ihre bloßen Hinterteile sah.

Ich ließ mich auf die Knie sinken und wollte Jeanne umarmen, aber sie wich meiner Berührung aus und versuchte, ihre Tränen zu verbergen. »Ach, Immaculée, verzeih mir, ich muss schrecklich aussehen. Und ich habe irgendwas in den Augen, weil sie so tränen.«

Ich musste lächeln. Genau das hätte meine Mutter in dieser Situation auch gesagt, denn sie hätte sich ebenfalls ihrer Tränen geschämt. »Jeanne, ich bin so froh, dich zu sehen.« Ich umarmte sie liebevoll und dann eine nach der anderen meine Cousinen. Sie lächelten zaghaft und ihre Augen begannen wieder zu strahlen.

Ich sprach ein stummes Gebet für sie und bat Gott, ihre Seelen gesund zu machen. Meinerseits versprach ich, alles mir Mögliche zur Heilung ihrer körperlichen Wunden zu tun.

Ich setzte mich zu ihnen und es entspann sich eine traurige Unterhaltung. Wir berichteten einander, wer von unseren Familien umgebracht worden war und was jede von uns durchgemacht hatte. Jeanne hatte drei Söhne und ihren Mann verloren, Esperance fast ihre ganze Familie. Meine wunderbaren Großeltern waren ermordet worden, ebenso mindestens sieben meiner Onkel. Bald weinten wir alle, und ich fragte mich, ob wir jemals würden aufhören können.

Nachdem wir vielleicht eine Stunde miteinander gesprochen hatten, übergab mir Esperance einen Brief. Es war mir ein Rätsel, wie sie ihn über all die Wochen im Wald hatte retten können. »Damascene hat mich in meinem Versteck gefunden, und mir diesen Brief für dich gegeben«, sagte sie. »Er war auf dem Weg nach Zaire – aber er hat es nicht geschafft.«

Ich nahm den Brief an mich und sah, dass der Umschlag voller Tränenspuren war, drehte mich um und lief weg von meinen Tanten und Cousinen – ich konnte niemanden in meiner Nähe ertragen. Schon den Namen meines Bruders zu hören erschütterte mich zutiefst, und jetzt hielt ich seine letzten Worte an mich in der Hand. Sie zu lesen würde sein, als hörte ich ihn ein allerletztes Mal mit mir sprechen.

KAPITEL 18

Ein Brief von Damascene

Als ich allein hinter der Schule stand, öffnete ich Damascenes Brief. Es tat mir in der Seele weh, als ich seine eigenwillige Handschrift sah, und ich dachte an all die vielen Briefe, die er mir während unserer Schulzeit geschrieben hatte – Briefe, die niemals sentimental waren, aber stets voller Zuneigung und Zärtlichkeit, Aufmunterung und Lob, voll guter Ratschläge und behutsamer Ermahnungen, Klatsch und Humor, so viel Humor. Ich hockte mich auf den Boden und begann, an die Wand des Schulhauses gelehnt, zu lesen.

6. Mai 1994
Liebe(r) [Papa, Mama, Vianney und] Immaculée,

Es ist schon fast einen Monat her, dass wir getrennt wurden, und seither leben wir alle in einem Alptraum. Obwohl die Realität es zu widerlegen scheint, bin ich überzeugt, dass ein Volksstamm einen anderen nur auslöschen kann, wenn es Gottes Wille ist. Vielleicht ist unser Leben der Preis, der für Ruandas Errettung bezahlt werden muss. Eines weiß ich aber sicher: Wir werden uns wiedersehen – daran zweifle ich keine Sekunde.

Ich werde versuchen, aus dem Land rauszukommen, aber ich weiß nicht, ob ich es schaffe. Macht euch meinetwegen keine Sorgen, falls sie mich unterwegs umbringen. Ich habe viel gebetet, ich bin auf den Tod vorbereitet. Wenn mir die Flucht gelingt, nehme ich mit euch Kontakt auf, sobald wieder Frieden ist. Bonn wird euch erzählen, wie es mir ergangen ist …

Damascenes Freund Bonn erzählte mir später, dass Damascene an dieser Stelle seinen Kugelschreiber hinlegte, zu ihm aufsah und sagte: »Bonn, ich weiß, dass du mein Freund bist und versuchst, mich zu schonen, aber jetzt ist es an der Zeit, mir die Wahrheit zu sagen. Ist jemand aus meiner Familie getötet worden?«

Als Hutu konnte Bonn sich ungehindert bewegen und somit erfahren, welche Tutsi in unserer Gegend ermordet worden waren. Er hatte Damascene verschwiegen, dass meine Eltern und Vianney tot waren, weil ihm so viel an meinem Bruder lag und er ihn schonen wollte.

Doch als Damascene ihn ganz direkt fragte, erzählte Bonn ihm, was er wusste. Er brachte es nicht über sich, Damascene den Brief in dem Glauben fertig schreiben zu lassen, dass alle, die er liebte, noch am Leben waren. Also sagte Bonn seinem Freund, dass unser Papa, unsere Mama und unser kleiner Bruder getötet worden waren und ich als Einzige möglicherweise noch lebte. Damascene weinte fast den ganzen Tag, was die Tränenspuren auf seinem Brief erklärt.

Bevor Damascene fortging, um mit einem Boot über den Kivu-See zu flüchten, holte er den Brief noch einmal hervor, setzte *Papa, Mama, Vianney und* in Klammern und fügte diese Zeilen hinzu:

Immaculée, ich bitte dich, sei stark. Ich habe gerade gehört, dass Mama, Papa und Vianney tot sind. Ich melde mich bei dir, sobald ich kann.
  Ich umarme dich ganz fest!
  Dein Bruder, der dich sehr lieb hat!

Nichts in meinem Leben hat mir so wehgetan wie dieser Brief. Ich fuhr mit den Fingerspitzen behutsam über die tränenbefleckten Worte und wusste, ich würde diesen Brief niemals lesen können, ohne zu weinen.

Später erfuhr ich, dass Bonn, der für mich immer ein Held sein wird, meinen Bruder gegen den Willen seiner Familie bei sich aufnahm. In den ersten Tagen der Verfolgung konnte er Damascene heimlich unter seinem Bett verstecken. Als seine Familie dahinterkam, setzten sie ihn jedoch unter Druck, er solle Damascene den Killern ausliefern.

Leider war einer von Bonns Onkeln ausgerechnet Buhoro, mein ehemaliger Lehrer, der Tutsi-Kinder so gerne demütigte, wenn er die Schüler zur Anwesenheitskontrolle nach ethnischer Zugehörigkeit aufrief. Buhoro entpuppte sich als einer der fanatischsten Hutu-Extremisten im Land, als brutaler Mörder, der unzählige Tutsi auf dem Gewissen hatte. Als er Verdacht schöpfte, wusste Bonn, dass er Damascene schnellstens aus dem Haus bringen musste. Eines Nachts grub er am anderen Ende des Grundstücks der Familie eine Grube, die er mit Ästen und Blättern abdeckte. Es gelang ihm, Damascene ungesehen aus seinem Zimmer und zu dem Erdloch zu bringen – wenige Stunden bevor die Killer nach einem Tipp von Buhoro auftauchten, um das Haus zu durchsuchen.

Auf Buhoros Drängen durchsuchten sie Bonns Haus mehrmals, während Damascene sich über drei Wochen in dem Erdloch versteckt hielt. Doch die Killer gaben nicht auf. Sie beobachteten Bonn und entdeckten ihn schließlich einmal, als er Essen hinausbrachte. Da Bonn und Damascene fürchteten, dass sie das nächste Mal auch den Hof durchsuchen würden, beschlossen sie, dass mein Bruder über den Kivu-See nach Zaire flüchten sollte. (Bonn kannte einen Hutu, einen barmherzigen Samariter, der Tutsi-Flüchtlinge mit seinem Fischerboot über den See in Sicherheit brachte.) Nach Mitternacht holte er Damascene aus dem Loch, und sie machten sich auf den Weg zum See, immer im Schutz von Büschen. Doch sie brauchten zu lange, und das Boot war für diese Nacht bereits weg.

Es war schon kurz vor Tagesanbruch, und Damascene wollte nicht noch einmal den langen Weg zurück zu Bonns Haus riskieren, deshalb blieb er bei Nsenge, einem sehr guten Freund der beiden, der in der Nähe des Sees lebte. Nsenge war ein gemäßigter Hutu, der uns alle sehr mochte – mein Vater hatte bei mehreren seiner Brüder sogar etwas zum Schulgeld beigesteuert – und Damascene deshalb bereitwillig für diesen Tag bei sich versteckte.

Nsenges Bruder Simoni war jedoch nicht so großmütig. Er

begrüßte Damascene zwar lächelnd und mit freundschaft-
lichem Handschlag, als er im Haus erschien – doch am folgenden Nachmittag, als mein Bruder schlief und Nsenge
sich um die Bootspassage kümmerte, schlich Simoni sich aus
dem Haus und verriet Damascene an den nächsten Killertrupp, dem er begegnete.

Vor dem Abendessen weckte Simoni meinen Bruder und
bot ihm an, seine Sachen zu waschen, ehe er in Richtung
Zaire aufbrach. Damascene zog sich bis auf die Unterhose
aus, und Simoni nahm seine Kleider an sich (mein Bruder
sollte sich vor seinem Tod noch schämen und sich gedemütigt fühlen, gab Simoni später zu). Dann rief er Damascene
ins Wohnzimmer, wo ihn Dutzende von Killern erwarteten.
Sie fielen über meinen Bruder her und schlugen erbarmungs-
los auf ihn ein, während sie ihn auf die Straße zerrten. Er
trug nichts als seine Unterhose.

Eine der Frauen, die früher bei uns arbeiteten, beobachtete das Ganze und berichtete mir von Damascenes letzter
Stunde. »Wo ist deine hübsche Schwester?«, fragten die Killer meinen Bruder. »Wo ist Immaculée? Die Leichen anderer
Kakerlaken aus deiner Familie haben wir gesehen, aber mit
ihr haben wir unseren Spaß noch nicht gehabt – wo ist sie?
Sag es uns und wir lassen dich gehen. Wenn du es uns nicht
sagst, werden wir dich in dieser Nacht Stück für Stück töten. Sag uns, wo Immaculée ist, und du kannst gehen.«

Damascene sah sie aus seinem zerschlagenen, geschwol-
lenen Gesicht an und beschützte mich, wie er es sein ganzes
Leben getan hatte: »Selbst wenn ich wüsste, wo meine schöne
Schwester ist, ich würde es euch nicht sagen. Ihr werdet Immaculée nie finden, sie ist klüger als ihr alle zusammen.«

Sie schlugen mit den Griffen ihrer Macheten auf ihn ein
und höhnten: »Ist sie so klug wie du? Du hast sogar fertig
studiert, und wir haben dich trotzdem erwischt, oder nicht?
Und jetzt sag uns, wo sich deine Schwester versteckt!«

Damascene rappelte sich noch einmal mühsam hoch und
lächelte die Killer an. Seine Furchtlosigkeit verwirrte sie. Sie
hatten schon viele Tutsi ermordet und es immer genossen,

wenn ihre Opfer um ihr Leben flehten. Damascenes beherrschte Haltung verdarb ihnen diesen Spaß.

Anstatt mit ihnen zu handeln oder um Gnade zu betteln, provozierte er sie. »Na los«, sagte er. »Worauf wartet ihr? Heute ist der Tag, an dem ich zu Gott gehe. Ich spüre ihn hier überall. Er sieht zu, er wartet darauf, mich heimholen zu können. Na los, bringt eure Arbeit zu Ende und schickt mich ins Paradies. Ihr tut mir Leid: Ihr bringt die Leute um, als wäre es ein Spiel. Mord ist kein Spiel. Wenn ihr Gott beleidigt, werdet ihr für euren Spaß bezahlen müssen. Das Blut der unschuldigen Menschen, die ihr in Stücke hackt, wird an euren Händen kleben, bis ihr vor Gottes Richterstuhl steht. Ich bete dafür, dass ihr erkennt, dass ihr Böses tut, und Gott um Vergebung bittet, ehe es zu spät ist.«

Das waren die letzten Worte meines Bruders. Obwohl mich der Schmerz über seine brutale Ermordung mein Leben lang begleiten wird, bin ich doch stolz darauf, dass er sich seinen Mördern gegenüber behauptet hat und mit derselben Würde gestorben ist, mit der er gelebt hat.

Einer von Simonis Brüdern, ein protestantischer Priester namens Karera, kommentierte Damascenes Worte verächtlich: »Denkt dieser Kerl, er ist ein Prediger? *Ich* bin der Pastor hier und ich segne euer Werk. Ich segne euch dafür, dass ihr dieses Land von einer weiteren Kakerlake befreit.« Dann sah er die Killer an und sagte: »Worauf wartet ihr? Seid ihr Feiglinge? Eine Kakerlake bettelt darum, getötet zu werden – was steht ihr herum? *Tötet ihn!*«

Auf diese infame Weise feuerte Karera die Killer zu dem Mord an.

»Ihr Tutsi habt euch immer so überlegen gefühlt gegenüber uns Hutu«, brüllte einer der jungen Killer Damascene ins Gesicht, als er seine Machete hob. »Du denkst, dass du so viel klüger bist als wir, weil du studiert hast? Ich möchte jetzt mal sehen, wie das Gehirn von einem Studierten aussieht!«

Mit diesen Worten hieb er meinem Bruder die Machete in den Kopf, dass dieser auf die Knie fiel. Ein anderer drängte sich vor und hackte ihm mit zwei Hieben die Arme ab. Dann zückte der erste Killer wieder seine Machete, spaltete Damascenes Schädel und schaute hinein. Besudelt mit dem Blut meines Bruders, prahlte er in der Nachbarschaft herum, er habe ins Gehirn eines Studierten gesehen.

Doch ich verbanne jeden Gedanken an die grausigen Details von Damascenes Ermordung aus meinem Kopf. Ich denke nur daran, wie mutig er sich dem Tod stellte, wie er lächelte, bevor er starb, und dass er für diejenigen, die ihn töteten, gebetet hat. Mein tapferer Bruder, mein herzallerliebster Damascene …

Später hörte ich, dass einer der Killer (ein junger Mann namens Semahe, der mit Damascene zur Schule gegangen war) nach dem Mord zusammenbrach und tagelang weinte. Er redete ununterbrochen davon, was er und Damascene alles gemeinsam unternommen hatten – Fußball gespielt, im Chor gesungen ministriert. Die Erinnerung daran, wie nett mein Bruder zu ihm und anderen Jungen immer gewesen war, verfolgte ihn Tag und Nacht. Jeder, der ihm zuhören wollte, erfuhr nun, wie sehr Semahe seine Tat bereute.

»Nie wieder werde ich jemanden töten«, sagte er. »Ich kann Damascenes Gesicht nicht vergessen, seine Worte werden für immer in meiner Seele brennen. Es war eine Sünde, einen solchen Jungen zu töten, es war eine Sünde.«

KAPITEL 19

Im französischen Camp

Das französische Camp war eine Art Festung, in der Tutsi ein- und von der Hutu ausgeschlossen waren. Vor dem Schulhaus standen in einem Halbkreis acht panzerähnliche Fahrzeuge, und außen um das Lager herum patrouillierten Tag und Nacht mindestens hundert Wachsoldaten. Wir Tutsi-Überlebende blieben innerhalb des Halbkreises aus gepanzerten Fahrzeugen, rund um die Uhr beschützt von dreißig Soldaten, die uns auch in den Wald begleiteten, wenn wir gewisse natürliche Bedürfnisse hatten.

Die französischen Soldaten entschuldigten sich ständig für die primitiven Umstände, unter denen wir leben mussten. Ich musste dann immer lachen, denn im Vergleich zu den vergangenen Monaten führten wir in diesem Camp ein äußerst komfortables Leben. Wir konnten Wasser aus einem Bach holen und uns selbst und unsere Kleider mit Seife waschen!

Wir schliefen im Freien, in den Augen der Franzosen ebenfalls eine arge Zumutung, aber mir gefiel es. Obwohl ich mich oft erst von Erde und Zweigen säubern musste, wenn ich aufwachte, und mir von den Steinen auf dem Boden alles wehtat, schlief ich wahnsinnig gern mit Blick in die Sterne ein. Es war, als schaue man am Ende des Tages in Gottes Angesicht.

Kochen durften wir nicht, was aber nicht weiter schlimm war, denn es gab ohnehin keine frischen Sachen. Die Soldaten versorgten uns mit abgepacktem Käse und Crackern, Milchpulver und Obst in Dosen. Ein sehr begrenztes Nahrungsangebot, dennoch nahm ich langsam wieder zu und musste keine zusätzlichen Löcher mehr in meinen Gürtel bohren.

Es sei ihre Aufgabe, uns zu beschützen, sagten die Franzosen, und sie machten ihre Sache gut. Ich habe mich in ihrem Camp kein einziges Mal von den Killern bedroht gefühlt. Allerdings versammelten sich vor dem Camp oft Hutu, um zwischen den Panzerfahrzeugen hindurchzuspähen und einen Blick auf uns zu erhaschen. Sie starrten uns an, als wären wir Zootiere, die einzigen noch lebenden Exemplare einer nahezu ausgerotteten Art.

»Sie glotzen euch an, als wärt ihr Tiere, dabei sind *sie* die Tiere«, sagte der Kommandant eines Morgens kurz nach meiner Ankunft zu mir. Als er merkte, dass ich fließend Französisch sprach, hatten wir ein längeres Gespräch. Ich erzählte ihm meine Geschichte und er schien aufrichtig Anteil zu nehmen. Er wusste, was die Tutsi in Ruanda schon durchgemacht hatten, kannte unsere Geschichte und die ethnischen Konflikte.

»Unter uns gesagt, ich weiß nicht, wie unser Präsident sich selber noch in die Augen schauen kann«, meinte er. »Frankreich hat Blut an den Händen, schließlich haben wir vielen dieser Hutu das Töten beigebracht.«

Es war das erste Mal, dass ich einen Ausländer für die Geschehnisse in Ruanda Verantwortung übernehmen hörte, und es war Balsam für meine Seele. Wie oft wäre ich fast verzweifelt, wenn wir aus dem Radio des Pastors erfuhren, dass die Welt zwar wusste, was mit uns geschah, aber keinen Finger rührte.

»Danke für Ihre Anteilnahme«, erwiderte ich. »Es sind sehr böse Menschen, die Leute, die das tun.«

»Böse? Böse! Immaculée, sie sind durch und durch schlecht, sie sind Monster! Aber ich versichere Ihnen, hier sind Sie sicher. Solange ich hier das Kommando habe, wird Ihnen niemand etwas tun«, versicherte er und klopfte bekräftigend auf die Pistole an seinem Gürtel. »Ich tue gerne noch mehr, als Sie zu beschützen – ich verschaffe Ihnen ein Stück Gerechtigkeit. Aber bitte, das bleibt unter uns. Wenn Sie Rache wollen, brauchen Sie es nur zu sagen. Geben Sie mir die Namen der Hutu, die nach Ihnen gesucht haben, oder sagen

Sie mir, wer Ihre Eltern und Ihre Brüder umgebracht hat, und ich lasse sie für Sie töten.«

Sein Angebot schockierte mich. Genau das hatte ich mir in den ersten Tagen im Versteck gewünscht, als der Pastor uns von den Gräueltaten an den Tutsi erzählt hatte. Ich hatte mir Waffen gewünscht – Pistolen und Kanonen, um Hutu zu töten –, weil ich ihnen ihre Untaten unbedingt vergelten wollte. Aber das war, bevor ich mein Herz für Gottes Gnade der Versöhnung öffnete und meinen Frieden mit den Killern machte.

Der Kommandant bot mir die ideale Möglichkeit zur Rache: gutausgebildete, schwerbewaffnete Soldaten, die auf meinen Befehl hin töten würden. Ich brauchte nur einen Namen zu flüstern, und meine Familie würde gerächt werden – wie auch die Familien der Tausenden von Toten, die auf den Straßen verwesten. Sein Angebot kam von Herzen, aber ich konnte in seiner Stimme den Teufel hören. Er wollte mich mit dem Versprechen, für mich zu morden, in Versuchung führen, wo ich doch nur Frieden wollte. Ich schob meine Hand in die Tasche meiner Jeans und schloss meine Finger fest um den Rosenkranz meines Vaters. »Danke für …«

»Ich töte jeden Hutu, den Sie mir nennen!« Er war so erpicht darauf zu töten, dass er mich nicht einmal meinen Satz beenden ließ. »Falls sich in diesem Camp ein Hutu aufhält, von dem Sie etwas wissen, sagen Sie's mir, und ich erschieße ihn persönlich. Ich hasse sie alle.«

»Herr Kommandant, nicht alle Hutu sind schlechte Menschen, nur diese Killer. Der Teufel hat sie auf den falschen Weg geführt, sie haben sich von Gott entfernt und-«

»Immaculée, die Hutu *sind* schlechte Menschen«, unterbrach er mich erneut. »Sie haben Böses getan. Erzählen Sie mir nicht, dass es Gottes Wille ist oder das Werk des Teufels. Es ist das Werk der Hutu und sie werden dafür bezahlen. Geben Sie mir Bescheid, falls Sie es sich anders überlegen. Ein solches Angebot mache ich nicht jedem, wissen Sie.«

Ich betete, Gott möge dem Kommandanten vergeben, und

dann, dass die Killer ihre Macheten niederlegen und Gottes Gnade erbitten mögen. Der Zorn des Kommandanten ließ mich ahnen, dass der Teufelskreis aus Hass und Misstrauen in Ruanda sicher nicht leicht zu durchbrechen sein würde. Hatte das Morden einmal aufgehört, dann würden sich die Menschen bestimmt noch feindseliger, noch unversöhnlicher begegnen, was leicht zu einem erneuten Ausbruch von Gewalttätigkeiten führen konnte. Nur Gottes Gnade konnte das verhindern. Mir wurde klar, dass meine Lebensaufgabe zu einem guten Teil darin bestehen würde, anderen zu helfen, dass sie vergeben können, egal auf welchen Weg mich Gott führen würde.

Am nächsten Tag stellte der Kommandant seine Aussage, dass er alle Hutu hasse, unter Beweis. Ein blutender Mann kam ins Camp gewankt und behauptete, ein Überlebender der Ausschreitungen zu sein, mit den Tutsi-Rebellen gekämpft zu haben und dabei verwundet worden zu sein. Aber der Kommandant glaubte ihm nicht. Die Soldaten zwangen den Mann auf die Knie und hielten ihm ihre Gewehre an den Kopf, während sie ihn verhörten. Sie fragten ihn, ob er zu den Interahamwe gehöre, was er zunächst abstritt. Als sie nicht lockerließen, gestand er es schließlich. Der Kommandant nickte seinen Soldaten zu, sie schleiften ihn fort, und wir sahen ihn nie wieder. Später erzählte mir einer der Soldaten, dass der Mann zugegeben hatte, ein Interahamwe-Spion zu sein.

»Machen Sie sich seinetwegen keine Gedanken, er wird nie wieder jemandem etwas tun«, sagte er.

Ich kümmerte mich um meine Tanten und Cousinen, so gut ich konnte. Ich sorgte dafür, dass sie genug zu essen hatten, brachte ihnen Medizin von den Soldaten, behandelte ihre Wunden und schlief sogar in ihrer Nähe, um gleich zur Stelle zu sein, falls sie nachts Alpträume bekamen. Doch ich verbrachte nicht so viel Zeit mit ihnen, wie man vielleicht annehmen würde. Ich war sehr froh, dass sie am Leben und in Sicherheit waren, aber meine verlorene Familie konnten sie mir nicht ersetzen. Ich spürte, dass ich ein neues Leben beginnen musste.

Es fiel mir sogar schwer, mit meinen Leidensgefährtinnen aus dem Versteck zusammen zu sein. Wir hatten uns in entgegengesetzten Ecken des Camps niedergelassen und lächelten uns an, wenn wir uns sahen, unterhielten uns aber selten. Obwohl wir so lange Zeit auf so engem Raum verbracht hatten, kannten wir einander kaum. Wir hatten uns nur durch Handzeichen oder Lippenlesen verständigen können und fast immer waren dabei Angst und Verzweiflung im Spiel gewesen. Vielleicht wären wir Freundinnen geworden, wenn wir miteinander hätten reden können, aber so rief eine Begegnung im Camp nur zu viele leidvolle Erinnerungen wach.

Gelegenheit, neue Bekanntschaften zu schließen, gab es reichlich. Jeden Tag trafen neue Gruppen von Tutsi-Überlebenden ein, die meistens verwirrt und desorientiert waren und nur Kinyaruanda sprachen. Da ich auch Französisch sprach, bat mich der Kommandant, alle neu eintreffenden Flüchtlinge zu registrieren, und ich war froh, behilflich sein zu können. Ich notierte ihre Namen und ihr Alter und berichtete den Franzosen, welche Verletzungen sie hatten und welche medizinische Behandlung sie brauchten. Ich schrieb auch auf, was sie persönlich durchgemacht hatten. Bei dieser Arbeit bekam ich viele entsetzliche Dinge zu hören, es entstanden aber auch einige dauerhafte Freundschaften.

Eine dieser neuen Freundinnen war Florence, eine junge Frau etwa in meinem Alter mit einem lieben, unschuldigen Lächeln. Sie war ausgesprochen hübsch, trotz der langen Narbe im Gesicht, die von einem Hieb mit der Machete zwischen die Augen herrührte. Auch ihre Geschichte schrieb ich auf; sie war traurigerweise ebenso schrecklich wie alltäglich.

Florence stammte aus einer kleinen Stadt nicht weit von meinem Dorf. Als die Massaker begannen, suchten ihre Familie und dreihundert ihrer Nachbarn Zuflucht in ihrer Kirche, denn sie dachten, die Killer würden die Heiligkeit dieses Ortes respektieren. Doch es erleichterte den Killern nur ihr grausiges Werk, dass so viele Tutsi sich in einem Raum drängten; ihre Macheten schwingend, gingen sie einfach durch die Kirchenbänke und metzelten einen nach dem anderen nieder.

»Wir hatten keine Waffen, keine Chance, uns zu verteidigen«, berichtete Florence mit Tränen in ihren großen, lieben Augen. »Manche haben geschrien und gebettelt, aber die meisten saßen stumm da und warteten, bis sie abgeschlachtet wurden. Es war, als glaubten wir,es zu verdienen, umgebracht zu werden, als wäre das vollkommen normal. Dann standen sie vor mir, und ich erinnere mich nur noch, wie die Machete auf mich herunterfuhr. Auf dem Lastwagen kam ich dann wieder zu mir.«

Florence' Wunde war tief, jedoch nicht tödlich, aber die Killer hatten sie trotzdem zu den anderen Leichen hinten auf dem großen Lastwagen geworfen. Als sie wieder zu Bewusstsein kam, stellte sie fest, dass sie auf den Leichen ihrer Eltern lag, und auf ihr lag wiederum ihre Schwester.

»Meiner Schwester steckte noch ein Speer in der Brust, sie war fast tot, gab aber noch gurgelnde Geräusche von sich. Ich versuchte, sie zu berühren, einer der Killer bekam jedoch mit, dass ich mich bewegte, und fing an, mit seinem Speer nach mir zu stoßen. Er erwischte mich hier, hier und hier«, sagte sie und zeigte auf ihre Brust, den Bauch und die Oberschenkel. »Ich gab keinen Ton von mir, als er mir in den Leib stach, sondern bat Gott, meine Schmerzen fortzunehmen und mich am Leben zu lassen. Der Killer muss gedacht haben, ich sei tot, weil ich so stark blutete.«

Schließlich hielt der Lastwagen am Rand einer Felswand, die steil zum Flussbett des Akanyaru abfällt. Dort entledigten sich die Interahamwe bevorzugt der Leichen.

»Sie warfen alle Leichen über die Felsen in den Fluss«, fuhr Florence fort. »Ich erinnere mich, dass sie mich an den Füßen packten und mich mit Schwung hinunterwarfen, ich hörte in der Ferne Wasser rauschen, entsinne mich aber nicht, wie ich fiel. Am schlammigen Flussufer kam ich am nächsten Morgen zu mir. Auch meine Eltern und meine Schwester lagen dort, aber sie waren tot. Ich sah die Felswand hinauf und konnte mir nicht vorstellen, wie ich diesen Sturz überlebt hatte – es waren bestimmt fünfzig, sechzig Meter. Ich konnte es mir nur so erklären, dass Gott noch etwas mit mir vorhatte.«

Florence lag einen Tag am Flussufer, ehe sie aufstehen konnte. Sie stolperte bis zum nächsten Haus, wo gutherzige Hutu sie aufnahmen, ihre Wunden versorgten und sie versteckten. »Sie haben mir zwar das Leben gerettet«, setzte Florence ihre Erzählung fort, »aber der Sohn verließ jeden Morgen das Haus, um sich mit den Interahamwe zu treffen und in meiner Stadt auf Tutsi-Jagd zu gehen, bis keiner mehr übrig war. Mir kommt alles so sinnlos vor, Immaculée. Warum habe ich überlebt, aber meine Eltern und meine Schwester nicht?«

»Gott hat in der Tat noch etwas mit dir vor«, antwortete ich. »Ich schreibe deine Geschichte auf, und eines Tages wird jemand sie lesen und erfahren, was geschehen ist. Du bist wie ich – eine Überlebende, die Zeugnis ablegen soll.«

Da ich sehr oft als Dolmetscherin zwischen den Flüchtlingen und unseren französischen Gastgebern fungierte, lernte ich ziemlich viele der Soldaten näher kennen. Einer von ihnen, Pierre, begann sich für mich zu interessieren. Er war der Wachmannschaft zugeteilt, die tagsüber am inneren Kreis des Auffanglagers patrouillierte, aber spätabends, wenn ich den Sternenhimmel betrachtete, kam er zu mir, um mit mir zu plaudern.

Pierre war ein sehr netter junger Mann, ein paar Jahre jünger als ich, ein guter Zuhörer, höflich und einfühlsam. Ich erzählte ihm, was mit meiner Familie und meinem Dorf passiert war, und er erzählte mir von seinen Eltern, seinem Leben in Frankreich und dass er mit seiner Freundin Schluss gemacht hatte, bevor er nach Ruanda ging. Als er wissen wollte, ob ich einen Freund habe, erzählte ich ihm von John und dass unsere Beziehung praktisch beendet war.

Ich fühlte mich sehr wohl mit Pierre und war gern mit ihm zusammen. Mich mit ihm zu unterhalten lenkte mich zumindest vorübergehend von meiner Alltagsrealität ab. Bald ließ sich Pierre immer neue Gründe einfallen, um in meiner Nähe zu sein: Er brachte mir etwas zu essen, begleitete mich zum Bach, wenn ich Wasser holte, oder kam einfach mit Büchern für mich vorbei. Seine Freunde zogen ihn deswegen auf, aber mir machte das nichts aus. Ich empfand es als Erleichterung, einen guten Freund zu haben, der nicht unmittelbar vom Genozid betroffen war, und ihm von meinen Hoffnungen und Träumen zu erzählen gab mir das Gefühl, wieder ein Mensch zu sein.

Als mir sein Freund Paul eines Tages eröffnete, dass Pierre ganz hingerissen von mir sei, musste ich sehr lachen. Ich hatte seit über drei Monaten meine Kleidung nicht gewechselt und nicht vernünftig geduscht.

»Wirklich, Pierre redet die ganze Zeit von dir«, versicherte Paul. »Er sagt, du hast dir trotz allem, was du durchgemacht hast, ein offenes Herz bewahrt und einen wunderbaren Humor.«

»Das kann ich ja nur mit Humor nehmen, wie ihr Burschen mich veräppelt«, erwiderte ich. Doch ich merkte bald, dass Paul sich keinen Jux mit mir machte – Pierre war tatsächlich in mich verknallt.

Es schmeichelte mir, aber eine engere Beziehung wollte ich nicht. Ich hatte gerade meine Familie verloren und wusste nicht, ob ich den Krieg überhaupt überleben würde. Und seit John mich so schwer enttäuscht hatte, wollte ich von Liebe sowieso nichts mehr wissen. Trotzdem brachte mich die Sache mit Pierre ins Grübeln, und ich fragte mich, ob mein gebrochenes Herz jemals wieder einen anderen Menschen würde lieben können.

Als er am Abend vorbeikam und mich zu einem Spaziergang einlud, beschloss ich, ihm zu sagen, dass er seine Gefühle nicht an mich verschwenden solle. Auf die Überzeugungskraft und Leidenschaft, die er an den Tag legte, war ich jedoch nicht vorbereitet.

»Du bist für mich so viel mehr geworden als eine gute Freundin, Immaculée«, sagte er sehr ernst. »Du bist ein ganz besonderer Mensch. Ich weiß, das ist bei all dem Tod, dem Leid und der Gewalt um uns herum so ziemlich das Letzte, was du hören willst, aber ich glaube, ich liebe dich. Ich möchte mit dir zusammen sein.« Obwohl ich damit gerechnet hatte, dass er etwas in der Art sagen würde, war ich dennoch überrascht, wie aufrichtig er sich anhörte.

»Pierre«, antwortete ich sanft, »mir ist das Herz schwer von Kummer, und vorerst hat nur Gott darin Platz. Ich kann mir gar nicht vorstellen, mich wieder zu verlieben, und ich darf nicht aus dem Auge verlieren, welche Schwierigkeiten mich erwarten. Ich muss mich um mich selber kümmern.«

Er nahm meine Hand. »Aber ich meine es ernst … Ich liebe dich und ich werde mich um dich kümmern. Ich möchte bei dir sein, ich möchte dich nicht verlieren.«

Es rührte mich, dass er so viel für mich empfand, aber ich spürte, dass uns die Umstände zusammengeführt hatten und nicht Gott. Er hatte mich wissen lassen, dass John nicht der Mann war, den er mir zugedacht hatte, und nun ließ er mich wissen, dass auch Pierre es nicht war. Es fühlte sich einfach nicht richtig an – und ich wusste, wenn ich dafür bereit war, würde Gott mir Liebe bringen. Und dann würde es keine Zweifel oder Bedenken mehr geben.

»Nein, Pierre – nein. Mein Herz gehört jetzt mehr den Toten als den Lebenden, ich habe noch nicht einmal begonnen zu trauern. Deine Freundschaft ist mir sehr wichtig, ich möchte sie nicht missen. Lass uns doch bitte einfach nur gute Freunde sein.«

»Ich verstehe«, sagte er traurig. »Wenn ich dein Herz nicht gewinnen kann, dann lasse ich dich gehen. Ich verabschiede mich von dir. Gute Nacht, mein Schatz.« Er beugte sich zu mir und gab mir unversehens einen Kuss auf den Mund. Ich schloss die Augen und fühlte, wie für den kurzen Moment, in dem seine Lippen die meinen berührten, durch die Wärme seines Kusses mein Schmerz und meine Trauer verflogen. Dann ging Pierre zurück zu seinen Kameraden, und ich blieb, resigniert lächelnd, zurück. Ich hatte mein Vertrauen auf Gott gesetzt. Was hätte ich sonst tun sollen?

Ich hätte so gerne mit meinem Bruder Aimable Kontakt aufgenommen und ihm mitgeteilt, dass ich lebte, aber Post wurde nicht befördert, und die Telefone funktionierten nicht – abgesehen davon, dass ich weder eine Nummer hatte noch Geld, um den Anruf zu bezahlen. Aimable studierte im fast fünftausend Kilometer entfernten Senegal, und ich betete darum, dass er dort geblieben war. Sollte er nach Ruanda zurückgekommen sein, war er mit Sicherheit tot, wie der Rest meiner Familie. Also musste erst der Krieg zu Ende gehen, ehe ich mit ihm Verbindung aufnehmen konnte.

Aber wann würde der Krieg vorbei sein? Von den Franzosen erfuhren wir nichts über den Stand der Dinge und ein Radio hatten wir nicht. Nur die Neuankömmlinge in unserem Lager, das immer voller wurde, brachten uns Informationen mit.

Gegen Ende Juli erfuhr ich, dass die Tutsi-Rebellen der RPF tatsächlich den Sieg im Norden für sich beanspruchten, dass im Osten und Süden aber immer noch gekämpft wurde. Den Westen Ruandas, wo wir uns befanden, einschließlich des Ufers des Kivu-Sees und der Grenze zu Zaire, kontrollierten die Franzosen. Das waren gute Nachrichten für uns, doch die Situation blieb trotzdem äußerst gefährlich. Hunderttausende Hutu hatten sich in unsere Gegend geflüchtet, um über den Kivu-See nach Zaire zu gelangen.

Am Tor unseres Camps wurden jeden Tag neue Tutsi-Überlebende abgeladen. In den drei Wochen seit meiner Ankunft war unsere Zahl von ein paar Dutzend auf fast einhundertfünfzig angewachsen, und ich hielt weiterhin ihre Geschichten und ihren gesundheitlichen Zustand fest. Viele Überlebende waren schwer verletzt, ihnen fehlten Gliedmaßen oder sie waren durch andere Arten von Folter zu Krüppeln gemacht worden. Oft hatten sich ihre Wunden stark entzündet, und ich wusste, dass sie nicht überleben würden. Und diejenigen, die keine Gliedmaßen eingebüßt hatten,

hatten oft den Verstand verloren, waren durch den Verlust ihrer Angehörigen, ihren Kummer und die Horrorbilder in ihrem Kopf wahnsinnig geworden.

Am schwersten war es für mich, wenn Waisenkinder ins Lager gebracht wurden. Ich werde nie die beiden Brüder vergessen, drei und vier Jahre alt, die aus Kigali zu uns kamen. Ihre Eltern hatten sie im Hohlraum über einer Zimmerdecke versteckt, als die Killer auftauchten. Die Eltern wurden ermordet, die beiden Jungen einige Tage später von gutherzigen Hutu-Nachbarn gerettet, die sie mit in den Süden nahmen, als sie wegen der anhaltenden Kämpfe aus der Hauptstadt flüchteten. Sie übergaben die beiden Brüder französischen Soldaten mit der Erklärung, dass sie über die Grenze nach Zaire wollten und dies für die Kinder zu gefährlich sei.

Aus irgendeinem Grund hatten die Soldaten weder die Namen der Kinder noch die der Nachbarn aufgeschrieben. Außerdem hatten die beiden Jungen hohes Fieber, als sie bei uns eintrafen. Sie waren die Jüngsten im Lager, hatten keine Eltern oder Verwandte, die sich um sie kümmerten, also nahm ich mich vorübergehend ihrer an. Mit Hilfe des französischen Kommandanten stellte ich im Schulhaus ein Bett für sie auf und besorgte fiebersenkende Medikamente.

Es brach mir schier das Herz, wenn ich sie reden hörte. Sie hatten die Leichen ihrer Eltern gesehen, waren aber zu klein, um die Endgültigkeit des Todes zu begreifen. Der ältere Junge drückte seine Fürsorge um den Bruder dadurch aus, dass er ihn immer wieder erinnerte, dass man zu fremden Menschen höflich sein müsse. Der Dreijährige lag seinem großen Bruder ständig in den Ohren, dass er Pommes frites und Limonade haben wolle, und der große Bruder antwortete darauf stets mit einer Engelsgeduld.

»Du musst daran denken, dass wir nicht zu Hause sind … Wir können hier keine Pommes frites oder Limonade bekommen. Wir müssen warten, bis Mami und Papi uns holen, dann kriegen wir diese Sachen wieder. Wir dürfen nicht unartig sein, sonst passieren noch mehr schlimme Dinge.«

Wenn sein kleiner Bruder weinte, wiegte er ihn in den Armen und sagte: »Wein doch nicht, Mami und Papi werden bald hier sein, dann kriegst du so viele Pommes frites, wie du möchtest. Wir müssen warten, aber wenn Mami und Papi kommen, wird alles wieder gut.«

Ich wusste, dass diese beiden Jungen ihre Eltern nie wiedersehen würden, dass höchstwahrscheinlich sogar alle ihre Verwandten tot waren. Ich befürchtete, dass ihre Zukunft von Trauer, bösen Worten und verwehrten Chancen geprägt sein würde – ein Leben, in dem Verbitterung und Hass leicht Wurzeln schlagen.

Ich sah in diesen unschuldigen Augen bereits den Teufelskreis von Hass und Misstrauen entstehen und wusste, dass Gott mir damit einen Wink gab, wofür er mich am Leben gelassen hatte. Eines Tages, wenn ich stark genug und dazu in der Lage sein würde, schwor ich, würde ich alles mir Mögliche tun, um den durch den Genozid zu Waisen gewordenen Kindern zu helfen. Ich würde versuchen, Hoffnung und Heiterkeit in ihr Leben zu bringen, und alles tun, damit sie sich nicht auch in dem Hass verfingen, der sie ihrer Eltern und der Zuneigung einer Familie beraubt hatte.

Anfang August teilte mir der Kommandant mit, das Lager sei so voll, dass er einen großen Teil der Tutsi-Überlebenden verlegen müsse. Als neues Auffanglager wurde ein Internat in Kibuye-Stadt eingerichtet, wo es fließendes Wasser, besseres Essen und richtige Betten gab. Ich sorgte dafür, dass »meine« Jungen mit dem ersten Schub gehen konnten, damit sie es besser hatten. Und ich sorgte dafür, dass meine Tanten und Cousinen verlegt wurden – es ging ihnen inzwischen zwar besser, aber sie brauchten ein Dach über dem Kopf und Wände um sich herum, damit sie sich sicherer fühlten. Ich selbst wollte auch mitgehen, um mich um alle kümmern zu können, doch der Kommandant bat mich, im alten Lager zu bleiben und ihn weiterhin zu unterstützen. Man benötigte noch immer einen Dolmetscher, denn es kamen ständig neue Überlebende ins Camp.

»Sie helfen Leben retten, wenn Sie bleiben«, sagte er zu mir. Wie konnte ich mich da weigern? Ich blieb also im alten Lager, die beiden Brüder sah ich nie wieder. Mein Versprechen, mich um andere Kinder zu kümmern, die durch Hass und Gewalt – woran es in Ruanda nie mangelte – zu Waisen geworden waren, habe ich jedoch nie vergessen.

Im alten Lager blieben etwa dreißig Flüchtlinge zurück, darunter acht, die mir gute Freunde geworden waren, wie Florence und Jean Paul. Wir standen uns inzwischen so nah, dass wir uns wie eine kleine Familie fühlten. Unsere Bindung war so stark, dass wir uns sogar weigerten, in ein anderes Lager zu gehen, wenn nicht alle neun als Gruppe zusammenbleiben durften.

Es wurden weiterhin Tutsi-Überlebende aufgenommen, aber mittlerweile war das Camp eine Art Durchgangslager. Ich registrierte die Neuankömmlinge und innerhalb von ein oder zwei Tagen wurden sie in das größere Lager in der Stadt geschickt. Dann, Anfang August, drangen plötzlich Laute an mein Ohr, die ich seit Monaten nicht gehört hatte: ein tiefes, polterndes, herzhaftes Lachen. Es kam von einer Frau, die mit einem neuen Schwung Überlebender eingetroffen war. Sie saß im Rollstuhl, die Soldaten hoben sie gerade vom Lastwagen herunter. Eine massige Frau, deren Beine wie verdorrt wirkten, so dass sie bestimmt nie wieder würde gehen können. Ich fragte mich, worüber sie angesichts der traurigen Umstände bloß lachen musste. Wie sich herausstellte, lachte sie aus Freude darüber, am Leben zu sein.

Ich sah, wie die Soldaten ihren Rollstuhl behutsam auf den Boden stellten und ihr dann ihre beiden kleinen Kinder reichten. Die Kleinen küssten ihr begeistert das Gesicht ab, und sie begann wieder zu lachen – es war im ganzen Camp zu vernehmen.

»Das ist Aloise«, sagte Jean Paul. »Wir haben eine Berühmtheit im Lager.«

Tatsächlich hatte auch ich bereits von Aloise gehört. Als ich klein war, hatten meine Eltern oft mit größter Hochachtung von ihr gesprochen und sie als leuchtendes Beispiel dafür angeführt, wie weit ein Mensch es mit harter Arbeit und eisernem Willen im Leben bringen kann. Sie erzählten mir, dass Aloise mit neun Jahren an Kinderlähmung erkrankt war und seitdem nicht mehr gehen konnte, in der Schule jedoch weiterhin sehr gute Noten bekommen und zu den besten Studenten in ganz Ruanda gezählt hatte. Das war alles, woran ich mich in Bezug auf Aloise erinnerte, aber allem Anschein nach war sie ziemlich berühmt geworden, denn viele Leute im Camp hatten von ihr gehört.

Jean Paul erzählte mir, dass ihr Mann in Kigali für die Vereinten Nationen arbeitete und Aloise sämtliche Diplomaten und Botschafter kannte. »Sie hat überall Beziehungen und kann jedem einen guten Job verschaffen«, berichtete er bewundernd. »Die Leute sagen, wenn sie nicht im Rollstuhl säße, wäre sie Premierministerin geworden. Ich weiß, dass sie eine Tutsi ist, aber sie hat sich schon vor Jahren einen Hutu-Ausweis gekauft, damit sie an Regierungsaufträge kommt. Sie ist wirklich eine clevere Lady.«

»Also, ich gehe jetzt am besten los und registriere unseren berühmten Gast«, sagte ich und setzte mich mit meinem Notizblock in Richtung Lastwagen in Bewegung.

Aloise blickte von ihrem Rollstuhl zu mir auf – ihre Fröhlichkeit war plötzlich wie weggeblasen und sie brach in Tränen aus.

»O mein Gott, wie du deiner Mutter gleichst … und auch deinem Vater. Immer wollte ich dich und deine Familie besuchen, aber ich konnte nicht, mit diesen Beinen.«

Ich dachte, die Frau sei nicht ganz bei Trost oder verwechsle mich mit jemand anderem. Ich war ihr nie begegnet, woher konnte sie also wissen, wer ich bin?

»Schau mich nicht an, als hätte ich den Verstand verloren, Immaculée Ilibagiza. Ich weiß sehr gut, wer du bist. Deine Eltern – Gott sei ihrer Seele gnädig – waren sehr gute Freunde von mir.« Aloise setzte ihre Kinder ab, wischte sich die Augen und streckte mir die Arme entgegen.

Ich ging zögernd auf sie zu, hielt ihr die Hand hin, aber sie packte mich am Arm, zog mich zu sich herunter und drückte mich heftig; sie wollte mich gar nicht mehr loslassen. »Deine Mutter hat mir das Leben gerettet – ich wette, das weißt du gar nicht! Als ich acht Jahre alt war, hörte deine Mutter, dass ich furchtbar gern zur Schule ging, meine Eltern es sich jedoch nicht leisten konnten, mich noch länger hinzuschicken. Da bezahlte sie ein ganzes Jahr das Schulgeld für mich – und sie bezahlte es weiter, auch als ich krank wurde und nicht mehr gehen konnte. Ich war ihr so dankbar, dass ich versprach, etwas aus meinem Leben zu machen, und fleißiger lernte als alle anderen. Alles, was ich heute habe, verdanke ich deiner Mutter, Immaculée. Sie war eine Heilige!«

Endlich entließ mich Aloise aus ihrer Umarmung und ich wich taumelnd ein paar Schritte zurück. Die seltsame Begegnung mit dieser überwältigenden Frau hatte mich derart aus der Fassung gebracht, dass ich erst einmal ein wenig Abstand brauchte. »Ich hole jetzt etwas zu essen und Wasser für Sie und die Kinder«, sagte ich. »Ich bin gleich wieder zurück, und dann kann ich Sie registrieren.«

Als ich mich entfernte, rief Aloise mir nach: »Immaculée, ich bin sicher, der Geist deiner Mutter hat mich hierher geführt, deinetwegen! Ich stehe in ihrer Schuld und werde mich für ihre Güte revanchieren, indem ich dir helfe. Lass mich ein bisschen nachdenken, mir fällt schon was ein.«

Ich winkte ihr, ging weiter und fragte mich, was eine Überlebende im Rollstuhl mit zwei kleinen Kindern, um die sie sich kümmern musste, wohl für mich tun könnte. Bald sollte ich wieder einmal erfahren, dass Gottes Wege unergründlich sind.

Als ich am nächsten Tag Alois' Daten aufnahm, erzählte sie mir, dass sie zwar offiziell eine Hutu sei, ihr Mann Fari jedoch ein Tutsi. Das bedeutete, dass ihre beiden Kinder, Sami und Kenza, ebenfalls als Tutsi galten. Da sie um ihre Sicherheit fürchtete, war sie mit ihnen aus Kigali geflüchtet, um sich im Haus ihrer Eltern zu verstecken. Ihr Mann hatte sich im Hohlraum über einer Zimmerdecke versteckt, als sie das Haus mit den Kindern verließ, und sie hatte keine Ahnung, ob er noch lebte.

»Ich bin zu einem Entschluss gekommen, wie ich mich für die Güte deiner Mutter erkenntlich zeigen kann«, erklärte Aloise. »Sobald die Kämpfe wirklich vorbei sind, nehme ich dich mit zu mir nach Kigali. Du kannst bei uns leben, als wärst du unsere eigene Tochter.«

Irgendwie wusste ich nicht so recht, ob ich Aloise trauen konnte. Ich dankte ihr lächelnd für ihr Angebot, meinte dann aber, ich hätte hier im Lager eine kleine Familie aus Freunden und wir hätten uns versprochen zusammenzubleiben. Es sei klug von mir, bei den Menschen zu bleiben, denen ich vertraute, entgegnete sie schulterzuckend. Ich dachte, damit hätte sich die Sache erledigt, aber am nächsten Tag, als ich mit meinen Freunden zusammensaß, kam sie erneut zu mir.

»Immaculée, ich habe noch mal nachgedacht. Wenn du Angst hast, dass ich dich entführe, kannst du alle deine Freunde mit nach Kigali nehmen. Ihr könnt alle neun bei mir wohnen! Es wird vielleicht ein bisschen eng, aber wir werden schon Platz schaffen.«

Wir sahen einander an, lachten und wussten gar nicht, wie wir auf dieses seltsame und großzügige Angebot reagieren sollten.

»Überlegt es euch«, sagte Aloise und drehte ihren Rollstuhl, um davonzufahren. »Ich weiß nicht, welche Pläne ihr für die Zeit nach dem Krieg habt. Ihr seid doch alle traumatisiert … Muss ich euch junge Leute wirklich anbetteln, dass ihr in ein hübsches Haus in der Hauptstadt zieht? Der Krieg ist fast vorbei, ihr müsst euch langsam Gedanken über die Zukunft machen!«

Aloise hatte Recht. Die Rebellen hatten Kigali eingenommen, und es war nur eine Frage der Zeit, wann der Krieg endgültig zu Ende sein würde. Wir alle hatten unsere Familien verloren, unser Zuhause, sogar unsere Kleider, und wir besaßen keinen einzigen Franc. Wir waren uns bald einig, dass es nur vernünftig wäre, Alois' Angebot anzunehmen. Am nächsten Tag gingen wir alle zu ihr, teilten ihr unseren Entschluss mit und bedankten uns.

»Dankt nicht mir, dankt Immaculées Mutter«, erwiderte sie. Ich tue das für Rose, nicht für euch!«

Und sie begann wieder zu lachen, erst leise, dann immer lauter, bis ihr schallendes Lachen schließlich im ganzen Camp zu hören war.

KAPITEL 20

Unterwegs zu den Rebellen

An einem heißen Nachmittag Ende August informierte mich der französische Kommandant, dass wir das Lager verlassen müssten. Die Opération Turquoise wurde beendet, die Franzosen bereiteten sich darauf vor, aus Ruanda abzuziehen. »Unser Lager wird heute aufgelöst«, sagte er. »In zwei Stunden müssen alle abfahrbereit sein, teilen Sie ihnen das mit.«

»Und wohin sollen wir?«, fragte ich. »Hier sind dreißig Menschen, was soll ich ihnen sagen, wohin sie gehen sollen? Wir haben kein Zuhause mehr!« Ich war ziemlich geschockt von dieser plötzlichen Wendung.

»Wir bringen Sie alle zu Tutsi-Soldaten der RPF, bei ihnen werden Sie bleiben. Sie sind bis in diese Gegend vorgerückt und haben einige Kilometer von hier ihr Lager aufgeschlagen. Dort bringen wir Sie hin. Dann sind Sie bei Ihren eigenen Leuten, das ist besser für Sie.«

Mein Herz klopfte wie wild vor Freude, dass die Tutsi-Soldaten sich endlich zu uns durchgekämpft hatten und die Interahamwe aus dem Land jagten. Ich hatte sogar schon gehört, dass unser Held, der RPF-Führer Paul Kagame, in Kigali eine neue Regierung eingesetzt hatte. Gott sei Dank waren wir endlich in Sicherheit – das Morden musste tatsächlich vorbei sein!

Ich machte im Camp die Runde und sagte allen Bescheid, dass wir bald aufbrechen mussten. Einige der zuletzt Angekommenen meinten argwöhnisch, dass man den Franzosen nicht trauen könne, dass ihre Flüchtlingslager nur eine humanitäre Fassade seien, mit der sie ihre wahren Absichten kaschieren wollten – nämlich die Hutu, die Organisatoren der Massaker, über den Kivu-See sicher außer Landes zu bringen.

»Das glaube ich nicht«, widersprach ich. »Die Franzosen haben uns wochenlang beschützt und jetzt wollen sie uns in die Freiheit entlassen! Sie tun alles, was sie versprochen haben.«

Wir waren schnell reisefertig, denn auf diesen Tag waren wir seit langem vorbereitet. Niemand von uns besaß etwas, es gab also nichts zu packen. Meine bescheidenen Habseligkeiten – den Pullover und das Handtuch von Pastor Murinzis Tochter, zwei Bücher von Pierre, ein wenig Seife und T-Shirts von den Soldaten – steckte ich in eine Plastiktüte. Dabei musste ich daran denken, dass meine Mutter ihre Sachen in Koffer gepackt hatte, während die Killer sich bereits in der Nähe unseres Hauses zusammenrotteten – und beschloss, dass ich lieber keine Dinge aus meiner Vergangenheit in mein neues Leben mitschleppen wollte. Ich wollte einen Schlussstrich ziehen. Ich ging mit der Tüte ins Schulhaus und stellte sie in eine Ecke, in der Hoffnung, dass irgendein anderer armer und heimatloser Tutsi sie fand.

Als ich ging, stieß ich beinahe mit Pierre zusammen, der plötzlich in der Tür stand. Er schaute mich unglücklich an und drückte mir einen Zettel in die Hand. »Das ist meine Adresse in Frankreich, falls du es dir doch anders überlegst. Ich werde dich schrecklich vermissen, du wirst immer in meinem Herzen sein. Möge Gott dich beschützen.«

»Adieu, Pierre. Gott segne dich«, erwiderte ich, aber er war schon weg.

Ich kletterte als Letzte auf den Lastwagen. Die Ladeklappe wurde festgemacht, die Segeltuchplane heruntergerollt, damit uns niemand sah, und der Lastwagen setzte sich in Bewegung. Ich holte den Rosenkranz meines Vaters aus der Tasche – der einzige Besitz, von dem ich mich nie trennen würde – und sprach ein Gebet. Ich bat Gott um seinen Segen für unseren Neubeginn und dass er uns sicher zu den Tutsi-Soldaten bringen möge.

Der Lastwagen fuhr an den gepanzerten Fahrzeugen vorbei, die im Halbkreis vor dem Schulhaus standen, eine Zufahrtsstraße hinunter – und mitten hinein in eine unübersehbare Menge von Killern! Durch einen Riss in der Plane sah ich Tausende Hutu die Hauptstraße entlang in Richtung Kivu-See trotten. Hunderte trugen noch die »Uniform« der Interahamwe und ihre Macheten.

»O mein Gott!«, flüsterte ich entsetzt und ließ mich zurücksinken. »Nicht noch einmal!«

Unter ständigem Hupen bahnte sich unser Lastwagen im Schritttempo den Weg durch die Menge. Ich wusste, dass die Interahamwe innerhalb von Minuten über uns herfallen würden, falls man uns anhalten oder der Lastwagen eine Panne haben sollte. Seit wir unser Versteck verlassen hatten, hatte ich nicht mehr so entsetzliche Angst gehabt.

»Bitte, lieber Gott«, betete ich. »Du hast uns bis hierher gebracht – jetzt beschütze uns auch den Rest des Weges! Mach diese Killer blind, mach, dass sie nicht hinten in unseren Lastwagen schauen. Barmherziger Gott, schütze uns vor ihren bösen Blicken!«

Wir hatten schon mehr als den halben Weg zum RPF-Lager zurückgelegt, als der Lastwagen plötzlich hielt. Der französische Kommandant kam nach hinten, schlug die Plane zurück und teilte uns mit: »Weiter vorne gibt es Schießereien, und wir haben Anweisung, ein Gefecht um jeden Preis zu vermeiden. Wir kehren um, deshalb müssen Sie hier aussteigen.«

Ich dachte, ich hätte ihn falsch verstanden. »Sie meinen, dass Sie mit uns zurückfahren, ja?«

»Nein, wir lösen unser Lager auf. Sie müssen hier aussteigen, jetzt. Es tut mir Leid, Immaculée.«

Ich hatte den Kommandanten in den vergangenen Wochen ziemlich gut kennen gelernt. Er hasste die Hutu-Killer und sagte, er wolle den Tutsi in jeder ihm möglichen Weise helfen, deshalb konnte ich nicht glauben, dass er uns mitten unter bewaffneten Interahamwe stehen lassen würde. Ich kletterte vom Lastwagen hinunter, um mit ihm zu reden. »Bitte, Herr Kommandant, Sie wissen besser als jeder andere, was mit uns geschehen wird, wenn Sie uns hier absetzen. Um uns herum sind lauter Killer! Bitte, ich flehe Sie an ... Fahren Sie uns noch die ein, zwei Kilometer bis zum RPF-Lager oder nehmen Sie uns mit zurück. Lassen Sie uns nicht hier stehen, sie werden uns töten!«

»Es tut mir Leid, Immaculée, ich habe meine Befehle.«

»Bitte, Herr Kommandant, bitte bringen Sie uns –«

»*Nein!* Und jetzt sorgen Sie dafür, dass alle aussteigen. Wir müssen zurückfahren.«

Wir konnten es nicht fassen. Zwei, drei Meter entfernt standen vielleicht ein Dutzend Interahamwe, die uns beobachteten und unser Gespräch mit wachsendem Interesse verfolgten. Mir wurde schwindelig, alles begann sich vor meinen Augen zu drehen, und für einen kurzen Moment sah ich um mich herum nur verschwommene zornige Gesichter. Ich hielt mich an der Seite des Lastwagens fest, bis ich mich wieder etwas besser fühlte, und nahm zum ersten Mal die vielen Leichen wahr – entlang der Straße, so weit die Augen reichten.

Ich hob den Kopf und flehte den Kommandanten mit meinen Blicken ein letztes Mal an. Es half nichts, er gab nicht nach. Vielleicht hatten der Pastor und die anderen doch Recht gehabt: Vielleicht waren die Franzosen wirklich hier, um die Killer zu unterstützen, denn sie wollten uns dem sicheren Tod ausliefern.

»Steigt ab«, sagte ich zu meinen Freunden. »Alle raus, die Franzosen lassen uns hier.«

Die fassungslosen Ausrufe und ängstlichen Aufschreie, die aus dem Lastwagen drangen, machten die Killer erst recht auf uns aufmerksam, und schon kamen sie auf uns zu. Ich schaute einem Interahamwe direkt in die Augen und hielt seinem Blick stand. Mein Herz sagte mir, dass er genauso ein Mensch war wie ich und eigentlich nicht töten wollte. Ich umklammerte meinen Rosenkranz und schickte ihm unter Aufbietung all meiner Willenskraft in Gedanken eine Botschaft der Liebe. Ich betete, dass Gott den Killer durch mich mit der Macht seiner Liebe berühren möge.

Ich blinzelte nicht – wir starrten uns, wie mir vorkam, eine

Ewigkeit an. Schließlich wandte der Killer den Blick ab, drehte sich um und ließ seine Machete fallen, als wäre der Teufel aus ihm ausgefahren. Aber es gab noch genug andere Teufel, die an seine Stelle treten konnten. Wenige Meter vom Lastwagen entfernt standen mindestens fünfzehn Interahamwe mit Macheten in den Händen und grinsten hämisch. Sie hatten begriffen, was vor sich ging, und warteten ab, ob meine Gefährten es wagen würden, den Lastwagen zu verlassen.

Sie hatten keine andere Wahl. Einer nach dem anderen stieg aus, bis wir alle dreißig den Killern gegenüber auf der Straße standen. Als Letzte hoben zwei französische Soldaten Aloise mit ihrem Rollstuhl herunter und setzten ihre beiden Kleinen, Kenza und Sami, neben ihr ab. Dann kletterten die Soldaten ins Führerhaus, der Lastwagen brauste davon und ließ uns in einer Wolke aus Staub zurück.

»Schaut euch diese ganzen Tutsi an«, sagte einer der Killer verwundert. »Wie kann es sein, dass sie noch am Leben sind?«

»Das sind die Kakerlaken, die die französischen Soldaten beschützt haben«, meinte ein anderer. »Wer beschützt euch jetzt, ihr Kakerlaken?«

Meine Gefährten hatten dermaßen Angst, dass sie sich kaum bewegen konnten. Sie stießen mich in die Seite und fragten mich flüsternd, was wir tun sollten, als wäre ich eine Expertin im Umgang mit brutalen Killern. Ich blickte auf die Narbe in Florence' Gesicht, die Hinterlassenschaft einer Machete, und dachte daran, wie sie mit ihrer Familie in der Kirche gesessen und darauf gewartet hatte, dass sie an die Reihe kam, von den Killern zerstückelt zu werden. Ich aber würde nicht herumstehen und warten, bis man mich abschlachtete.

»Los, gehen wir«, sagte ich. »Wir gehen zu Fuß zum RPF-Lager, es ist nicht mehr weit.«

Als die Killer mich von der RPF sprechen hörten, wurden sie nervös.

Wir setzten uns in Bewegung, aber wir kamen nicht weit.

Es lagen so viele Steine und Leichen auf der Straße, dass es praktisch unmöglich war, Alois' Rollstuhl zu schieben. Wenn eines der Räder in einer Furche stecken blieb, mussten wir alle Halt machen. Und die beiden Kleinen von Aloise klammerten sich weinend an die Arme ihrer Mutter.

Ich zog meine Freunde Jean Paul und Karega ein Stückchen beiseite. »Ihr beide kommt mit mir, alle anderen bleiben bei Aloise – und beten. Ich werde die Tutsi-Soldaten finden und mit Hilfe zurückkehren. Rührt euch nicht von der Stelle, sonst werde ich euch unter all den Hutu-Flüchtlingen nicht mehr finden.«

Aloise schaute mich zweifelnd an. »Willst du wirklich gehen? Sie werden dich bestimmt umbringen! Lass doch lieber die Männer gehen«, bat sie mich inständig.

»Nein. Ich gehe und ihr konzentriert euch aufs Beten.«

Mit diesen Worten marschierte ich los in die Richtung, in die die Franzosen mit uns gefahren waren, ehe sie uns allein gelassen hatten. Im Gehen betete ich den Rosenkranz und flehte Gott aus tiefster Seele an: »Lieber Gott, ich gehe jetzt buchstäblich durch das Tal des Todes, bitte bleib bei mir. Schütze mich mit der Macht deiner Liebe. Du hast die Erde geschaffen, auf der wir gehen, bitte lass nicht zu, dass diese Killer sie mit dem Blut deiner Tochter tränken.«

Als wir uns von der größeren Gruppe trennten, folgten uns drei Interahamwe, und einer von ihnen erkannte mich. »Ich kenne diese Kakerlake«, sagte er. »Das ist Leonards Tochter, wir suchen seit Monaten nach ihr! Ich kann gar nicht glauben, dass sie noch am Leben ist … Alle anderen haben wir getötet, aber diese kleine Kakerlake ist uns entwischt!«

»Lieber Gott«, betete ich und lief, so schnell ich konnte, den Rosenkranz meines Vaters fest umklammernd. »Nur du kannst mich retten. Du hast versprochen, dich um mich zu kümmern, lieber Gott – also, ich brauche jetzt wirklich jemanden, der sich um mich kümmert. Teufel und Aasgeier verfolgen mich, Herr, bitte beschütze mich. Nimm das Böse aus den Herzen dieser Männer und lösche ihren Hass mit deiner heiligen Liebe.«

Ich lief, ohne auf meine Füße zu schauen, ohne zu wissen, ob ich gleich über einen Stein oder eine Leiche stolpern würde. Ich vertraute ganz darauf, dass Gott mich sicher leiten würde. Wir gingen sehr schnell, doch die Killer begannen uns einzukreisen, ließen ihre Macheten zischend durch die Luft sausen. Wir waren vollkommen schutzlos, warum also schlugen sie nicht zu?

»Wenn sie mich töten, lieber Gott, bitte vergib ihnen. Ihre Herzen sind vom Hass vergiftet, und sie wissen nicht, warum sie mir Leid zufügen wollen.«

Als wir etwa einen Kilometer so marschiert waren, hörte ich Jean Paul sagen: »Hey, sie sind weg. Sie sind weg!«

Ich drehte mich um, und tatsächlich: Die Killer hatten sich zurückgezogen. Jean Paul meinte später, sie hätten wahrscheinlich gewusst, dass die RPF-Soldaten in der Nähe waren. Aber ich kannte den wahren Grund und danke Gott noch heute dafür, dass er uns auf jener Straße beschützt hat!

Wenige Minuten später sahen wir vor uns eine Straßensperre der RPF, an der mehrere Dutzend hochgewachsener, schlanker Tutsi-Soldaten mit steinerner Miene Wache hielten. Ich setzte zum Endspurt an, rannte auf sie zu und ließ mich vor ihnen auf die Knie fallen. Erschöpft und glücklich schloss ich die Augen.

»Gott sei Dank, Gott sei Dank, wir sind gerettet! Gott sei Dank, dass ihr hier seid. Gott segne euch, Gott segne euch alle! Wenn ihr wüsstet, was wir durchgemacht haben. Danke, dass –«

Ich kam nicht dazu, meinen Satz zu beenden, denn an mein Ohr drang ein Geräusch, das mich erstarren ließ – das metallische Klicken eines Maschinengewehrs, das entsichert wurde. Als ich die Augen öffnete, schaute ich direkt in den Lauf eines Gewehrs.

KAPITEL 21

Weiter nach Kigali

O Gott, wann wirst du diesem Alptraum ein Ende machen?

Als ich den Blick hob, sah ich in die kalten, zornigen Augen eines Tutsi-Soldaten. Sie erinnerten mich an die Augen des Killers, in die ich vor einer Viertelstunde geblickt hatte.

Wenn das die RPF-Soldaten waren, von denen wir uns seit Beginn der Verfolgungen Rettung erhofft hatten, dann war es für mich vielleicht wirklich Zeit zu sterben. Meine Nachbarn hatten sich von mir abgewandt, die Killer mich gejagt, die Franzosen mich im Stich gelassen, und jetzt wollten mir meine Tutsi-Retter den Kopf wegpusten.

Es liegt bei dir, lieber Gott, betete ich stumm. *Ob ich lebe oder sterbe, ist mir nicht wichtig, solange ich deinen Willen erfülle. Du hast mich hierher gebracht – du entscheidest, was mit mir geschieht.*

Ich bemühte mich, auf die Füße zu kommen, hob langsam die Hände und begann zu erklären, dass meine beiden Freunde und ich Tutsi seien: »Die französischen Soldaten haben uns auf der Straße abgesetzt, es sind noch mehr Überlebende dort, umringt von Killern. Bitte, ihr müsst ihnen helfen, bevor es zu spät ist.«

»Halt den Mund und setz dich auf den Boden!«, brüllte der Soldat und versetzte mir mit seinem Maschinengewehr einen Stoß.

»Warum seid ihr noch am Leben, wenn ihr Tutsi seid?«, schrie ein anderer und richtete seine Waffe auf mich. »Alle sind tot, *alle!* Ihr seid selber Killer, Hutu-Spione! Weißt du, was wir mit Spionen machen? Sitz still – und kein Wort, keine Bewegung.«

Wir waren von aufgebrachten Soldaten umringt, es hätte wenig Sinn gehabt, eine Unterhaltung anzufangen. Deshalb schwieg ich und wartete ab, was das Schicksal für mich bereithielt. Die Minuten vergingen … Ich dachte an Aloise und die anderen, die inmitten der Killer darauf warteten, dass ich mein Versprechen hielt und Soldaten zu ihrer Rettung schickte. Mochte Gott ihnen beistehen.

Schließlich erschien der Kommandant der Rebellen, um uns zu verhören. Die Soldaten, die uns bewachten, salutierten vor dem Herrn Major, wie sie ihn nannten. Er war hochgewachsen, dünn wie eine Bohnenstange und wirkte auf mich wie die Gelassenheit in Person. Er schaute uns an, als wären wir Diebe, die man beim Einbruch in sein Haus überrascht hatte – mit dem gleichen Gesichtsausdruck wie die französischen Soldaten, als sie den Interahamwe-Spion vor sich hatten. Ich bekreuzigte mich bei dem Gedanken, was sie mit dem Mann gemacht hatten. Offenbar glaubte auch der Major nicht, dass wir Überlebende des Genozids waren. Ich begann für die armen Seelen zu beten, die wir an der Straße zurückgelassen hatten.

Doch wieder einmal griff Gott ein.

»Immaculée? *Immaculée Ilibagiza?*« Ein Soldat, der neben dem Major stand, sagte meinen Namen und starrte mich ungläubig an. »Immaculée! Das kannst nicht du sein, oder? Bist du's wirklich?

»Bazil?«

»Du *bist* es!« Er ließ sein Gewehr fallen, kniete sich hin und umarmte mich stürmisch.

Bazil war ein Hutu-Nachbar von uns, der sich den Tutsi-Rebellen angeschlossen hatte. Wir kannten uns seit der Schule, und er war viele Jahre der Lieblingsschüler meiner Mutter gewesen, weil er so klug und begabt war. Wir nannten ihn immer »Mamas Liebling«, weil sie ihn so sehr mochte, dass sie ihn oft zu uns nach Hause einlud.

»Du kennst dieses Mädchen?«, fragte der Major Bazil, als er mich schließlich losließ.

»Aber ja, wir sind zusammen zur Schule gegangen. Ihre Eltern sind hochangesehene Tutsi in meinem Dorf, sehr gute Leute. Sie ist in Ordnung, Herr Major, sie ist keine Spionin. Was Immaculée sagt, stimmt auch.«

Ich sandte Gott ein schnelles Dankgebet, dass er mir Bazil genau in dem Moment geschickt hatte, als ich ihn brauchte. Die Soldaten senkten ihre Gewehre und der Major schüttelte mir die Hand. »Ich bin Major Ntwali«, sagte er. »Ich entschuldige mich für das Missverständnis, aber überall sind Spione. Es ist noch immer sehr gefährlich hier in der Gegend, aber bei uns sind Sie sicher. Für Sie ist der Krieg vorbei, wir werden Sie von jetzt an beschützen.«

»Danke, Herr Major, aber es sind meine Freunde, die Ihren Schutz brauchen«, erklärte ich hastig. »Die französischen Soldaten haben uns mitten unter den Interahamwe stehen lassen, knapp einen Kilometer die Straße hinunter warten dreißig Tutsi-Überlebende, umringt von Killern. Ich weiß nicht einmal, ob sie noch leben. Bitte –«

Ich hatte den Satz noch gar nicht beendet, als der Major seinen Leuten schon ein Zeichen gab, sich um Aloise und die anderen zu kümmern. »Machen Sie sich keine Sorgen um Ihre Freunde. Wir werden sie gleich herbringen.«

»Ich danke Ihnen, Gott segne Sie!«

Als die Soldaten losgefahren waren, um die anderen zu holen, setzte sich Bazil zu mir und bombardierte mich mit Fragen. »Ich bin seit Monaten nicht mehr zu Hause gewesen«, sagte er. »Hast du Nachrichten aus dem Dorf? Wie geht es der Lehrerin – ich meine, deiner Mutter? Weißt du etwas über meine Eltern oder meine Geschwister? Als ich sie das letzte Mal gesehen habe, wollten sie Ruanda verlassen. Haben sie es geschafft?«

Ich legte Bazil die Hand auf den Arm. Mir war klar, dass ich ihm fürchterlich wehtun würde, deshalb bemühte ich mich, es ihm so schonend wie möglich beizubringen. »Ich weiß nicht, wie ich es dir sagen soll, Bazil, ich kann dir nur die Wahrheit sagen. Alle sind tot: meine Familie, deine Familie ... Fast alle Tutsi und gemäßigten Hutu in unserem Dorf – sie sind alle tot.«

Er schaute mich an, als hätte er vergessen, wie man spricht, und dann krümmte er sich, von Weinkrämpfen geschüttelt, über seinem Gewehr zusammen. Armer Bazil ...

Er hatte seine Eltern, vier Brüder und drei Schwestern verloren.

Jetzt verstand ich, warum sie uns mit solchem Misstrauen begegnet waren, als wir ankamen. Viele dieser Soldaten hatten sich von Uganda aus bis in unsere Provinz vorgekämpft und in der ganzen Zeit nichts von zu Hause gehört. Nun kehrten sie zurück und stellten fest, dass ihre Familien von den Nachbarn abgeschlachtet worden waren – von Menschen, denen sie ihr Leben lang vertraut hatten. Es gab wenig Grund zur Freude im Rebellencamp.

Auch ich war unglücklich. Es tat mir in der Seele weh, dass ich Bazil die schreckliche Nachricht hatte überbringen müssen, und als Minute um Minute verging, befürchtete ich schon das Schlimmste für Aloise und die anderen. Ich flehte Gott inständig an, sie zu beschützen – und bald hörte ich aus einem sich nähernden Lastwagen der RPF das vertraute Lachen meiner munteren Freundin.

»Ich weiß ja nicht, was für Gebete du gesprochen hast, Immaculée, aber bete sie unbedingt weiter«, meinte Aloise lachend. »Diese Killer haben uns angestarrt, als würden sie uns am liebsten in Stücke hauen, aber sie konnten keinen Schritt tun. Als wären sie angewachsen! Wir saßen da wie Daniel in der Löwengrube … wie Daniel in der Löwengrube!«

Aloise zog ihre Kinder an sich, küsste sie und lachte, bis ihr Tränen über die Wangen liefen. Mir wurde ganz leicht ums Herz, und ich sagte: »Ich wusste nicht, ob ich das jemals würde sagen können, aber wir werden niemals mehr Angst vor den Killern haben müssen. Es ist vorbei – Gott hat uns gerettet und uns ein neues Leben geschenkt. Lobet den Herrn! Danke, lieber Gott!«

Aloise lächelte mich an und sprach: »Amen, Immaculée. Amen!«

Aloise bezauberte die hart gewordenen Tutsi-Rebellen mit ihrem sonnigen Gemüt und ihrer Freimütigkeit. Nach ihrer Ankunft im Lager unterhielt sie die Soldaten stundenlang mit Geschichten über die berühmten Menschen, die sie kennen gelernt hatte, und brachte sie mit ihren derben Witzen zum Lachen. Am meisten beeindruckte sie jedoch Alois' unerschütterlicher Optimismus: Sie beklagte sich niemals über ihr Schicksal und machte immer das Beste aus jeder Situation, mochte es auch noch so schwierig sein. Aloise und ich kamen so gut miteinander aus, dass Major Ntwali mich fragte, ob sie meine Mutter sei. »Nein«, erwiderte ich, »aber sie behandelt mich wie eine Tochter. Meine Eltern und zwei meiner Brüder sind umgebracht worden, auch die meisten meiner Verwandten.«

»Das tut mir Leid«, sagte der Major. »Glauben Sie, es ist unsere Schuld?«

»Wie meinen Sie das?«, fragte ich verwirrt zurück.

»Viele meiner Soldaten geben sich die Schuld an dem, was geschehen ist. Sie denken, wir haben uns zu lange Zeit genommen für den Kampf um Kigali, während Hunderttausende Tutsi umgebracht wurden, auch ihre Familien. Sie denken, wir haben zu lange bis hierher gebraucht.«

»Das sollten sie nicht denken, Herr Major, es ist nicht ihre Schuld. Sie haben gekämpft, um uns zu retten. Sie haben gegen den Teufel gekämpft. Jetzt müssen wir alle dafür sorgen, dass so etwas nie wieder geschieht. Wir müssen aufhören zu töten und lernen zu vergeben.«

Er schüttelte den Kopf und schnalzte missbilligend mit der Zunge. »Erzählen Sie mir nichts von Gott und Teufel – ich weiß, wer das getan hat. Sie können vergeben, wem Sie wollen, Immaculée, aber vielleicht haben Sie nicht in so viele Massengräber geschaut wie ich. Die Leute, die diese Gräber gefüllt haben, laufen immer noch herum, und glauben Sie mir, sie verdienen Ihre Vergebung nicht. Sie verdienen, erschossen zu werden, und ich habe vor, ihnen zu geben, was sie verdienen. Ich werde ihnen vergeben, wenn sie tot sind.«

Der Major zeigte auf eine nahe Baptistenkirche. »Dort finden Sie andere Überlebende. Bleiben Sie dort, bis wir uns überlegt haben, was wir mit Ihnen machen, und gehen Sie auf keinen Fall weg. Hier ist immer noch Kriegsgebiet, denken Sie daran. Sollten Sie auf Interahamwe stoßen, werden diese bestimmt nicht so versöhnlich gestimmt sein wie Sie.«

Meine kleine Gruppe und ich blieben mit ungefähr hundert weiteren Tutsi-Überlebenden in der Kirche. Es gab weder Betten noch Decken, aber wir waren froh, ein Dach über dem Kopf zu haben, und es tat gut, im Haus Gottes zu sein. Bazil brachte uns Lebensmittel und ich meldete mich freiwillig als Köchin. Als ich versuchte, draußen ein Feuer in Gang zu bringen, stieg mir ein derart ekelhaft süßlicher Geruch in die Nase, dass mir fast schlecht wurde.

»Woher um Himmels willen kommt dieser Geruch?«, fragte ich einen der Soldaten, den man zu unserer Bewachung abgestellt hatte. Er nahm mich bei der Hand und führte mich, ohne ein Wort zu sagen, hinter die Kirche. Es war grauenhaft: Aberhunderte von Leichen lagen dort, Reihe um Reihe aufeinander gestapelt wie Feuerholz. Myriaden von Fliegen summten auf ihnen, und an denen, die zuoberst lagen, pickten Krähen herum. Am Rand der Leichenhaufen stand ein alter Mann und verscheuchte die Hunde mit einem Stock.

Ich schlug die Hand vor den Mund und starrte entsetzt auf die grauenvolle Szene. Dann deutete der Soldat auf eine große Grube jenseits der Leichenstapel, bestimmt an die dreißig Meter lang und sechs Meter tief. Sie war voller Leichen, vielleicht Zehntausende. Ich wandte mich ab, erbrach mich und ging schwankend zu meiner Kochstelle auf der anderen Seite der Kirche. Der Soldat folgte mir wortlos.

»Sind Sie von hier?«, fragte ich ihn. Er nickte, und ich begriff, dass irgendwo in dieser Grube, in der gleichsam die Menschlichkeit verrottete, auch seine Familie lag. Sein Schmerz ließ sich nicht in Worte fassen.

Wie viele Jahre, wie viele Generationen würde es dauern, bis Ruanda sich von diesem Grauen erholte? Bis unsere seelischen Wunden heilten, unsere gefühllos gewordenen Herzen wieder etwas empfinden konnten? Für mich auf jeden Fall zu lange. Als ich in die Augen dieses Soldaten blickte, wurde mir klar, dass ich Ruanda verlassen musste.

Ich musste das unendliche Leid in diesem Land hinter mir lassen, zumindest für eine Weile. Um anderen helfen zu können, an ihrer Seele wieder heil zu werden – und ich wusste, das wollte Gott von mir –, brauchte ich zeitlichen und räumlichen Abstand. Ehe ich anderen helfen konnte, wie den beiden Waisenjungen im Auffanglager, wie dem Kommandanten, dessen Herz nach Rache verlangte, wie den Killern, denen noch die Mordlust in den Augen stand, wie dem Soldaten neben mir, dessen unendlicher Schmerz seine Seele erstarren ließ, musste ich erst einmal selbst heil werden.

Ich würde gehen, aber nicht sofort. Vorher gab es noch vieles zu tun, und außerdem hatte ich keinen Job, kein Geld und keine Perspektive. Ich besaß nichts als die Kleider, die ich am Leib trug, und den Rosenkranz meines Vaters.

Wir blieben ein paar Tage bei den RPF-Soldaten, und die meiste Zeit grübelten wir darüber nach, wie wir ohne Geld nach Kigali kommen sollten. Wohnen konnten wir alle neun bei Aloise, aber wie sollten wir die noch immer gefahrvolle fünfstündige Reise bewältigen? Ich betete tagelang um eine Lösung und bat die anderen, ebenfalls zu beten. Schließlich gab Gott uns Antwort und schickte uns Major Ntwali.

Der Major bot uns einen Lastwagen mit Fahrer an, der uns bis vor Alois' Haustür bringen würde. Und nicht nur das: Ehe wir losfuhren, ließ der Major auch Säcke mit Reis, Mehl, Zucker, Bohnen und Kaffee sowie Milch und Öl in Dosen aufladen. Seit Monaten hatte ich nicht mehr solche Mengen an Lebensmitteln gesehen, sie würden über den Herbst hinaus reichen. Wir dankten dem Major für seine Großzügigkeit. Dann fuhren wir winkend los in Richtung Kigali.

Am frühen Nachmittag erreichten wir die Hauptstadt. Ein paar Monate zuvor wäre es ein ganz normaler Arbeitstag gewesen, die Straßen voller Leben. Nun jedoch kamen wir in eine Geisterstadt. Nur UN-Lastwagen oder RPF-Jeeps fuhren vereinzelt durch die Straßen, sie mussten ständig Leichen ausweichen, die auf der Fahrbahn lagen – oder Hunderten von Hundekadavern. Die Soldaten hatten die Tiere erschossen, damit sie sich nicht an den menschlichen Überresten voll fraßen. Es stank nach Tod, und der Wind, der durch die verlassenen Häuser blies, hörte sich an, als würden die Geister der Vertriebenen ihr Schicksal beklagen. Viele Gebäude lagen in Trümmern, waren ausgebrannt und übersät mit Einschlägen von Granaten und Maschinengewehrsalven. Die Türen von Geschäften waren aus den Angeln gerissen, die Läden geplündert, und hin und wieder hörten wir in der Ferne eine Explosion. Ich erkannte die schöne Stadt, die mich mit ihrer Lichterflut und den belebten Boulevards als Teenager so sehr beeindruckt hatte, nicht mehr wieder.

»Passen Sie auf, wo Sie hintreten«, warnte uns der Fahrer. »Überall liegen Landminen, wir wissen nicht mehr, wo wir welche gelegt haben. Wenn Sie hier einen Spaziergang machen, kann es leicht sein, dass Sie plötzlich keine Beine mehr haben.«

Wir fuhren direkt zum UN-Hauptquartier, um uns nach Alois' Mann Fari zu erkundigen.

Aloise hatte gesagt: »Von unserem Haus bis zur UNO ist es nur eine Viertelstunde zu Fuß. Wenn er in seinem Versteck über der Zimmerdecke überlebt hat, dann ist er hierher gekommen. Es ist der sicherste Ort in Kigali.«

Wir parkten vor dem großen Metalltor und hoben Aloise in ihrem Rollstuhl aus dem Lastwagen. Sie zitterte. Zum ersten Mal, seit ich sie kannte, geriet ihr unerschütterlicher Kampfgeist ins Wanken. »Ich weiß nicht, wie ich weitermachen soll, wenn sie Fari umgebracht haben«, gestand sie. »Er ist mein Herz und meine Seele, er gibt mir meine Kraft. Ich habe so viel gebetet, dass er am Leben ist … Hoffentlich erhört Gott meine Gebete ebenso wie die deinen, Immaculée.«

Gott erhörte Alois' Gebete. Sie hatte kaum den letzten Satz beendet, als sie eine vertraute Gestalt über das Gelände gehen sah. »O mein Gott, das ist er! Ich bin sicher, das ist er, ich würde seinen Gang überall erkennen. Ruft ihn, bitte ruft ihn doch!«

Wir baten einen der UN-Wachposten, dem Mann, auf den

Aloise zeigte, nachzugehen und ihm zu sagen, er solle zu uns herauskommen. Der Mann kam zögernd auf unsere Gruppe zu, bis er Aloise erblickte – dann begann er zu laufen, so schnell er konnte. Er stieß das Tor auf, fiel auf die Knie und bedeckte ihr Gesicht mit Küssen. »Mein Schatz, mein Schatz«, stammelte er. Die beiden Kleinen, Kenza und Sami, warfen sich in seine Arme und küssten ihn. Ein glücklicheres Wiedersehen habe ich selten erlebt. Bis Fari fragte: »Wo ist unser Baby?«

Alois' Augen füllten sich mit Tränen. »Gott hat sie zu sich genommen«, erwiderte sie mit belegter Stimme. »Sie hat Fieber bekommen, sie hat es nicht geschafft.«

Fari ließ den Kopf in ihren Schoß sinken, und die beiden weinten bestimmt eine Viertelstunde, während wir anderen herumstanden und uns betreten anschauten. Keiner von uns hatte gewusst, dass Aloise ein Kind verloren hatte, bevor sie ins Auffanglager der Franzosen kam. Wir bewunderten sie für ihre Stärke.

Schließlich hob Fari den Kopf und fragte, wer wir seien. »Das sind Waisen, die ich im Flüchtlingslager adoptiert habe«, antwortete Aloise. »Sie werden bei uns wohnen.«

»Ihr seid alle willkommen«, sagte Fari.

»Die Große da ist die Tochter von Rose und Leonard, unseren alten Freunden. Sie sind beide tot.«

»O mein Gott«, sagte Fari, stand auf und nahm meine Hand. »Ich sehe deine Eltern in dir, junge Dame. Sei stark. Deine Mutter und dein Vater waren schöne, gute Menschen. Gott hat noch etwas mit dir vor … Du kannst bei uns bleiben, bis du herausgefunden hast, was das ist.«

»Danke« war alles, was ich herausbrachte.

Wir kletterten wieder auf den Lastwagen und fuhren zu Aloise' Haus. Unterwegs erzählte uns Fari, dass er in den vergangenen vier Monaten im UN-Gebäude gelebt habe. »Wenn Aloise nicht mit den Kindern zurückgekommen wäre«, sagte er, »hätte ich unser Zuhause nie mehr betreten. Ein Heim ohne Liebe ist ein Gefängnis.«

Das Haus sah fürchterlich aus: Die Fensterscheiben waren zerbrochen, die Wände voller Einschusslöcher, das Dach war zum Teil eingestürzt. Doch wir packten alle an, reparierten und putzten tagelang. Dank harter Arbeit und Material aus verschiedenen zerstörten Gebäuden sah das Haus bald wieder wohnlich aus. Jean Paul und die anderen Jungs hatten ein Zimmer, ich teilte mir eines mit Florence. Zum ersten Mal, seit ich mein Elternhaus verlassen hatte, konnte ich wieder in einem richtigen Bett schlafen. Wir fühlten uns alle wie im Himmel!

Dank Major Ntwali fehlte es uns nicht an Essen, aber wir hatten kein Geld und unsere Kleidung war nach monatelangem Tragen vollkommen verschlissen. Also suchten wir in verlassenen Häusern nach Schuhen und Kleidungsstücken. In einem Haus fand ich ein Paar goldene Ohrringe. Nach allem, was ich durchgemacht habe, verdiene ich auch etwas Hübsches, um mich wohl zu fühlen, dachte ich und steckte sie in die Tasche. Als ich sie aber bei Aloise vor einem Spiegel anprobierte, konnte ich mein Spiegelbild nicht ertragen. Ich sah nur das Gesicht der Frau vor mir, der sie einmal gehört hatten. Es waren nicht meine Ohrringe, an ihnen hing keine Erinnerung von mir – jemand anders hatte für sie gespart oder sie als Zeichen der Liebe geschenkt bekommen. Ich kam mir vor wie ein Eindringling im Leben eines anderen Menschen. Ich wollte keine Sachen haben, die ich mir nicht erarbeitet hatte, die mir nicht zustanden, und so brachte ich die Ohrringe am nächsten Tag dorthin zurück, wo ich sie gefunden hatte.

In diesen Tagen flüsterte eine Stimme in meinem Hinterkopf immer wieder: *Es ist Zeit, dass du etwas unternimmst. Es ist Zeit, dass du einen Job findest.* Was ich mit einem zustimmenden Nicken quittierte.

KAPITEL 22

Gottes Werk

Nur der Himmel wusste, wie ich Arbeit finden sollte in einer Stadt, in der die Leute sich kaum auf die Straße trauten. Überall in Kigali lagen noch Landminen herum, aber wenn ich eine Arbeit haben wollte, waren Fußmärsche angesagt – die Busse fuhren nicht und für ein Taxi hatte ich kein Geld.

Ich fragte Fari, ob er irgendwelche zu Fuß erreichbare Firmen kenne, die Mitarbeiter suchten. »Deine Auswahl ist leider ziemlich begrenzt, denn niemand stellt zur Zeit Leute ein«, lautete seine Antwort. »Die einzige Möglichkeit sind wohl die Vereinten Nationen ... aber sie nehmen dort normalerweise nur Bewerber, die auch Englisch sprechen.«

Ich wurde hellhörig. Natürlich! Deshalb hatte Gott mich doch Englisch lernen lassen in unserem Versteck – ich hatte sogar eine Vision gehabt, dass ich in einem UN-Büro arbeiten würde.

An diesem Abend wusch ich meine Kleidung besonders sorgfältig und flehte Gott an, mir dabei zu helfen, eine Arbeit bei den Vereinten Nationen zu bekommen. Die Aussicht, meine Englischkenntnisse endlich praktisch anwenden zu können, war so aufregend, dass ich fast die ganze Nacht aufblieb, um vor dem Spiegel die Sätze zu üben, die ich mir beigebracht hatte:

»Good morning to you.«

»How do you do?«

»My name is Immaculée Ilibagiza.«

»I am Rwandan.«

»I studied science at the university in Butare.«

»I am looking for a job.«

Ach, wie aufregend! Ich gab richtige Sätze in Englisch von mir, morgen würde ich ein richtiges Gespräch in der neuen Sprache führen – und am Abend könnte ich schon eine Arbeitsstelle haben! Gelobt sei Gott!

Pünktlich um acht Uhr morgens stand ich vor dem Tor des UN-Gebäudes. Ein ghanaischer Wachsoldat begrüßte mich herzlich in einer Sprache, die nach Englisch klang. Ich bin sicher, er sagte so etwas wie »Guten Morgen, kann ich Ihnen helfen?« Aber ich hörte nur »Bla, bla, bla bla, bla?« Ich hatte keine Ahnung, was er sagte, tat aber so, als hätte ich ihn verstanden. Ich straffte die Schultern, reckte mein Kinn und sagte: »How do you do? My name is Immaculée Ilibagiza. I am looking for a job.«

Autsch. Sein Blick verriet mir, wie lächerlich ich mich angehört haben musste. Trotzdem versuchte ich es noch einmal. Ich war nicht so weit gekommen, um jetzt aufzugeben. »How do you do? My name is Immaculée. I am looking for a job.«

»Ah, Sie sind Ruanderin, Sie sprechen sicher Französisch«, sagte er. Ich nickte lächelnd. Er öffnete das Tor, und ein anderer Wachsoldat begleitete mich in ein kleines Wartezimmer, wo ich einen Berg Formulare ausfüllen und warten sollte. Also wartete ich … und wartete … und wartete … und wartete. Als gegen Abend die ersten UN-Mitarbeiter nach Hause gingen, fragte ich die Dame am Empfang, wie lange ich noch auf meinen Job warten müsse.

»Da müssen Sie noch sehr lange warten, meine Liebe. Es gibt keine Jobs.«

Ich ging enttäuscht nach Hause, aber nicht entmutigt. Es war mir bestimmt, bei den Vereinten Nationen zu arbeiten. Ich hatte es vor meinem geistigen Auge gesehen und ich war fest dazu entschlossen. Wenn Gott wollte, dass ich dort arbeitete, konnte nichts mich daran hindern, mein Ziel zu erreichen.

Am nächsten Tag ging ich erneut hin, füllte dieselben Formulare aus und wartete wieder bis zum Abend. Das Gleiche tat ich am folgenden Tag und am Tag danach. Ich verbrachte über zwei Wochen damit, Formulare auszufüllen und zu warten. Jeden Tag sagte die Dame am Empfang zu mir, wenn ich ging: »Wenn ich Sie wäre, würde ich nicht mehr herkommen. Es gibt keine Jobs.«

Gegen Ende der zweiten Woche verließ mich wirklich langsam der Mut. Ich traute mich nicht ohne Arbeit zu Aloise zurück, also wanderte ich durch unser zerstörtes Viertel in Kigali und bemitleidete mich. Ich wollte mich in ein stilles Gespräch mit Gott versenken, um wieder Kraft zu schöpfen, aber bei Aloise war es zu laut zum Meditieren. Man mag es kaum glauben, aber ich sehnte mich tatsächlich nach den Tagen im Versteck, als ich stundenlang mit Gott sprechen konnte, ohne unterbrochen zu werden. Ich dachte wehmütig an die friedvolle Heiterkeit, mit der er meine Seele in jenen Stunden stillen Gebets erfüllte, und die geistige Klarheit danach.

Zwei Straßen von Aloise entfernt ging ich in ein ausgebranntes Haus, ließ mich inmitten von rußigem Schutt und zersplittertem Glas auf die Knie fallen und begann zu beten: »Lieber Gott, in der Bibel heißt es, dass Petrus sehr entmutigt war, als er die ganze Nacht gefischt und nichts gefangen hatte, aber du sagtest ihm, er solle an derselben Stelle wieder fischen – und da fing er ganz viele Fische! Also, du hast mich zu den Vereinten Nationen geführt, und ich habe tagelang versucht, einen Job an Land zu ziehen – aber es gibt keinen. Lieber Gott, ich weiß nicht, was ich tun soll. Ich habe kein Geld, meine Kleider fallen schon auseinander, und sie wollen mir keinen Job geben. Ich brauche also deine Hilfe. Mach, dass diese UN-Leute auf mich aufmerksam werden und mir einen guten Bürojob geben. Du weißt, wie dringend ich Arbeit brauche. Hilf mir, und ich werde mir selbst helfen! Amen.«

Ich klopfte mir Staub und Schmutz ab und verließ das ausgebrannte Haus mit neuer Zuversicht. Ich hatte Gott um Hilfe gebeten und wusste, jetzt war es an mir, seine Hilfe Realität werden zu lassen. Ich visualisierte, wie ich bereits bei den

Vereinten Nationen arbeitete, Dinge notierte, Anrufe entgegennahm und wichtige Entscheidungen vorbereitete.

Als ich nach Hause ging, überlegte ich, was ich alles brauchen würde, sobald mir mein Job bei der UNO angeboten wurde. Ich brauchte ein paar ansehnliche Kleider, ich brauchte unbedingt mein Abiturzeugnis und Belege dafür, dass ich drei Jahre studiert hatte. Leider befanden sich alle meine Sachen im Wohnheim in Butare, eine vierstündige Fahrt entfernt, und ich hatte natürlich kein Geld, um mit dem Taxi hinzufahren.

Ich war so in Gedanken, dass ich beinahe nicht bemerkt hätte, wie ein Auto heranfuhr und der Fahrer meinen Namen rief. Es war Dr. Abel, ein Professor meiner Universität in Butare. »Ich habe dich kaum wieder erkannt, Immaculée«, sagte er. »Du bist schrecklich dünn geworden! Ich bin so froh, dass du überlebt hast – aber hast du auch zu essen und eine Unterkunft?«

Dr. Abel war Arzt, deshalb wollte er alles Mögliche über meine gesundheitliche Verfassung wissen und was ich alles durchgemacht hatte. Er bot mir an, bei seiner Familie in Butare zu leben, damit ich wieder »zu Kräften kommen« könne. Ich bedankte mich und erklärte ihm, dass ich bereits bei einer Familie untergekommen sei. Aber wenn er demnächst nach Butare fahre, würde ich sehr gerne mitkommen.

»Natürlich. Morgen fahre ich sogar wieder hin.«

Wieder erkannte ich Gottes Werk in dieser mir zuerst zufällig erscheinenden Begegnung. Am nächsten Tag setzte mich Dr. Abel vor dem Haupteingang meiner alten Universität ab. Auch hier hatte es Plünderungen gegeben, deshalb standen Soldaten vor dem Tor. Sie wollten mich nicht in mein Zimmer im Wohnheim lassen und sagten: »Die Universität ist bis auf weiteres geschlossen.« Sie meinten, ich solle nach Kigali zurückfahren.

Ich setzte mich an den Straßenrand, betete mit dem Rosenkranz meines Vaters und wartete darauf, dass Gott mir zeigte, wie ich auf das Universitätsgelände gelangen sollte. Ungefähr zehn Minuten später hielt ein Wagen vor dem Tor, in dem ein Offizier der Armee saß. Während die Soldaten sich bemühten, ihn besonders korrekt zu begrüßen, ging ich zu ihm und stellte mich vor.

»Was machst du hier, kleines Mädchen?«, fragte er. »Wo sind deine Eltern? Es ist hier gefährlich für dich, ganz allein.«

Ich war vierundzwanzig, jedoch so dünn, dass ich eher wie eine Zwölfjährige aussah.

»Meine Eltern sind tot, Monsieur. Sie sind mit dem Rest meiner Familie während der Massaker umgebracht worden. Alles, was ich auf der Welt noch besitze, ist in meinem Zimmer im Wohnheim, aber Ihre Soldaten lassen mich nicht auf den Campus. Würden Sie mir bitte helfen?«, fragte ich so liebenswürdig, wie ich nur konnte.

Der Offizier öffnete die Autotür und ich setzte mich neben einen der Soldaten. Wir passierten das Tor und fuhren die kurze Strecke bis zu meinem Wohnheim.

Den herrlichen Campus, wo ich so viel Schönes erlebt und wunderbare Freundschaften geschlossen hatte, gab es nicht mehr. Überall lag Müll herum, viele der Gebäude waren rußgeschwärzt und sahen aus, als würden sie demnächst einstürzen. Aufzeichnungen der Studenten flatterten über das Gelände und nach all diesen Wochen lagen immer noch viele Leichen herum. Ich wagte nicht hinzusehen, aus Angst, die Leiche von Sarah oder einer anderen Freundin zu entdecken. Ich bemühte mich, Erinnerungen an die Tanzabende wachzurufen, die mir so großen Spaß gemacht hatten, an die Theaterstücke, bei denen ich mitgespielt hatte, an die romantischen Spaziergänge mit John … Doch das schreckliche Bild vor meinen Augen löschte alles aus.

Der Offizier setzte mich am Wohnheim ab, und der Soldat folgte mir zu meinem Zimmer, das gründlich geplündert worden war. Sie hatten die Tür mit einer Axt eingeschlagen, und alles, was ich besessen hatte, war weg – meine Koffer, meine Kleider und Schuhe, sogar meine Matratze hatten sie gestohlen. Zum Glück hingen noch einige Fotos meiner Eltern an der Wand – meine einzigen Andenken an unser gemeinsames Leben. Als ich ein paar Briefe aufhob, die auf dem

Boden verstreut lagen, riss der Soldat sie mir aus der Hand und begann zu lesen. Er nahm sein Gewehr von der Schulter und verlangte in drohendem Ton zu wissen: »Wer ist Aimable?«

Er schaute verblüfft, als ich zu lachen begann. Ich fand es tatsächlich lustig, dass ich den Genozid überlebt hatte, aber jetzt womöglich von einem Tutsi-Soldaten erschossen wurde, weil ich aus meinem praktisch leeren Zimmer Briefe und Fotos mitnahm.

»Aimable ist mein Bruder. Diesen Brief hat er mir aus dem Senegal geschickt, wo er studiert«, antwortete ich dann. Der Soldat kommentierte meine Antwort mit einem Knurren und ging auf den Flur hinaus, um in Ruhe weiter meine private Post zu lesen.

Ich sah noch ein paar Papiere durch, die herumlagen, und wollte meinen Augen nicht trauen. Da, in einem großen Umschlag, steckten mein Abiturzeugnis, mein Studienbuch und fast dreißig Dollar, die ich von meinem Stipendium zurückgelegt hatte. Plötzlich war ich reich – und konnte belegen, dass ich eine gute Schulbildung besaß!

Mit meinem kostbaren Fund unter dem Arm verließ ich das Wohnheim und investierte einen meiner US-Dollar, um mit dem Taxi nach Kigali zurückzufahren. Ich dankte Gott von ganzem Herzen, dass er mein Gebet wieder einmal erhört hatte. Er hielt wirklich sein Versprechen und wachte über mich wie ein Vater über seine Tochter.

Inzwischen hatten in der Hauptstadt einige Geschäfte wieder aufgemacht, und ich kaufte mir ein paar gebrauchte Kleider, neue Schuhe, ein Deo und Parfüm. Dann ließ ich mir zum ersten Mal seit fünf Monaten die Haare schneiden. Als ich nach Hause ging, fühlte ich mich endlich wieder wie eine gepflegte junge Frau. Aloise bekam fast einen Herzinfarkt, als sie mich, fein gemacht und strahlend, aus meinem Zimmer kommen sah.

»Ein bisschen von dem, was du dir von Gott erbittest, hätte ich auch gerne«, meinte sie und brach in ihr typisches herzliches Lachen aus. Und sie lachte noch mehr, als ich ihr zeigte, was ich von meinem restlichen Geld an Lebensmitteln gekauft hatte – sie würden für einen ganzen Monat reichen!

Am nächsten Morgen machte ich mich erneut auf den Weg zum UN-Gebäude, um meine Jagd nach einer Arbeitsstelle fortzusetzen. Ich sah gut aus, ich roch gut, ich hatte mein Abiturzeugnis dabei, ich fühlte mich gut gerüstet und selbstsicher – eine junge Karrierefrau, die dabei ist, ihren Platz in der Welt einzunehmen.

Dieses Mal stellte mir der ghanaische Wachsoldat keine Fragen, ich glaube, er erkannte mich nicht einmal, weil er mich gleich lächelnd durchwinkte. Ich fand auch sofort das Büro des Personalleiters, wo ich an die Tür klopfte und offenbar mitten in ein Gespräch platzte.

»Wie kann ich Ihnen helfen, Fräulein?«, fragte er mich auf Französisch.

»Ich brauche Arbeit, Sir«, sagte ich auf Englisch – beziehungsweise »meinem« Englisch.

Er schaute mich verwirrt an. »Sie wollen sagen, dass Sie eine Arbeit brauchen?«

»Ja, Sir, das stimmt, ich brauche eine Arbeit«, antwortete ich auf Französisch. An meinem Englisch musste ich wohl noch ein wenig feilen.

»Verstehe, warten Sie hier«, sagte er und verschwand. Nach einigen Minuten kam seine Sekretärin zu mir und musterte mich erst einmal von Kopf bis Fuß. Sie war Ruanderin und hatte vom ersten Moment an eine Abneigung gegen mich, aus welchem Grund auch immer. »Wie sind Sie hereingekommen? Was wollen Sie hier?«, fragte sie mich auf Kinyarwanda.

»Ich suche Arbeit.«

»Welche Kenntnisse haben Sie?«

»Ich habe studiert, Elektronik und Mathematik.«

»Was wir hier brauchen, sind Sekretärinnen – wenn überhaupt eine Stelle frei ist. Können Sie mit einem Computer umgehen? Sprechen Sie Englisch?«

»Sekretariatsarbeit habe ich noch nie gemacht, aber ich kann ein wenig Englisch.«

»Verstehe«, erwiderte sie schroff. »Nun, im Moment haben wir nichts. Vielleicht in drei oder vier Monaten. Aber ich bezweifle, dass wir bei Ihrer Qualifikation etwas für Sie finden werden. Bitte machen Sie die Tür zu, wenn Sie gehen.«

Ich war so geknickt, als ich ihr Büro verließ, dass ich die Hintertreppe nahm, damit mich niemand weinen sah. Auf halbem Weg kam ich an einem Mann mittleren Alters vorbei, der mir auf Französisch nachrief: »Warten Sie! Einen Moment, junge Dame! Kann ich kurz mit Ihnen sprechen?«

Ich wäre lieber weitergegangen, fühlte mich aus Respekt vor älteren Menschen jedoch zu einer Antwort verpflichtet. Ich wischte schnell die Tränen fort. »Ja, Sir?«

Der Mann schaute mich an, als sähe er einen Geist. »Äh … äh … Was machen Sie denn hier?«

Ich befürchtete, er würde die Sicherheitsleute rufen, erwiderte jedoch: »Arbeit, Sir. Ich suche Arbeit.«

»Oh, waren Sie schon beim Personalleiter?«

Dieses Verhör im Treppenhaus ärgerte mich, doch ich antwortete respektvoll: »Ja, Sir, ich war bei ihm. Aber man sagte mir, dass es keine freien Stellen gibt.«

»Oh, nun denn.« Er schrieb schnell etwas auf eine Visitenkarte und drückte sie mir in die Hand. »Zeigen Sie die morgen früh am Tor vor«, sagte er. »Ich erwarte Sie um zehn Uhr in meinem Büro. Wir werden sehen, was wir tun können.«

Ich wusste nicht, was ich sagen sollte, und der Mann ging weiter, während ich auf die Karte starrte. Darauf stand:

PIERRE MEHU
SPRECHER UNAMIR
UNITED NATIONS ASSISTANCE MISSION FOR RWANDA

Ich hatte keine Ahnung, was ein Sprecher machte, aber es hörte sich wichtig an. Und UNAMIR war bereits vor dem Krieg eingesetzt worden, um Ruanda bei der Bildung einer ausgewogeneren Regierung zu unterstützen – und da würde ich vielleicht mitmachen!

Als ich Monsieur Mehu am nächsten Tag gegenübersaß, sagte er mir, er habe mich auf der Treppe für eine junge Ruanderin gehalten, die vor dem Krieg für ihn gearbeitet hatte. Er habe sie sehr gern gemocht, sie sei mit ihrer Familie während des Genozids umgebracht worden. Dann bat er mich, ihm meine Geschichte zu erzählen, und das tat ich.

»Wie hoch ist Ihr monatliches Einkommen?«, fragte er schließlich.

»Mein was?«

»Wie viel verdienen Sie im Monat?«

»Nichts, null. Deshalb bin ich ja hier.«

»Also, das geht nicht! Ich werde Ihnen helfen, Arbeit zu bekommen. Ihre Eltern haben Ihnen ja eine gute Ausbildung ermöglicht. Und noch etwas will ich Ihnen sagen: Eine Waise bleiben Sie nur, wenn Sie selbst es wollen. Von jetzt an werden die Vereinten Nationen Ihr Zuhause sein und Sie können mit mir reden wie mit einem Vater.«

Ich lächelte, bis mir der Mund wehtat – Gott hielt wirklich sein Versprechen, er schickte mir immer wieder helfende Engel.

»Sie werden natürlich alle Tests machen müssen«, fuhr Monsieur Mehu fort, »aber das sollte bei Ihrer Schulbildung kein Problem sein. Wie gut können Sie tippen? Wie sieht es mit Ihren Englischkenntnissen aus?«

»Tippen kann ich eigentlich gar nicht, und Englisch habe ich mir selber beigebracht, als ich mich im Haus des Pastors versteckt hielt.«

»Nun, das klingt, als bräuchten Sie einen Crashkurs.«

Monsieur Mehu stellte mich seiner Sekretärin Jeanne vor, und sie nahm sich den ganzen Tag Zeit, um mir zu zeigen, wie man mit dem Computer umging und Berichte schrieb und wie ihr Ablagesystem funktionierte. Auf einem Stück Karton malte ich mir eine exakte Kopie der Tastatur auf und prägte mir jede einzelne Tastenfunktion ein. Ich arbeitete drei Tage lang am Computer und übte drei Nächte lang tippen auf meiner selbstgezeichneten Tastatur.

Gott musste meine Finger geführt haben, denn am vierten Tag bestand ich den Maschinenschreibtest mit Bravour. Wenige Tage später machte ich einen Englischtest und hatte mich damit als Mitarbeiterin der Vereinten Nationen qualifiziert. Das hatte ich mir ausgemalt, davon hatte ich geträumt, dafür hatte ich gebetet – und jetzt war es Realität!

Ehe ich mich's versah, hatte ich eine Stelle im Büro und war bald verantwortlich für die Abwicklung aller UN-Lieferungen, die aus dem Ausland nach Ruanda kamen, von neuen Jeeps bis zu Frachtcontainern mit Lebensmitteln. Es war eine wichtige Aufgabe, und ich konnte kaum glauben, dass ich nur wenige Monate zuvor in einer Toilette versteckt nicht einmal gewusst hatte, ob ich überleben würde.

Ich war der lebende Beweis für die Macht des Gebetes und des positiven Denkens – was im Grunde fast dasselbe ist. Gott ist die Quelle aller positiven Energie und das Gebet der beste Weg, sich diese Kraft zu erschließen.

Gott hatte mich einen weiten Weg geführt und mir bei jedem Schritt beigestanden: Er rettete mich vor den Killern; er gab mir die Bereitschaft zur Versöhnung ein; er half mir, Englisch zu lernen; er übergab mich in sichere Obhut; er ließ mir Freundschaft, Obdach und Nahrung zukommen und brachte mich zu guter Letzt mit Monsieur Mehu und meinem Traumjob zusammen. Ganz gleich, welche Schwierigkeiten ich in den vergangenen Monaten bestehen musste – Gott hatte mich niemals im Stich gelassen, er war immer an meiner Seite.

Ich liebte meine Arbeit, ein Tag war aufregender als der andere. Es gab so viele Nationalitäten bei der UNO, dass ich mir wie eine Touristin im eigenen Land vorkam. Ständig lernte ich etwas Neues, traf neue Menschen und verbesserte mein Englisch.

Und ich war nicht nur reich an Gottes Segnungen – ich bekam auch einen Gehaltsscheck! Bald konnte ich meinen Tanten Geld schicken und für Aloise und ihre Kleinen Lebensmittel und neue Kleider kaufen, als Dank für alles, was sie mir Gutes getan hatten. Sie hatten mir ein Heim und eine Familie gegeben, als ich beides bitter nötig hatte. Doch mir war auch bewusst, dass es an der Zeit war zu gehen.

Bis Anfang Oktober hatten alle meine Freunde aus dem Auffanglager der Franzosen Alois' Haus verlassen und alles um mich herum begann sich zu verändern. Viele Tutsi, die während der Massaker von 1959 und 1973 geflüchtet waren, kehrten aus allen Ecken der Welt nach Ruanda zurück, brachten Kinder und Enkel, alle möglichen neuen kulturellen Einflüsse und fremde Sprachen mit. Mit ihnen veränderten sich die Sprache und das Straßenbild im Land. Rund eine Million Exilanten kamen zurück. Etwa ebenso viele Tutsi waren während des Genozids ermordet worden – eine für mich schier unvorstellbare Zahl.

Während die Tutsi heimkehrten, flüchteten mehr als zwei Millionen Hutu aus Ruanda, um Racheakten zu entgehen. Die meisten landeten in elenden Flüchtlingslagern in anderen Ländern, viele starben an Krankheiten und Unterernährung. Beide Volksstämme wurden durch den Genozid zu Opfern, ebenso wie Ruanda selbst. Eines Tages, wenn ich mehr gelernt und genug Geld gespart hätte, würde ich all das Leid in meinem Land weit hinter mir lassen. Doch vorerst musste ich mich mit kleinen Schritten zufrieden geben. Das Leben in Ruanda veränderte sich und ich mich mit ihm.

Ich bat Gott, ein neues Heim für mich zu finden, wo ich von Liebe und positiven Gefühlen umgeben sein würde. Diesmal ließ er mich meine Gebete selbst beantworten, als ich bei Aloise die Haustür öffnete. Vor mir stand, weinend vor Freude, dass sie mich gefunden hatte, meine liebe Freundin Sarah, meine Zimmergenossin im Studentenwohnheim. Wir fielen uns mit einem Freudenschrei in die Arme, und dann erzählten wir uns stundenlang, oft unter Tränen, was wir erlebt hatten. Es zerriss mir fast das Herz, als ich ihr berichtete, wie der Pastor unsere Brüder Augustin und Vianney in die Nacht hinausgeschickt hatte – und wie sie zusammen gestorben waren. Wir weinten um die beiden, die wir so gern gehabt hatten, um meine Eltern und um Damascene; Sarah hatte alle gekannt und sehr gemocht.

»Bei uns hast du immer eine Familie«, sagte Sarah. »Komm doch zu uns, wir werden wieder wie Schwestern sein!«

Mir lag so viel an Sarah und ihr Angebot war so großzügig und verlockend, dass ich auf der Stelle einverstanden war. Ich packte meine Sachen zusammen und zog noch am selben Tag in ihr Elternhaus um. Aloise nahm es mir nicht allzu übel, denn Sarah wohnte nur fünf Minuten entfernt, und ich versprach, sie oft zu besuchen.

Ein friedlicheres und liebevolleres Zuhause als bei Sarah hätte ich mir nicht wünschen können. Ihre Eltern waren schon alt und seit fünfundfünfzig Jahren verheiratet. Sie neckten sich aber immer noch wie Teenager und liebten sich sehr. Als tiefgläubige Christen gingen sie jeden Morgen in die Messe und beteten jeden Abend miteinander. Hier war der ideale Ort, um meine innige Beziehung zu Gott wiederherzustellen – und auch der ideale Ort, um meine Familie zu betrauern und langsam wieder heil zu werden.

In Sarahs Elternhaus kam ich seelisch langsam so weit zu Kräften, dass ich in der Lage war, die Dinge, die ich noch immer kaum aussprechen konnte, zu Papier zu bringen. Es war an der Zeit, dass ich meinem Bruder Aimable schrieb, der noch im Senegal war und nicht einmal wusste, ob ich noch lebte. Ich hatte diese schmerzliche Aufgabe bis jetzt vor mir hergeschoben, teils, weil keine Post befördert wurde, mehr jedoch in der Hoffnung, dass die schrecklichen Dinge, solange ich sie nicht schwarz auf weiß geschrieben sah, gar nicht real waren. Doch sie waren geschehen, sie waren Realität, und ich fing endlich an, diese Tatsache zu akzeptieren.

Ich legte den Rosenkranz meines Vaters neben mich auf den Tisch und begann zu schreiben: *Mein liebster Aimable, das ist der traurigste Brief, den ich je geschrieben habe, der traurigste Brief, den du je bekommen wirst …*

KAPITEL 23

Die Toten begraben

»Wo leben Ihre Eltern?«, fragte mich jemand, einige Monate nachdem ich bei den Vereinten Nationen zu arbeiten begonnen hatte.

»Sie leben nur noch in meinem Herzen«, antwortete ich geduldig. »Sie wurden während des Genozids umgebracht.«

Die UNO war nicht gerade der Ort, mich meinen Kummer vergessen zu machen. Die meisten Leute, die hier arbeiteten, kamen aus anderen Ländern, und wenn sie vom Schicksal meiner Familie erfuhren, wollten sie unbedingt wissen, wie ich überlebt hatte, wo doch der größte Teil meiner Stammesbrüder und -schwestern ermordet worden war.

»Es tut mir so Leid«, sagte nun dieser Mann, der mit mir sprach. »Das wusste ich nicht. Ich hoffe, ich habe Sie nicht verletzt.« Es war Oberst Gueye, ein senegalesischer Offizier, unter dessen Kommando eine Truppe Blauhelmsoldaten stand, die nach Ruanda gekommen waren, um bei der Stabilisierung des Landes mitzuhelfen.

Er brauche sich keine Gedanken zu machen, dass er mich verletzen könnte, antwortete ich – nach allem, was ich durchgemacht hatte, waren Fragen meine geringsten Sorgen. Ich erzählte ihm, dass ich noch Tanten und einen Onkel hatte, die in meiner Heimatprovinz Kibuye lebten, ich sie seit dem Krieg jedoch nicht mehr gesehen hätte.

»Ah, Kibuye. Dort sind ziemlich viele meiner Soldaten stationiert«, sagte er. »Sollten Sie Ihre Verwandten einmal besuchen wollen, nehme ich Sie gerne mit und eskortiere Sie persönlich. Sie können auch eine Freundin mitbringen.«

Das war ein großartiges Angebot, denn in Ruanda zu reisen war immer noch schwierig und gefährlich.

»Wirklich? Sie brauchen mir nur zu sagen, wann, und ich bin bereit, Herr Oberst.«

Zwei Wochen später saßen Sarah und ich angeschnallt in einem Hubschrauber, unter uns die grünen Hügel Ruandas. Wir hielten uns an den Händen und kicherten ständig, weil wir so schrecklich aufgeregt waren. Keine von uns beiden war jemals geflogen, deshalb waren wir gar nicht auf die Idee gekommen, dass der Oberst nicht etwa eine Mitfahr-, sondern eine Mitfluggelegenheit meinte.

Als ich auf mein wunderschönes Land hinuntersah, erschien mir die grausame Wirklichkeit des Völkermords unvorstellbar. Wie oft hatte ich mir in jenen dunklen Tagen gewünscht, ich wäre als Vogel geboren worden? Wie oft hatte ich davon geträumt, aus dem Versteck wegfliegen zu können, in den Himmel hinauf, fort von all dem Grauen? Und nun saß ich in einem Hubschrauber und flog zurück an den Schauplatz des Verbrechens. Ich hatte ein ganzes Leben gebraucht, um aus Mataba zu entkommen und nach Kigali zu gelangen – und es dauerte nur eine halbe Stunde, dorthin zurückzukehren.

Wie schön wäre es gewesen, wenn Aimable hätte mitkommen können, aber es war unmöglich. Der Postverkehr funktionierte nach wie vor schlecht, und es hatte Wochen gedauert, bis ich endlich eine Antwort von ihm bekam. Er sei so froh gewesen, von mir zu hören, schrieb er, dass er seine Gefühle gar nicht in Worte fassen könne. Er habe die Geschehnisse in den Nachrichten verfolgt und sich schon damit abgefunden, dass mit fast allen Tutsi auch unsere gesamte Familie umgekommen sei. Es sei für ihn unmöglich gewesen, in dieser Zeit nach Ruanda zu kommen, ohne sein Leben zu riskieren.

Leider konnte er sich die Reise nach Hause jetzt nicht leisten: Aimable war Student, hatte kein Einkommen und lebte an die fünftausend Kilometer entfernt im Senegal. Allein das Flugticket würde zweitausend amerikanische Dollar kosten – eine unvorstellbare Summe! Die europäische Organisation, die sein Stipendium finanzierte, wollte für die Reisekosten nicht aufkommen, mit der Begründung, dass Ruanda immer noch Kriegsgebiet sei und daher viel zu gefährlich. Mein Bruder wollte das Studium abbrechen und mit mir zusammen in Ruanda leben, aber ich schrieb ihm, er könne unseren Eltern am ehesten ein ehrendes Andenken bewahren, indem er sein Studium mit sehr guten Noten beende. Wir versprachen, uns jede Woche zu schreiben und für einen künftigen Besuch Geld beiseite zu legen.

So kam es, dass ich dank der kostenlosen Mitfluggelegenheit unser Heimatdorf Mataba ohne meinen einzigen überlebenden Bruder besuchte.

Als der Hubschrauber im Militärcamp gelandet war, übergab uns Oberst Gueye einem kompetenten jungen Hauptmann namens Traore, der uns allen Soldaten als Oberst Gueyes Töchter vorstellte. Anders als sonst üblich bekamen Sarah und ich hier ein eigenes Zimmer mit Betten und ausgezeichnetes Essen und alle Soldaten behandelten uns ausnahmslos respektvoll und zuvorkommend. Wir saßen sogar bis in den frühen Morgen mit ihnen zusammen, als sie traditionelle senegalesische Lieder sangen und sich Witze erzählten. Sarah fühlte sich willkommen und gut aufgehoben, und ich war glücklich, wieder nach Hause gekommen zu sein.

Als wir am nächsten Tag in mein Dorf aufbrechen wollten, ein Fußmarsch von acht Kilometern, zeigte sich Hauptmann Traore um unsere Sicherheit besorgt. Die Massentötungen waren zwar vorbei, doch im Land herrschte eine fast greifbare feindselige Atmosphäre, und tagtäglich wurden noch Menschen getötet. Hauptmann Traore bestand darauf, uns eine bewaffnete Eskorte mitzugeben – bestehend aus nicht weniger als zwei Dutzend Soldaten und fünf gepanzerten Fahrzeugen. Wir würden uns nicht als zurückkehrende Flüchtlinge ins Dorf stehlen, sondern als stolze Krieger einfahren. Ich hatte mich viel zu lange geduckt in diesem Dorf, und es war ein gutes Gefühl, jetzt mit hocherhobenem Haupt zurückzukehren.

Meine gute Stimmung wich jedoch bald einer beklemmenden Traurigkeit, als wir unter dem mir so vertrauten Himmel meiner Kindheit dahinfuhren. Als wir in die Straße einbogen, auf der meine Brüder und ich so oft gegangen waren, vorbei am nun verlassenen Schulhaus, wo meine Mutter unterrichtet hatte, und an dem Pfad, auf dem wir unserem Vater frühmorgens zum Kivu-See hinunter gefolgt waren, um eine Runde zu schwimmen, begannen mir Tränen über die Wangen zu laufen.

Sarah legte mir den Arm um die Schulter, um mich zu trösten, doch es half nichts – es gab keinen Trost für mich. Ich sah schattenhafte Gesichter hinter verrammelten Fenstern und geschlossenen Toren, deren Augen uns verfolgten – die Gesichter extremistischer Hutu, die so viele meiner Leute gejagt und getötet hatten. Ihre Häuser waren die einzigen, die noch standen, nachdem sie selbst die meisten Häuser der Tutsi niedergebrannt hatten.

Und dann standen wir vor meinem Elternhaus.

Bis auf ein paar Wände, die zum Teil noch standen, lag alles in Schutt und Asche. In dem Hof, wo wir tagelang vor dem Radio gesessen hatten, als die Killer ihr gigantisches Massaker vorbereiteten, gab es nur noch verbrannte Erde. Ich lief in dem steinernen Skelett umher, das einst das Traumhaus meiner Eltern gewesen war, ging durch die leeren Zimmer. Überreste von zerstörten Möbeln oder verbrannter Kleidung waren nicht zu sehen – offenbar hatte man unsere ganze Habe gestohlen, ehe man das Haus in Brand steckte.

Auch einige überlebende Tutsi, ehemalige Nachbarn, sahen unsere Militäreskorte und kamen, mich zu begrüßen. Sie erzählten mir von den grauenhaften Dingen, die bekannt geworden waren, während ich mich versteckt hielt, wie meine Mutter ermordet wurde und wo ihre sterblichen Überreste begraben waren.

Freunde von Damascene begleiteten mich zu dem flachen Grab, wo sie in aller Eile begraben hatten, was von ihm übrig geblieben war. Karubu, unsere Haushaltshilfe, hatte die

Ermordung meines geliebten Bruders mit angesehen und berichtete mir in allen Einzelheiten, was geschehen war.

Die quälenden Erinnerungen, die vielen blutigen, grausigen Details waren zu viel für mich. Meine Seele hatte gerade zu heilen begonnen, und jetzt spürte ich, wie die Wunden durch die auf mich einstürmende brutale Realität wieder aufgerissen wurden. Ich wollte unsere Nachbarn und die Soldaten bitten, mir zu helfen, dass meine Mutter und mein Bruder ein anständiges Begräbnis bekamen, aber meine Kehle war wie zugeschnürt. Ich brachte keinen Ton heraus, deshalb bedeutete ich den Soldaten mit Gesten, dass ich ins Camp zurückwollte.

Als wir von meinem Elternhaus wegfuhren, vorbei an den anonymen Erdhügeln, die meine Mutter und Damascene bedeckten, hatte ich den üblen, bitteren Geschmack des Hasses im Mund. Als ich auf der Rückfahrt in die Gesichter hinter den verrammelten Fenstern sah, die uns anstarrten, war mir mit jeder Faser meines Herzens bewusst, dass diese Menschen Blut an den Händen hatten – das Blut ihrer Nachbarn, das Blut *meiner Familie*. Am liebsten hätte ich die Soldaten gebeten, ganz Mataba mit Benzin zu übergießen und mich das Streichholz anzünden zu lassen.

Als wir im Camp ankamen, ging ich sofort zu Bett. In meiner Seele tobte ein erbitterter Kampf. Ich hatte so sehr darum gerungen, vergeben zu können, doch jetzt fühlte ich mich betrogen – ich empfand nicht mehr das geringste Mitgefühl. Der Anblick meines zerstörten Elternhauses, der einsamen, vergessenen Gräber meiner Lieben hatte alle versöhnlichen Gefühle in mir erstickt. Als unsere Nachbarn mir die Details der sadistischen Morde an meiner Familie ins Ohr geflüstert hatten, waren die Hassgefühle, die ich aus meiner Seele verbannt zu haben glaubte, stärker denn je wieder aufgeflammt. Mein Herz verlangte nach Rache, und ich schrie innerlich: *Diese grässlichen Tiere! Sie sind Tiere, Tiere, Tiere!*

Ich wälzte mich stundenlang schlaflos hin und her. Ich wusste, dass der Teufel mich versuchte, dass er mich vom

Licht Gottes, von seiner befreienden Gnade der Versöhnung weglockte. Ich spürte, wie meine negativen Gedanken mich fortzogen von dem einen Licht, das mir in dunklen Tagen geleuchtet hatte. Nie hatte ich mich einsamer gefühlt als in jener Nacht. Gott war mein treuester Freund, aber diese Gefühle standen zwischen uns wie eine Mauer. Ich wusste, dass meine Gedanken ihn schmerzten, und dieses Wissen quälte mich.

Ich rollte mich aus dem Bett und kniete mich auf den Boden. »Vergib mir meine bösen Gedanken, Gott«, betete ich. »Bitte nimm diese Qualen von mir und läutere meine Seele, wie du es immer getan hast. Erfülle mich mit der Macht deiner Liebe und deiner Gnade. Diejenigen, die diese schrecklichen Dinge getan haben, sind dennoch deine Kinder, deshalb lass mich ihnen helfen, und hilf mir, ihnen zu vergeben. Lieber Gott, hilf mir, sie zu *lieben*.«

Ich schlüpfte wieder ins Bett. Mit einem Mal war mir leichter ums Herz. Ich seufzte tief auf und ließ meinen Kopf auf das Kissen sinken. Ich hatte wieder meinen inneren Frieden gefunden. Ja, ich war traurig, zutiefst traurig, aber meine Trauer fühlte sich gut an. Ich ließ mich von ihr umfangen und stellte fest, dass keine Spur von Bitterkeit oder Hass sie trübte. Ich vermisste meine Familie schrecklich, aber der Zorn, der wie ein Rückfall bei einer schweren Krankheit über mich gekommen war, hatte sich aufgelöst.

Die Menschen, die meiner Familie Leid angetan hatten, hatten sich selbst noch mehr geschadet, und sie verdienten mein Mitgefühl. Sie mussten ohne jeden Zweifel für ihre Verbrechen gegen die Menschlichkeit und gegen Gott bestraft werden. Bei der UNO wurde bereits davon gesprochen, dass man ein internationales Tribunal einrichten würde, um die Verantwortlichen zur Rechenschaft zu ziehen, und ich betete darum, dass es so kommen möge. Doch ich betete auch für Mitgefühl. Ich bat Gott um die Gnade der Versöhnung, die dem Teufelskreis des Hasses ein Ende machen würde – eines Hasses, der immer gefährlich nah unter der Oberfläche brodelte.

Ich wusste, dass mein Herz und meine Seele immer versucht sein würden, in Zorn zu geraten, Schuld zu suchen, Hass zu empfinden. Doch ich beschloss, diese negativen Gefühle nicht stärker werden oder schwären zu lassen, wenn sie mich wieder überkamen. Stattdessen würde ich mich sofort an die Quelle aller wahren Stärke wenden, an Gott, und mich von seiner Liebe und Gnade schützen lassen.

Als ich den Kopf hob, sah ich, dass der Mond bereits aufgegangen war. Ich hörte die Soldaten lachen und Musik machen und ging zu ihnen nach draußen. Sarah und ich lächelten uns an und ich schenkte auch allen anderen ein Lächeln. Die Soldaten veranstalteten eine Party und waren überrascht, dass ich mich sehen ließ und offenbar in guter Stimmung war. Sie tanzten den ganzen Abend, Sarah und ich schauten zu und feuerten die Tänzer an.

Am nächsten Tag fragte ich Oberst Gueye, ob er mich noch einmal in mein Dorf bringen könne, damit ich meine Mutter und meinen Bruder anständig beerdigen konnte. Er fragte mich besorgt, ob ich denn stark genug sei, denn meine Reaktion am Vortag hatte ihn beunruhigt. Ich versicherte ihm, dass ich es durchstehen würde, und er gab mir wieder dieselbe Eskorte ins Dorf mit.

Unterwegs machten wir bei meinen Tanten Jeanne und Esperance Halt, die in der Nähe meines früheren Elternhauses lebten. Ich hatte sie nicht mehr gesehen, seit sie das Auffanglager der Franzosen verlassen hatten. Beide hatten ihre schrecklichen Erlebnisse noch nicht überwunden, würden es wahrscheinlich ihr Leben lang nicht, aber sie waren doch in einer wesentlich besseren Verfassung als früher. Wir fielen uns am Straßenrand weinend in die Arme, aber ich gab meinen Gefühlen nicht allzu sehr nach, um für die mir bevorstehende heilige Pflicht besser gerüstet zu sein. Ich sagte ihnen, sie sollten alle zusammenrufen, die sich von Mama und Damascene verabschieden wollten, wir würden uns beim Haus meiner Eltern treffen.

Fast alle Tutsi-Überlebenden meines Dorfes kamen, auch ein paar befreundete Hutu. Kayitare, ein alter Freund meiner Familie, brachte zwei Särge mit, ein anderer eine Schaufel und eine Bibel, und dann gingen wir los, die sterblichen Überreste zu bergen. Zuerst gruben wir nach Damascene. Ein paar Nachbarn stellten sich schützend vor mich oder versuchten mich sanft wegzuziehen, um mir den Anblick dessen, was von ihm noch übrig war, zu ersparen.

Ich schob mich an ihnen vorbei. »Er ist mein Bruder, ich *muss* ihn sehen«, beharrte ich. Hätte ich seine Leiche nicht mit eigenen Augen gesehen, hätte ich vermutlich nie akzeptieren können, dass Damascene wirklich tot war. Auf einmal hörte ich die Schaufel über Knochen schaben, und ich sah meinen Bruder, vielmehr seinen Brustkorb. Mir fiel sofort auf, dass er nicht bekleidet war, und ich musste daran denken, wie die Killer versucht hatten, Damascene vor seiner Ermordung seiner Würde zu berauben.

»Schau nicht hin«, bat Esperance. Aber ich musste – und ich sah nur einen Torso, sonst nichts. Sie hatten ihn zerstückelt, seine Arme, seinen Kopf abgehackt … *O mein Gott, mein liebster Damascene, was haben sie mit dir gemacht?* Aus mir brach ein Wimmern heraus, Jammerlaute wie von einem Tier.

Jemand beugte sich ins Grab, und als er sich wieder aufrichtete und sich mir zuwandte, hielt er den Schädel meines Bruders in den Händen. Der Kieferknochen war bereits sichtbar, und dann sah ich die Zähne – und erkannte sie. Alles, was vom wunderschönen Lächeln meines Bruders übrig geblieben war, starrte mich makaber grinsend an.

»O nein, ach Damascene … heilige Maria, Mutter Gottes!« Der Boden kam mir entgegen, mein Kopf schlug auf einen Stein, und dann wurde mir schwarz vor Augen.

Ich hätte nicht gedacht, dass ich in Ohnmacht fallen würde, aber als mir der Tod meines Bruders endgültig klar wurde, war es, als bekäme ich keine Luft mehr. Meine Verwandten und Nachbarn brachten mich wieder zu Bewusstsein und stellten mich auf die Füße. Wir legten Damascenes sterbliche Überreste in einen Sarg und gingen zu Mamas Grab. Dieses Mal beharrten sie darauf, dass ich die Leiche nicht sehen dürfe, sie sei schon zu stark verwest und es würde mich zu sehr aufregen. Ich fügte mich, denn ich hatte die Grenze dessen, was ich ertragen konnte, erreicht. Egal, wie sehr ich mich innerlich gegen den Anblick wappnete, meine geliebte Mutter so vor mir zu sehen wäre zu viel für mich gewesen. Ich willigte ein, ihre sterblichen Überreste zu begraben, ohne Mama noch einmal zu sehen. Ich würde sie im Gedächtnis bewahren, wie sie im Leben gewesen war und wie sie in meinem Herzen und in meinen Träumen immer sein würde.

Während jemand den Sarg meiner Mutter zunagelte, blickte ich in die Gesichter meiner Freunde und Verwandten – verwundete Gesichter, die ihr zerstörtes Leben widerspiegelten. Da stand meine Cousine, die sie gezwungen hatten zuzusehen, wie sie ihre drei Söhne abschlachteten; mein früher so tatkräftiger Onkel Paul, der nach dem Tod seiner geliebten Frau und ihrer sieben Kinder nur noch ein Schatten seiner selbst war; und meine Tanten, deren Männer tot und deren Kinder so krank waren, dass sie nie mehr gesund werden würden.

Uns allen gemeinsam war das Leid, das über unser Dorf gekommen war, aber ich wusste, dass die um mich versammelten Menschen viel mehr verloren hatten als ich. Sie hatten ihren Glauben verloren – und damit auch die Hoffnung. Ich starrte auf den Sarg meiner Mutter, den Sarg Damascenes und dachte an meinen Vater und Vianney, deren Leichen ich niemals würde finden können … und dankte Gott. Ich mochte alles verloren haben, doch meinen Glauben hatte ich mir bewahrt, und er gab mir Kraft und Trost und ließ mich spüren, dass das Leben trotz allem einen Sinn hatte.

»Wo sollen wir sie begraben? Wo sollen sie ihre letzte Ruhe finden?«, fragte mich Onkel Paul schluchzend, während er mit den Händen liebevoll über die Särge aus grobbehauenem Kiefernholz strich.

»Zu Hause«, erwiderte ich. »Wir bringen sie nach Hause.«

Wir trugen die beiden Särge in die Ruine, die einmal unser Haus gewesen war, und gruben mitten in einem der Zimmer, wo früher Lachen und Liebe daheim waren, ein großes Grab. Da es im Dorf keine Priester mehr gab, übernahmen wir selbst die Bestattungsriten. Wir sangen einige Kirchenlieder, die meine Mutter besonders geliebt hatte, und sprachen viele Gebete. Ich bat Gott, meine Familie bei sich aufzunehmen, ihre schönen Seelen im Himmel zu behüten. Dann verabschiedete ich mich von ihnen.

»Es ist Zeit, dass wir nach Hause gehen, Sarah, zurück nach Kigali«, flüsterte ich meiner lieben Freundin zu, meiner Adoptivschwester, die mich aufgenommen und mir eine neue Familie gegeben hatte.

Bald flogen wir wieder durch die Wolken, hoch über meinem Dorf, hoch über all dem Leid, das unser Leben vergiftet hatte – so hoch, dass ich meinte, Gottes Antlitz berühren zu können.

KAPITEL 24

Den Lebenden vergeben

Ich wusste, dass meine Familie ihren Frieden gefunden hatte, doch das linderte nicht meinen Schmerz über ihren Verlust. Und ich konnte mich nicht von der lähmenden Trauer befreien, die mir das Herz schwer machte, wenn ich daran dachte, wie meine Lieben umgebracht worden waren. Jeden Abend betete ich darum, dass Gott mich von dieser Qual erlösen möge, von den Alpträumen, die mich im Schlaf heimsuchten und mich am Tag bedrückten. Es dauerte eine Weile, dann bekam ich von Gott eine Antwort auf meine Gebete. Dieses Mal schickte er mir einen Traum, wie ich noch nie einen geträumt hatte.

Ich saß in einem Hubschrauber, gefangen in einer dunklen Wolke, unter mir mein Elternhaus. Hoch über mir im Himmel sah ich Mama, Papa, Damascene und Vianney stehen, von warmem weißem Licht umflossen, das eine große Ruhe ausstrahlte. Das Licht wurde immer intensiver und breitete sich über den Himmel aus, bis es auch die dunkle Wolke einschloss, in der ich steckte. Und plötzlich war ich wieder mit meinen Lieben zusammen. Der Traum war so real, dass ich, als ich die Hand ausstreckte, die Wärme ihrer Haut spüren konnte; sie fühlte sich wunderbar weich an. Es machte mich so glücklich, dass ich in der Luft zu tanzen begann.

Damascene trug blaue Hosen und ein frisches weißes Hemd. Er sah mich freudestrahlend an und schenkte mir sein schönes Lächeln. Hinter ihm standen meine Mutter, mein Vater und Vianney, hielten sich an den Händen und strahlten mich ebenfalls an. »Hey, Immaculée, es ist gut, dass wir dich immer noch froh machen können«, sagte mein schöner Bruder. »Du bist schon viel zu lange traurig, du musst aufhören zu weinen. Schau, wie schön es hier bei uns ist. Siehst du, wie glücklich wir sind? Wenn du weiterhin denkst, dass wir leiden, zwingst du uns, zu all dem Leid zurückzukehren, das wir hinter uns gelassen haben. Ich weiß, wie sehr du uns vermisst, aber willst du wirklich, dass wir zurückkommen und leiden?«

»Nein, nein, Damascene!«, rief ich aus und weinte vor Freude. »Kommt nicht zurück! Wartet dort auf mich, ich werde zu euch kommen. Wenn Gott meint, dass mein Leben auf Erden sich erfüllt hat, werde ich zu euch kommen.«

»Wir werden auf dich warten, liebe Schwester. Und nun lass deine Seele heil werden – du musst lieben, und du musst denen vergeben, die uns Böses getan haben.«

Und dann zogen meine Lieben sich immer weiter zurück, bis sie schließlich im Himmelsblau verschwanden. Ich schwebte immer noch über unserem Haus, aber nicht mehr in einer dunklen Wolke – und auch nicht mehr im Hubschrauber. Ich flog wie ein Vogel über mein Dorf, das Haus des Pastors und das Camp der Franzosen, über die Wälder und Flüsse und Wasserfälle meines wunderschönen Heimatlandes Ruanda.

Ich fühlte mich so befreit von aller Trauer und Schwere, dass ich vor Freude zu singen begann. Die Worte kamen von Herzen, wie von selbst. Ich sang »Mwami Shimirwa«, was auf Kinyarwanda »Danke, Gott, für die unfassbare Liebe« bedeutet.

Durch mein Singen wachte das ganze Haus auf, denn es war mitten in der Nacht. Sarahs Mutter kam besorgt ins Zimmer gestürzt, weil sie dachte, ich sei plötzlich krank geworden und riefe im Fieber.

Von dieser Nacht an begannen meine Tränen zu trocknen, mein Kummer wurde leichter. Ich zermarterte mir nicht mehr den Kopf über das Schicksal meiner Familie. Ich akzeptierte, dass ich immer um sie trauern, sie immer vermissen würde, aber ich grübelte keine Sekunde mehr über die Qualen, die sie erlitten hatten. Mit diesem Traum hatte Gott mir gezeigt, dass meine Lieben sich an einem Ort befanden, an dem es kein Leid gab.

Und er hatte mir gezeigt, dass ich noch einmal in mein Dorf fahren musste.

Ein paar Wochen später nahm Oberst Gueye mich noch einmal mit, aber dieses Mal fuhren wir mit dem Jeep. Es machte mich nicht mehr traurig, die Landschaft meiner Kindheit und Jugend zu sehen; vielmehr weckte alles, was ich sah und hörte, Erinnerungen voller Wärme in mir, die mir Kraft gaben. Ich wanderte mit Freunden durch die Bananenplantage meiner Mutter und die Kaffeefelder meines Vaters am Berghang. Meinen Tanten sagte ich, sie könnten die Ernte für sich nehmen, wenn sie keine Angst hätten, dort hinzugehen.

Darüber solle ich mir keine Gedanken machen, meinte Tante Jeanne. Sie bekomme demnächst ein Gewehr und lerne schießen. »Das nächste Mal bin ich vorbereitet«, erklärte sie.

Das nächste Mal, dachte ich beklommen und seufzte tief.

Ich ging zu meinem Elternhaus, um Mama und Damascene zu besuchen. Ich kniete mich an ihre Gräber und erzählte ihnen, was alles geschehen war, seit wir uns zum letzten Mal gesehen hatten. Ich erzählte ihnen von meinem Job bei der UNO und von meinen Zukunftsplänen. Sie fehlten mir, ich hätte so gerne ihre Gesichter gesehen, ihre Stimme gehört. Ich weinte, aber dieses Mal erleichterte es mich, statt meinen Kummer zu vergrößern.

Und dann war es an der Zeit, das zu tun, wozu ich gekommen war.

Am späten Nachmittag traf ich im Gefängnis ein, wo mich Semana, der neue Präfekt von Kibuye, begrüßte. Vor dem Genozid war Semana Lehrer gewesen, ein Kollege und guter Freund meines Vaters, er war wie ein Onkel für mich. Vier seiner sechs Kinder waren umgebracht worden, und ich sagte ihm, er müsse darauf vertrauen, dass seine Kleinen jetzt bei Gott seien.

»Wie sehr sich die Welt doch verändert hat«, erwiderte er traurig. »Jetzt werden die Eltern von den Kindern getröstet.«

Als Präfekt, dessen Amt mit großem politischem Einfluss verbunden war, war Semana verantwortlich dafür, dass die Killer, die unsere Gegend terrorisiert hatten, festgenommen und inhaftiert wurden. Er hatte Hunderte Interahamwe verhört und wusste besser als jeder andere, wer wen ermordet hatte.

Und er wusste, warum ich zu ihm gekommen war. »Möchtest du den Anführer der Bande kennen lernen, die deine Mutter und Damascene getötet hat?«

»Ja, das will ich.«

Ich beobachtete durch das Fenster seines Büros, dass Semana über den Hof zu einer Gefängniszelle ging und dann, einen verwahrlost aussehenden, hinkenden alten Mann vor sich her stoßend, wieder zurückkam. Ich sprang erschrocken auf, als sie näher kamen, denn ich erkannte den Mann sofort. Es war Felicien, ein erfolgreicher Hutu-Geschäftsmann, mit dessen Kindern ich in der Grundschule gespielt hatte. Ich kannte ihn als großgewachsenen, gutaussehenden und höflichen Mann, der immer teure Anzüge trug. Ich wusste auch, dass es seine Stimme gewesen war, die ich meinen Namen hatte rufen hören, als die Killer das Haus des Pastors durchsuchten, und die Erinnerung ließ mich erschaudern. Es war also Felicien, der mich gejagt hatte.

Semana stieß Felicien in das Büro, und er fiel taumelnd auf die Knie. Als er den Blick hob und bemerkte, dass ich es war, die auf ihn wartete, wurde er ganz fahl im Gesicht. Er senkte schnell den Kopf und starrte auf den Boden.

»Steh auf, Hutu«, brüllte Semana und stieß Felicien mit dem Stiefel an. »Steh auf und erkläre dieser jungen Frau, warum ihre Familie tot ist. Erkläre ihr, warum du ihre Mutter ermordet und ihren Bruder abgeschlachtet hast. Steh auf, hab ich gesagt! Steh auf und sag es ihr!« Semana trat Felicien erneut, heftiger als zuvor, doch der Mann blieb trotz aller Tritte mit gebeugtem Rücken auf den Knien; offenbar schämte er sich so sehr, dass er nicht aufstehen und mir ins Gesicht blicken wollte.

Er war stark abgemagert, die schmutzige Kleidung hing

ihm in Fetzen vom Leib. Die fahle Haut war übersät von Wunden und blauen Flecken, die Augen verkrustet und wie verschleiert. Die früher einmal ansprechenden Gesichtszüge waren hinter einem schmutzigen, verfilzten Bart verborgen, und seine nackten Füße waren voller offener, eiternder Wunden.

Mir kamen die Tränen, als ich sah, wie sehr er leiden musste. Felicien hatte den Teufel in sein Herz gelassen und das Böse hatte sein Leben ruiniert wie ein Krebsgeschwür in der Seele. Er war nun das Opfer seiner Opfer, hatte ein Leben voller Gewissensqualen vor sich. Ich hatte unendliches Mitleid mit dem Mann.

»Er hat das Haus deiner Eltern geplündert und auch die Pflanzungen deiner Familie, Immaculée. Und wir haben die Landmaschinen deines Vaters bei ihm entdeckt – stimmt's?«, brüllte Semana Felicien an. »Als er Rose und Damascene umgebracht hatte, suchte er weiter nach dir, weil er auch dich tot wissen wollte, um euren Besitz an sich zu reißen. War es nicht so, du Schwein?«, blaffte Semana und trat Felicien in die Seite.

Ich zuckte zusammen und schnappte unwillkürlich nach Luft. Tränen liefen mir über die Wangen. Semana sah mich irritiert an, dann packte er Felicien am Kragen und zog ihn hoch. »Was hast du ihr zu sagen? Was hast du Immaculée zu sagen?«

Felicien schluchzte. Ich spürte, wie sehr er sich schämte. Er schaute mich nur ganz kurz an, doch unsere Blicke begegneten sich. Ich berührte leicht seine Hände und sagte in ruhigem Ton die Worte, wegen denen ich gekommen war.

»Ich vergebe dir.«

Mir wurde sofort leichter ums Herz, und ich sah, wie sich Feliciens Schultern lockerten, ehe Semana ihn aus der Tür und in den Hof stieß. Zwei Soldaten packten Felicien unter den Armen und schleiften ihn in seine Zelle zurück. Als Semana zurückkam, funkelte er mich wütend an.

»Was sollte das denn, Immaculée? Dieser Mann hat deine Familie ermordet. Ich habe ihn hergebracht, damit du ihn befragen kannst, ihn anspuckst, wenn du willst. Aber du hast ihm vergeben! Warum? Wie konntest du das tun!«

Ich antwortete: »Etwas anderes als Vergebung kann ich nicht mehr geben.« Und das entsprach der Wahrheit.

Neue Liebe, neues Leben

Wie lange ein gebrochenes Herz braucht, um wieder heil zu werden, lässt sich unmöglich vorhersehen. Ich hatte Glück: Mein Herz war mit Gottes Hilfe nach zwei Jahren wieder stark genug, ein anderes zu lieben. Doch während dieser Zeit lebte ich sehr zurückgezogen und dachte viel nach.

Ich arbeitete weiter bei der UNO und lebte bei Sarahs Familie. Meine Freizeit verbrachte ich oft in einem Waisenhaus der Hauptstadt, wo ich als große Schwester Dutzende traumatisierter, einsamer Kinder betreute. Ich hielt ständig Ausschau nach den zwei Brüdern, um die ich mich im Auffanglager der Franzosen gekümmert hatte. Die beiden fand ich nicht, dafür aber eine Menge anderer kleiner Kinder, die Liebe brauchten.

Ende 1995 trafen Aimable und ich uns endlich wieder. Seine Stipendiengeber befanden Ruanda inzwischen für stabil genug, um dorthin zu reisen, und bezahlten ihm das Ticket für den Heimflug. Wir hatten uns oft geschrieben, ein paarmal im Jahr auch telefoniert, aber auf den Moment, wo wir uns tatsächlich gegenüberstehen würden, waren wir nicht vorbereitet. Ich werde unsere Begegnung am Flughafen niemals vergessen: Es gab keinen Gefühlsausbruch, vielmehr ein zaghaftes Aufeinanderzugehen, als müssten wir uns schützen. Wir umarmten und küssten uns, aber sehr vorsichtig, denn ich hatte Angst vor seinem Schmerz und er vor meinem. Es fiel uns schwer, einander in die Augen zu schauen, denn wir wussten, wenn unsere wahren Gefühle an die Oberfläche kämen, würden wir sie nicht mehr beherrschen können – und dass wir, wenn wir unseren Tränen freien Lauf ließen, nie mehr würden aufhören können zu weinen.

Mein Bruder und ich gingen mit ein paar Freunden von mir in ein Restaurant und schauspielerten uns durch den Abend, redeten über sein Studium und meinen Job, lachten sogar über Witze meiner Freunde. Aber später, als ich allein in meinem Bett lag, weinte ich mir die Augen aus. Ich bin sicher, mein Bruder auch.

Am nächsten Tag war der Umgang miteinander schon leichter. Wir hatten uns so gern, dass wir Trost fanden in der Gegenwart des anderen, obwohl wir immer, wenn wir uns sahen, schmerzhaft an die Tragödie unserer Familie erinnert wurden. Ich hätte ihm gerne gesagt, dass ich stark genug sei, um den Schmerz zu bewältigen, und wollte ihn trösten, aber ich wusste instinktiv, dass nichts und niemand auf der Welt ihn wirklich trösten konnte. Nach einer Weile war klar, dass zwischen uns eine stillschweigende Vereinbarung bestand, nicht darüber zu reden, was mit unserer Familie geschehen war. Wir nannten immer den Namen, wenn wir von einem unserer Lieben redeten, sprachen aber so von ihnen, als würden sie noch leben – nur so kamen wir damit zurecht. So hielten wir es auch die folgenden zwei Jahre in Briefen und bei Telefonaten. Und das änderte sich auch nicht, als Aimable seinen Doktor in Veterinärmedizin machte und nach Kigali zurückkehrte. Wir sahen uns jeden Tag, sprachen über die Massaker aber nur ganz allgemein, als wären sie lediglich den anderen zugestoßen. Als er nach Mataba fuhr, um die Gräber von Mama und Damascene zu besuchen, bat er mich nicht darum, ihn zu begleiten.

So ist es bis heute geblieben. Aimable lebt noch immer in Kigali, hat eine wundervolle Frau und ein Kind und großen Erfolg als Tierarzt. Wir haben einander von Herzen gern und stehen uns noch genauso nah wie früher, telefonieren häufig und schreiben uns mindestens einmal in der Woche. Doch noch immer, nach über einem Jahrzehnt, sprechen wir von unseren Lieben nie in der Vergangenheitsform. Vielleicht ist es einfach unsere Art, sie in lebendiger Erinnerung zu behalten.

Ich verbrachte viele Abende in Gebet und Meditation versunken in einem nahen Jesuitenhaus, das mir zum zweiten Zuhause wurde. In seiner klösterlichen Stille erlebte ich wieder die starke, innige Beziehung zu Gott, die mich während der langen Monate im Versteck am Leben gehalten hatte.

Als mein Herz langsam wieder heil wurde, begann ich davon zu träumen, mein Leben mit einem anderen, einem ganz besonderen Menschen zu teilen, von eigenen Kindern, die ich umsorgen und lieben konnte. Aber ich hatte nach meiner Erfahrung mit John auch ganz schön Angst davor und wollte keine Beziehung eingehen, die nirgendwo hinführen und leidvoll enden würde. Also machte ich es wie immer, wenn ich mit einem Problem oder einer besonderen Herausforderung konfrontiert war – ich wandte mich an Gott. Ich wollte eine im Himmel geschlossene Ehe, und wer wäre besser als er dazu geeignet gewesen, die Richtigen zusammenzubringen?

Wenn wir bitten, wird uns gegeben werden, heißt es in der Bibel, und genau das tat ich: Ich bat Gott, mir den Mann meiner Träume zu schicken. Und ich wollte mich nicht selbst betrügen, sondern mir ein ganz klares Bild von dem Menschen machen, den Gott mir schicken sollte. Also setzte ich mich hin, nahm ein Blatt Papier und skizzierte das Gesicht des Mannes, den ich heiraten wollte, dazu notierte ich mir Körpergröße und andere physische Merkmale. Ich bat um einen charakterstarken, warmherzigen Mann, der liebevoll und zärtlich war, verantwortungsbewusst, mit Sinn für Humor, der mich so liebte, wie ich war, der Kinder ebenso gern mochte wie ich und, ganz wichtig, der Gott liebte.

Eigentlich wollte ich Gott keine Frist setzen, aber da ich keinerlei Bedingungen hinsichtlich Hautfarbe oder Nationalität gestellt hatte – und es schließlich über fünf Milliarden Menschen auf der Erde gab –, dachte ich mir, dass sechs Monate angemessen wären und Gott mir in dieser Zeit durchaus meinen Seelenpartner schicken könnte. Einen Vorbehalt meldete ich doch noch an: Da ich so gern den Rosenkranz betete, die Jungfrau Maria so sehr liebte und mir viele andere Aspekte des katholischen Glaubens so wichtig waren, sagte ich Gott, er solle mir am besten einen Katholiken schicken. Ich wollte sichergehen, dass es in meiner Ehe keine Spannungen wegen verschiedener Konfessionen geben würde und mein Mann in derselben Weise zu Gott betete wie ich.

Sobald mir klar war, was für einen Mann ich wollte, begann ich ihn zu visualisieren und stellte mir ganz intensiv vor, er wäre bereits in mein Leben getreten. Ich hatte alles in Gottes Hände gelegt und wusste, dass es nur eine Frage der Zeit war, bis er mir meinen Wunsch erfüllte. Um die Sache ein bisschen zu beschleunigen, nahm ich öfter einmal den Rosenkranz meines Vaters mit den weißen und roten Perlen zur Hand und betete darum, dass mir mein zukünftiger Mann begegnen möge.

Und das tat er, drei Monate später: Mr Bryan Black, von Gott aus dem fernen Amerika gesandt, mit freundlicher Unterstützung der UNO!

Bryan kam nach Afrika, um bei der Einrichtung des Ruanda-Tribunals des Internationalen UN-Gerichtshofs zu helfen, vor dem die für den Völkermord Verantwortlichen zur Rechenschaft gezogen werden sollten. Er arbeitete schon seit vielen Jahren für die UNO und war begeistert, einer Mission anzugehören, die die Killer vor Gericht bringen sollte. Ich persönlich hatte das Gefühl, dass Gott ihn mit dieser Mission betraut hatte.

Als ich Bryan im UN-Hauptquartier zum ersten Mal traf, dachte ich spontan, dass er genauso aussah wie der Mann, um den ich Gott gebeten hatte. Später, als ich auf dem Korridor an ihm vorbeiging und seine gütigen Augen sah, wusste ich: Das ist er! Doch ich hatte die Sache in Gottes Hände gelegt, und deshalb wartete ich, bis er Bryan zu mir schickte – was er auch tat.

Bryan fragte mich, ob ich mit ihm ausgehen wolle, und wir verbrachten einen wunderbaren Abend miteinander. Ich war sicher, dass wir perfekt zueinander passten, dass er der Mensch war, mit dem ich den Rest meines Lebens verbringen wollte – wenn er nur Katholik wäre! Also nahm ich meinen ganzen Mut zusammen und stellte ihm die entscheidende Frage: »Welcher Religion gehören Sie an?«

»Ich bin katholisch.«

Ich wäre ihm am liebsten um den Hals gefallen und hätte laut gerufen: »Gott sei Lob und Dank! Willkommen in meinem Leben!« Aber ich hatte Angst, den armen Kerl zu verschrecken, deshalb nahm ich stattdessen seine Hand in die meine und sagte nur lächelnd: »Ich auch.«

Ich habe Bryan nie in allen Einzelheiten erzählt, was ich während der Massaker durchgemacht habe, um ihn nicht zu belasten, aber er hat mir immer zugehört, wenn mir das Herz schwer wurde, und ließ mich an seiner Schulter weinen, wenn ich das Bedürfnis danach hatte.

Zwei Jahre später haben Bryan und ich auf traditionelle ruandische Art geheiratet, und wenig später, 1998, sind wir nach Amerika gegangen. Wir führen eine liebevolle Ehe, in der wir uns gegenseitig unterstützen, und Gott hat uns zwei wunderbare Kinder geschenkt: unsere Tochter Nikeisha und unseren Sohn Bryan junior. Jeden Morgen, wenn ich aufwache und meine beiden kleinen Engel sehe, erkenne ich in ihren Gesichtern Gottes Macht und Herrlichkeit. Ich danke ihm jeden Tag für seine kostbaren Geschenke.

Gott ist noch immer ein Teil meines Lebens, jeden Tag und in jeder Weise – er erhält, beschützt und erfüllt mich. Er macht mich zu einer besseren Ehefrau, einer besseren Mutter, einem besseren Menschen. Und er hat mir auch geholfen, mir eine eigene berufliche Karriere aufzubauen. Als meine Kinder geboren waren, wollte ich wieder arbeiten, aber in New York einen guten Job zu finden war noch schwieriger als damals in Kigali nach dem Genozid: Es gab so viele Bewerber und so wenige Jobs!

Doch ich betete darum, dass Gott mich führen möge, und überlegte dann, wo ich arbeiten wollte – bei den Vereinten Nationen in Manhattan. Als ich das wusste, stellte ich mir ganz konkret vor, dass ich bereits eine Stelle dort hatte, und zwar mit der gleichen Methode des positiven Denkens, die ich schon immer benutzt hatte: Fest daran glauben, dann wird es wahr! Ich ging auf die UN-Website, druckte mir das Verzeichnis mit den Namen, Titeln und Telefonnummern der Mitarbeiter aus und fügte meinen hinzu – ich gab mir sogar eine eigene Durchwahl! Ich befestigte das Verzeichnis an der Wand und sah es mir jeden Tag an. Natürlich schickte ich auch eine Bewerbung mit Lebenslauf und fragte ein paarmal telefonisch nach – aber das machten mehr als tausend andere Mitbewerber auch. Ich schaute täglich auf mein Mitarbeiterverzeichnis, im Vertrauen darauf, dass die Stelle mir gehörte, und betete jeden Tag, bis mein Telefon läutete. Unter Hunderten von Bewerbern war ich tatsächlich in die engere Wahl gekommen und erhielt die Stelle, nachdem ich zu einem persönlichen Gespräch eingeladen worden war. Ich staune immer wieder über Gottes machtvolles Wirken.

Es ist dieselbe Macht, die mich für die nächste Phase meines Lebens motivierte. Gott rettete meine Seele und mein Leben, weil er noch etwas mit mir vorhatte: Er wollte, dass ich anderen meine Geschichte erzähle und so viele Menschen wie möglich auf die heilende Kraft seiner Liebe und Gnade aufmerksam mache.

Ich habe in meiner Heimat Menschen zurückgelassen, denen ich helfen muss. Ich werde hoffentlich noch oft nach Ruanda zurückkehren, um in den Herzen der Überlebenden des Völkermords, vor allem der verwaisten Kinder, wieder Hoffnung zu säen. Gegenwärtig bin ich mit der Organisation einer Stiftung beschäftigt, die den Opfern von Genozid und Krieg in aller Welt helfen wird, an Körper, Geist und Seele wieder heil zu werden.

Gottes Botschaft kennt keine Grenzen: Jeder Mensch auf der Welt kann lernen, denen zu vergeben, die ihm Leid zugefügt haben, wie groß oder wie klein dieses Leid auch sein mag. Das finde ich jeden Tag bestätigt. Zum Beispiel erzählte ich meine Geschichte kürzlich einer neuen Freundin, und ein paar Tage später rief sie mich an und berichtete, dass meine

Erfahrungen sie motiviert hätten, wieder Kontakt zu einem Onkel aufzunehmen, mit dem sie sich einmal sehr gut verstanden, den sie aber seit Jahren nicht mehr gesprochen hatte.

»Wir hatten einen heftigen Streit, und ich war so wütend, dass ich schwor, nie wieder ein Wort mit ihm zu wechseln«, berichtete sie. »Aber nachdem ich gehört hatte, wie du es geschafft hast, den Menschen zu vergeben, die deine Familie getötet haben, musste ich einfach zum Telefon greifen und ihn anrufen. Ich habe mich nicht bei ihm entschuldigt, sondern einfach mein Herz geöffnet und ihm verziehen. Bald haben wir wieder miteinander geredet wie früher, ganz liebevoll. Wir konnten gar nicht fassen, dass wir so viele Jahre hatten vergehen lassen.«

Ein anderes Beispiel: Vor einiger Zeit rief mich eine Überlebende des Genozids, deren Familie ermordet worden war, aus Ruanda an und bat mich schluchzend, ihr zu erklären, wie ich es geschafft hatte, den Killern zu vergeben.

»Erst dachte ich, du bist verrückt, dass du ihnen vergibst, Immaculée, dass du es ihnen zu einfach machst. Aber der Schmerz und die Bitterkeit, die ich seit elf Jahren mit mir herumtrage, bringen mich langsam um. Ich bin schon so lange so unglücklich, dass ich keine Kraft mehr zum Leben habe. Aber ich höre die Leute immer wieder darüber reden, wie du den Mördern deiner Familie vergeben hast und wie du im Leben weitergekommen bist – dass du glücklich bist, einen Mann hast und Kinder und einen Beruf! Ich möchte auch lernen, wie ich mich von meinem Hass befreien kann. Ich möchte wieder leben.«

Ich erzählte ihr, wie ich mich Gott anvertraut hatte, was ich alles getan hatte, um vergeben und mein Leben weiterleben zu können – alles, was jetzt in diesem Buch steht. Sie dankte mir und teilte mir später mit, auch sie habe Gott gebeten, ihr zu helfen, dass sie den Killern vergeben könne.

Dann gab es noch diese Frau in Atlanta, die nach einem Vortrag von mir mit Tränen in den Augen zu mir kam. Sie erzählte mir, dass ihre Eltern von den Nazis getötet wurden, als sie noch ein Baby war: »Mein ganzes Leben lang war mein Herz voller Zorn. So viele Jahre habe ich um meine Eltern getrauert und geweint. Aber Ihre Geschichte, dass Sie so schreckliche Dinge durchgemacht haben und dennoch vergeben konnten, hat mir Mut gemacht. Ich habe mein Leben lang vergeblich versucht, den Mördern meiner Eltern zu vergeben, und ich glaube, jetzt kann ich es. Ich kann meinen Zorn loslassen und endlich zufrieden leben.«

Beim selben Seminar schloss mich eine 92-jährige Dame in die Arme und drückte mich fest an ihr Herz. Sie war so bewegt, dass sie eine Weile brauchte, bis sie sprechen konnte. Ich werde nie vergessen, was sie sagte: »Ich dachte, es wäre zu spät für mich, zu vergeben. Ich habe darauf gewartet, jemand das sagen zu hören, was Sie gesagt haben. Ich musste erfahren, dass es möglich ist, zu vergeben, was sich nicht vergeben lässt. Jetzt habe ich meinen Frieden gefunden.«

Was das Land meiner Geburt angeht, so weiß ich, dass Ruanda heil und ganz werden kann, wenn jedes Herz zu vergeben lernt. Zehntausende, die wegen ihrer Taten während des Genozids im Gefängnis saßen, werden jetzt nach und nach in ihre ehemaligen Städte und Dörfer entlassen. Wenn es also jemals eine Zeit des Vergebens gegeben hat, dann jetzt. Ruanda kann wieder ein Paradies werden. Aber es wird die Liebe der ganzen Welt brauchen, damit mein Heimatland wieder heil wird. Und das sollte es, denn was in Ruanda geschehen ist, ist uns allen geschehen – die ganze Menschheit ist durch diesen Völkermord verwundet worden.

Die Liebe eines einzigen Herzens kann die ganze Welt verändern. Ich bin überzeugt, dass wir Ruanda – und unsere Welt – heilen können, indem wir jedes einzelne Herz heilen.

Ich hoffe, meine Geschichte hilft dabei.

Vor allen anderen muss ich Gott danken, der mir ein wunderbarer Vater ist und mein bester Freund, mein engster Vertrauter – und mein Retter. Du warst an meiner Seite in meinen schönsten Tagen und in der allerschlimmsten Zeit. Danke, Gott, dass du mein Herz geöffnet hast, mich wieder hast lieben lassen. Ohne dich bin ich nichts, mit dir bin ich alles. Ich gebe mich in deine Hand, Herr, dein Wille geschehe. Ich werde weiter deinem Vorbild folgen.

An die Mutter Gottes, die heilige Jungfrau Maria: Ich spüre, dass du immer bei mir bist. Wie dankbar ich für deine Liebe und Fürsorge bin, lässt sich nicht mit Worten ausdrücken. Lass mich nah bei deinem Herzen sein, Mutter – du machst mich ganz, ich werde dich immer lieben. Danke, dass du uns in Kibeho vor der drohenden Gefahr gewarnt hast – hätten wir nur auf dich gehört!

An Dr. Wayne Dyer: Sie sind ein Engel, der Himmel hat Sie geschickt. Ich danke Gott, dass er Sie in mein Leben treten ließ. Es kommt mir vor, als hätten sich unsere Seelen schon immer gekannt! Ihre große Güte, Ihre weisen Ratschläge und Ihre väterliche Zuneigung bedeuten mir sehr viel. Man versteht sofort, warum so viele Menschen sich von Ihren Worten inspirieren lassen. Sie sind mein Held und ich habe Sie von Herzen lieb. Innigsten Dank dafür, dass Sie an mich geglaubt, mich auf dem Weg zu meinem Traum geleitet und mir meine wahre Berufung bewusst gemacht haben. Und dass Sie diesem Buch auf die Welt geholfen, mich meine Geschichte haben erzählen lassen.

An Skye Dyer: Danke, dass Sie mich Ihrem Vater vorgestellt haben. Ich umarme Sie!

An Maya Labos: Es ist wunderbar, mit Ihnen zu reisen –

danke für Ihre Unterstützung und Freundlichkeit. Ich bin so froh, dass wir uns kennen! Ich umarme Sie!

An Reid Tracy: Tausend Dank dafür, dass Sie an mich geglaubt und so vieles möglich gemacht haben, dass Sie immer hinter mir gestanden und meinem Buch bei Hay House eine Heimat gegeben haben.

An das wunderbare Team bei Hay House: Jill Kramer, Shannon Littrell, Nancy Levin, Christy Salinas, Jacqui Clark, Stacey Smith und Jeannie Liberati. Es war eine Freude, mit Ihnen zu arbeiten. Danke für Ihre guten Ratschläge, Ihre Geduld und Rückenstärkung.

An meinen Koautor Steve Erwin: Nach der Arbeit an diesem Buch kennt mich niemand besser als Sie, glaube ich. Sie sind ein wunderbarer Mensch und für mich inzwischen wie ein Bruder. Danke, dass Sie ein so guter Therapeut waren. Sie haben bei den vielen Fragen zu meiner Familie, die Sie mir stellten, große Einfühlsamkeit bewiesen. Ich danke Gott für Ihre magischen Hände – mit ihnen haben Sie meinen Worten und Gefühlen Leben eingehaucht. Dank auch an Ihre Frau Natasha, die die Gefühle, die ich in diesem Buch beschreibe, so gut versteht, weil wir beide unsere Mutter allzu früh verloren haben. Natasha, Sie sind wie eine Schwester für mich!

An Gail Straub: Danke, dass Sie mich immer wieder gedrängt haben, mein Buch zu Ende zu bringen. Sie sind eine wunderbare Schwester. Ich umarme Sie!

An David Gershon: Danke, dass Sie mir so viel Selbstvertrauen gegeben haben.

An Judith Garten, meine jüdische Mama: Ich habe dich lieb. Danke, dass du mir Mut gemacht hast und an die Botschaft dieses Buches glaubst.

An Ned Leavitt: Ich danke Ihnen von ganzem Herzen für Ihre wundervollen Ratschläge und Ihren Glauben daran, dass ich etwas Wichtiges zu sagen hatte.

An Elizabeth Lesser: Danke für Ihre guten Tipps und dass Sie mich zum OMEGA-Workshop nach New York eingeladen haben, wo ich Wayne begegnet bin.

An alle meine Freunde in Woodstock: Danke für eure Liebe, euer Mitgefühl und eure Gebete.

An Vincent Kayijuka und Esperance Fundira: Ich werde nie vergessen, wie ihr mir immer wieder Mut gemacht und an mich geglaubt habt, von Anfang an. Ich habe euch sehr lieb! Und ein großes Dankeschön an Wariara Mbuga, Robert McMahon, Lila Ramos, Anne Kellett, Bill Berkeley und Rebeka Martensen für ihre Hilfe, die freundlichen Worte und guten Ratschläge, die enorme Rückenstärkung.

Vielen Dank meinen Kollegen vom UNDP und der Evaluationsabteilung – und ein besonderes Dankeschön an David Rider Smith, Ruth Abraham und Anish Pradhan für ihr Verständnis und ihre Unterstützung. Gott segne euch!

An die vielen lieben Freunde, die ich nicht namentlich erwähnen kann, die mir aber auf die eine oder andere Weise geholfen haben: Dank euch allen – ihr werdet immer in meinem Herzen sein.

An meinen Bruder Aimable Ntukanyagwe, mit dem ich so viele Erinnerungen voller Liebe und Trauer und so viel unausgesprochenes Leid teile: Ich hoffe, dass du in meinem Buch viele der Fragen beantwortet finden wirst, die du nicht stellen konntest und ich nicht aussprechen konnte. Ich danke dem Allmächtigen, dass du am Leben bist – du bist alles für mich. Sorge dich nicht um unsere Lieben, sie sind glücklich im Himmel und unsere ganz besonderen Fürsprecher! Danke, dass du mir so ein wunderbarer großer Bruder bist – danke für die Zuneigung, die du mir entgegenbringst, seit ich denken kann; dass du an mich glaubst und mich immer ermutigt hast, die Geschichte unserer Familie niederzuschreiben. Und allerherzlichsten Dank an Sauda: Ich schätze mich glücklich, dich meine Schwägerin und Freundin nennen zu können – danke, dass du unsere Familie vergrößert hast. Als Überlebende des Genozids wird dieses Buch für dich eine besondere Bedeutung haben. Ich habe dich sehr, sehr lieb!

An Chantal Nyirarukundo, Consolée Nishimwe und Stella Umutoni: Ihr seid meine kleinen Schwestern! Danke für eure

Begeisterung für dieses Buch – ihr habt mich sehr inspiriert. Ihr wisst ja, es ist auch für euch, zum Weiterleben!

An meine wundervollen Kinder, Nikeisha und B. J. (Bryan jr.), und meinen kleinen Neffen Ryan: Ihr seid meine kleinen Engel, von Gott geschickt. Ich danke euch für eure bedingungslose Liebe und dass ihr mir wieder einen Grund gegeben habt zu leben. Ich wünschte, ihr könntet in einer Welt ohne Hass leben, in der ihr niemals das Wort *Genozid* hört. Wenn ihr alt genug seid, werdet ihr in meinem Buch euren Großeltern und Onkeln begegnen – sie leben darin weiter. Erst einmal werde ich jedes Mal, wenn ihr mich umarmt, ihre Liebe an euch weitergeben. Ihr seid mein Leben, und ich liebe euch sehr.

Und zu guter Letzt danke ich dir, meinem wunderbaren Mann Bryan: Du hast mich aus der Einsamkeit erlöst und bist wahrhaftig meine bessere Hälfte – von Gott geschickt, damit ich gänzlich geheilt werde. Danke für deine unermüdliche Unterstützung bei der Entstehung dieses Buches, für deine Ermutigung und die vielen Stunden, die du spätabends mit Lesen und Korrigieren verbracht hast. Danke für deine unwandelbare Liebe und Fürsorge und dafür, dass du Gott als unseren Freund akzeptierst. Ich liebe dich, mein Schatz, mit jeder Faser meines Herzens.

Immaculée

Ich danke dir, Immaculée, dass ich dir helfen durfte, der Welt deine bewegende Geschichte zu erzählen. Dein Mut, dein Glaube, deine Stärke, dein tiefes Verständnis und deine Weisheit beeindrucken und inspirieren mich noch immer. Ich fühle mich geehrt, dass ich mit dir arbeiten durfte, und schätze mich glücklich, dich eine Freundin nennen zu können.

Dank an Jill Kramer bei Hay House für diese Chance – und für ihre professionelle und freundliche Betreuung und die mit Lichtgeschwindigkeit eintreffenden E-Mails.

Dank auch an Shannon Littrell bei Hay House für ihre hervorragenden Vorschläge und Anmerkungen.

Ein besonderes Dankeschön an Faith Farthing bei Final-Eyes Communications für ihre wertvollen Ratschläge und ihre Detailgenauigkeit.

Und vor allem danke ich Natasha Stoynoff, meiner Frau – sie ist mein Leben, mein Ein und Alles. Nur Gott weiß, wo ich ohne sie wäre.

Steve Erwin

GELEITWORT

In den vergangenen rund fünfzig Jahren habe ich Tausende von Büchern gelesen. Das Buch, das Sie nun in Händen halten, ist das mit Abstand bewegendste und bedeutungsvollste in dieser Bibliothek.

Sie, lieber Leser, begeben sich bei der Lektüre dieses Buches auf eine Reise, die Sie die Kraft des Glaubens auf ganz neue Weise erleben lässt. Ein schlichter Satz in der Heiligen Schrift erinnert uns daran, dass »mit Gott alle Dinge möglich sind«. Diesen Satz zitiere ich häufig bei meinen Vorträgen, oft füge ich auch noch die rhetorische Frage hinzu: »Und was schließt das aus?« Die Antwort liegt auf der Hand: »Alle Dinge« bedeutet »alle Dinge«. Sie haben schon oft gelesen, dass wahrer Glaube, der nicht den geringsten Zweifel kennt, Berge versetzen und sogar bewirken kann, dass ein Kamel durch ein Nadelöhr geht. Doch selbst bei Ihrem festen Glauben ist der Berg vermutlich dort geblieben, wo er immer schon stand, und das Nadelöhr viel zu winzig, als dass auch nur die Wimper eines Kamels hindurchpasst. Nun, ich freue mich, Ihnen sagen zu können: Nach der Lektüre von *Aschenblüte* kann man derlei nicht mehr für unmöglich halten. Sie erleben in diesem Buch Immaculée Ilibagizas transzendentale Erfahrung inmitten eines grauenhaften Genozids und erkennen, dass die grenzenlose Kraft des wahren, unerschütterlichen Glaubens tatsächlich Wunder bewirken kann.

Trotz aller barbarischen Unmenschlichkeiten, die Menschen anderen Menschen vor gut einem Jahrzehnt in Ruanda antaten, ist dieser Bericht eine Liebesgeschichte im wahrsten Sinn des Wortes – die Geschichte des Triumphs des menschlichen Geistes, die Geschichte des unerschütterlichen Glaubens einer Frau und ihrer Entschlossenheit, den

Genozid zu überleben (entgegen aller Wahrscheinlichkeit), um später Zeugnis abzulegen und ein neues spirituelles Bewusstsein zu vermitteln, und die Geschichte einer Liebe zu Gott, die so stark ist, dass Hass und der Wunsch nach Rache daneben keinen Platz haben.

Ich habe Immaculée im Laufe des letzten Jahres sehr, sehr gut kennen gelernt, eigentlich sprechen wir täglich miteinander. Sie ist mit mir gereist und hat auf denselben Veranstaltungen wie ich gesprochen, vor Tausenden von Zuhörern. Wir haben uns stundenlang über ihre Erlebnisse während der Massaker und ihre aktuellen Pläne unterhalten, ich war viel mit ihr und ihrer Familie zusammen. Ich habe mit ihren Kollegen gesprochen und sogar mit Leidensgefährtinnen, die wie sie überlebt haben, und Immaculée ihrerseits hat viel Zeit mit meinen Kindern verbracht. Ich habe mich mit ihr auf langen Flügen und Bahnfahrten zwischen Vortragsorten unterhalten und ich habe sie vor großem und kleinem Publikum stehen sehen. Ich habe diese dynamische, starke Frau so gut kennen gelernt, dass ich sie heute zu meinen engsten Freunden zähle. Ich schätze und bewundere sie so sehr, dass ich ihr mein Buch *Inspiration* gewidmet habe.

Ich erzähle hier von meiner persönlichen Beziehung zu Immaculée, weil ich möchte, dass Sie, der Sie beim Lesen dieses außergewöhnlichen Buches eine Erfahrung nacherleben, die Ihr Leben für immer verändern kann (und der es, wie ich glaube, bestimmt ist, auch *die Welt* zum Besseren zu verändern), aus erster Hand erfahren, was für ein außerordentlicher Mensch Immaculée Ilibagiza ist. In den zahllosen Stunden, die ich in privatem und öffentlichem Rahmen mit ihr verbringe, geht von dieser Frau immer – wirklich immer – ein Leuchten aus, das alle gefangen nimmt.

Wenn sie während eines Abendessens redet, hören die anderen nicht nur zu, sie lauschen ihr wie gebannt. Und wenn sie vor großem Publikum spricht, von Herzen kommend und überzeugend, könnte man eine Stecknadel fallen hören. Hier ist mehr am Werk als bloßes Charisma – Immaculée schreibt und spricht nicht nur über bedingungslose Liebe und Vergebung, sondern strahlt sie auch unaufhörlich aus. Sie lebt auf einer höheren Ebene spirituellen Bewusstseins und erhöht dadurch auch das Energieniveau aller Menschen, denen sie begegnet – einschließlich meiner selbst.

Als ich ihr begegnete, wusste ich sofort, dass ich mich in Gegenwart einer einzigartig göttlichen Frau befand. Wir wechselten ein paar Worte nach einer Präsentation, die ich für das Omega Institute in New York gemacht hatte, und gleich darauf hatte ich sie wieder aus den Augen verloren – aber diese wenigen Momente hatten genügt. Ich spürte ihre außergewöhnlich hohe Energie, ähnlich wie viele Jahre zuvor bei meiner Begegnung mit Mutter Meera, einer Inderin, die als Inkarnation der Göttlichen Mutter angesehen wird.

Nicht Immaculée fragte bei mir an, ob ich ihr bei der Veröffentlichung dieses Buches helfen könne – ich war es, der sie darum bat. Die tiefe innere Freude und Liebe, die ich in ihrer Gegenwart gespürt hatte, blieben in mir, deshalb bat ich meine Tochter Skye, die mit Immaculée ihre E-Mail-Adresse ausgetauscht hatte, unbedingt Verbindung mit ihr aufzunehmen. Aus Tagen wurden Wochen und wir hatten immer noch keinen Kontakt. Jeden Tag fragte ich Skye: »Hast du etwas von der Frau aus Ruanda gehört?«

Schließlich antwortete Immaculée auf die Anfragen meiner Tochter. Ich rief sie sofort an und stellte ihr nur eine Frage: »Wären Sie bereit, Ihre Geschichte aufzuschreiben? Ich fühle mich aufgerufen, Ihnen zu helfen, der Welt Ihre Botschaft zu vermitteln.« Immaculée teilte mir mit, dass sie die schreckliche Zeit des Völkermords von 1994, in der sie als Tutsi-Frau den sicheren Tod vor Augen hatte und gejagt wurde, bereits in allen Einzelheiten niedergeschrieben habe. Sie habe das Gefühl gehabt, dass sie genau zu diesem Zweck habe überleben dürfen; ihre Bemühungen um eine Veröffentlichung hätten bislang aber keinen Erfolg gehabt, vor allem weil Englisch ihre dritte Sprache sei und sie jemanden brauche, der ihre Geschichte in eine gut lesbare Form bringe.

Daraufhin bat ich sie, mir all das zuzuschicken, was sie geschrieben hatte. Ihre Niederschrift, in der sie ihre Erlebnisse, etwa fünf Jahre nachdem sie Ruanda verlassen hatte, gewissenhaft festgehalten hatte, umfasste rund 150 000 Wörter. Ich telefonierte mit meinem Freund Reid Tracy, dem Verlagsleiter von Hay House. Wir konnten den Schriftsteller Steve Erwin gewinnen, mit dessen Unterstützung Immaculée ihre Geschichte in die nun vorliegende Version brachte. Ich sagte Reid, dass ich dieses Projekt in jeder erdenklichen Weise unterstützen und nicht nur ein Geleitwort dazu schreiben würde, sondern dass Immaculée und ihre Geschichte auch immer einen Platz bei meinen öffentlichen Auftritten haben würden. Ich hätte auch vor, mit ihr und ihrer Familie nach Ruanda zu fliegen, und würde sie beim Spendensammeln unterstützen, damit sie ihre Mission erfüllen könne, den vielen nach Beendigung der Massaker verwaisten Kindern zu helfen. Außerdem wolle ich Immaculée zu meinem TV-Special zu *Inspiration: Your Ultimate Calling* einladen, erklärte ich Reid, und alles in meiner Macht Stehende tun, die Geschichte dieser spirituellen Frau an die Öffentlichkeit zu bringen. All das geschah nur wegen dieses besonderen Gefühls, das ich bei unserer ersten Begegnung hatte, in einem Raum voller Menschen, bei einem Kontakt von nur wenigen Sekunden.

Es heißt, dass »die Gesetze der materiellen Welt in Gegenwart eines Erleuchteten nicht gelten«. Nach der Lektüre dieses Buches kann man diesen Satz gut verstehen. Immaculées tiefe, erleuchtete »Innerlichkeit« ermöglichte es ihr, unsichtbare Barrieren zu errichten, so dass die Killer mit ihren Macheten, nur wenige Zentimeter von ihr entfernt, ihre physische Gegenwart nicht wahrnehmen konnten. Als ihr Glaube sich vertiefte, geschahen noch erstaunlichere Wunder. Ihre Visualisierungen wurden so real – und aller Zweifel aus ihrem Geist verbannt –, dass sie tatsächlich eins wurde mit Gott. Sie wusste, dass Gott bei ihr war, als ein Kreuz aus Licht sie und ihre Leidensgefährtinnen vor dem sicheren Tod bewahrte. Engel der Liebe und des Mitgefühls schienen aus dem Nichts hervorzutreten, als Immaculée sich immer mehr in die Zwiesprache mit unserem Schöpfer begab. Sie konnte einen entschlossenen Killer mit ihrem festen Blick dazu bringen, dass er seine Waffe fallen ließ und sein Hass verging. Und schließlich, als Immaculée sich von ihrem Hass auf die Killer und ihrem Wunsch nach Rache löste – was zuvor unmöglich erschien – und ihren Peinigern nicht nur Mitgefühl entgegenbrachte, sondern ihnen von Herzen vergab und ihnen mit bedingungsloser Liebe begegnete, erfuhr sie die göttliche Vereinigung mit Gott. Sie wurde eins mit dem göttlichen Geist und ist es heute noch.

Immaculées Geschichte ist tief berührend. Man kann ihre Angst spüren, und Sie werden sich dieselben Fragen stellen wie wir alle: Wie konnte das geschehen? Woher kommt ein solcher Hass? Warum können wir nicht einfach wie Gott sein, der unser aller Ursprung ist? Doch Sie werden auch etwas anderes sehr intensiv spüren: Hoffnung – darauf, dass wir Menschen uns doch allmählich neu orientieren, das heißt ein Leben führen, das Gottes Vorstellungen entspricht.

Für mich hat Immaculée nicht nur überlebt, um ihre erschütternde Geschichte erzählen zu können, sondern sie ist darüber hinaus ein lebendes Beispiel dafür, was wir alle erreichen können, wenn wir uns nach innen wenden und uns für ein Leben in vollkommener Harmonie mit unserem Schöpfer entscheiden.

Ich fühle mich geehrt, dass ich ein wenig dazu beitragen durfte, der Welt diese bewegende Geschichte nahe zu bringen. Ich fühle mich geehrt, Immaculée bei ihrer Vision von Liebe und Mitgefühl unterstützen zu dürfen – nicht nur in Ruanda, sondern überall, wo Hass herrscht. Und ich fühle mich zutiefst geehrt, dass ich ein Geleitwort zu diesem Buch schreiben durfte. Sie kommen beim Lesen dieses Buches einem Leben in Einheit mit dem Göttlichen Wesen, von dem wir alle geschaffen wurden, ein Stückchen näher.

Ich schätze dieses Buch ebenso sehr, wie ich Immaculée Ilibagiza verehre.

Danke, Immaculée, dass du in mein Leben getreten bist.

Wayne W. Dyer, Maui, Hawaii

Mehr über Immaculée Ilibagizas Stiftung erfahren Sie im
Internet unter

www.lefttotell.com

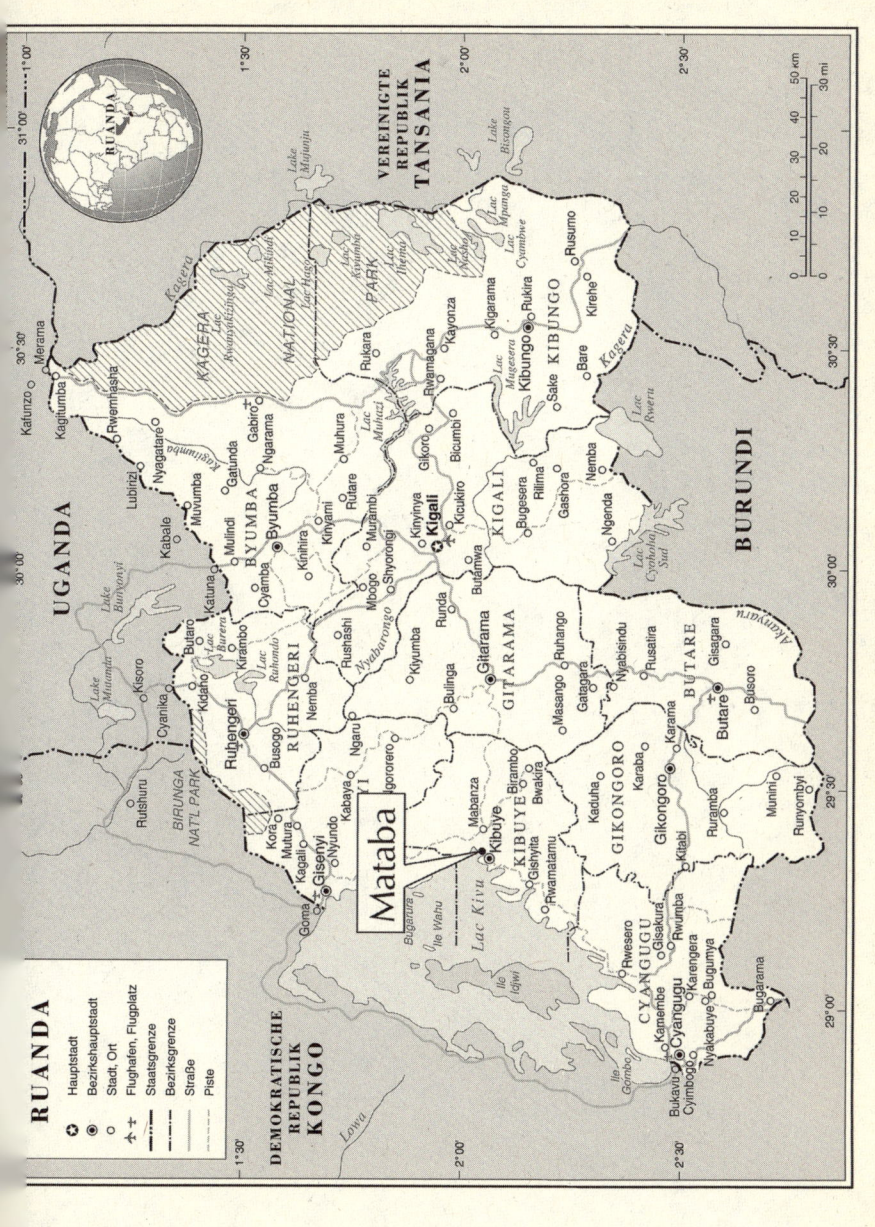